ULLSTEIN

Das Buch

Die einunddreißigjährige Debi Holmes-Binney spürt, dass ihr wohl organisiertes Bilderbuchleben sie nicht erfüllt. Sie beschließt, vierzig Tage allein in der Wüste zu verbringen. Isoliert von einer Gesellschaft, in der Träume verwirklichen mit Konsum gleichgesetzt wird, hofft sie herauszufinden, wer sie ist und wer sie sein möchte. Doch vor all dem steht erst einmal die Auseinandersetzung mit den Naturgewalten und den ganz realen Ängsten vor Berglöwen, Überfällen und erdrückender Einsamkeit. Aber sie hält durch. Als sie nach vierzig Tagen abgeholt wird, hat sie zwar keinen festen Plan, nach dem sie ihr zukünftiges Leben gestalten wird, doch hat erkannt, dass sie sich selbst und anderen etwas zu geben hat.
Dieses Buch ist der faszinierende, ehrliche Bericht einer Frau, die den Mut aufbrachte, ihr Leben radikal in Frage zu stellen.

Die Autorin

Debi Holmes-Binney ist freiberufliche Journalistin und Autorin, arbeitet als Reiseleiterin in Neuengland und Italien und reist privat sehr viel. Wenn sie nicht unterwegs ist, lebt sie mit ihrem Lebensgefährten in Fort Payne, Alabama.

Debi Holmes-Binney

In mir schlägt das Herz der Wüste

Eine Frau verbringt vierzig Tage und Nächte in der Wildnis

Aus dem Englischen
von Barbara Röhl

Ullstein

Besuchen Sie uns im Internet:
www.ullstein-taschenbuch.de

Anmerkung der Autorin:

Dieses Buch beruht auf wahren Begebenheiten während meines vierzigtägigen Aufenthalts in der Great Salt Lake Desert. Lediglich einige Namen sowie ein paar andere Details habe ich geändert, um die Privatsphäre der Beteiligten zu schützen und einige Ereignisse klarer darzustellen.

Umwelthinweis:

Dieses Buch wurde auf chlor- und säurefreiem Papier gedruckt.

Ullstein Verlag
Ullstein ist ein Verlag des Verlagshauses Ullstein Heyne List GmbH & Co. KG.
1. Auflage Juli 2003

Titel der amerikanischen Originalausgabe: *Desert Sojourn. A Woman's Forty Days and Nights Alone* (Seal Press, Seattle, USA)
Übersetzung: Barbara Röhl
Umschlaggestaltung: Thomas Jarzina, Köln
Titelabbildung: zefa visual media gmbh, Düsseldorf
Gesetzt aus der Aldus
Satz: Franzis print & media, München
Druck und Bindearbeiten: Ebner & Spiegel, Ulm
Printed in Germany
ISBN 3-548-36433-0

Für Jerry

1. Kapitel

Tag 1, 11. November

Ich erwache in pechschwarzer Nacht und habe keine Ahnung, wo ich mich befinde. Das Schlimme daran ist, dass ich so gut wie überall sein könnte. Während der letzten drei Jahre bin ich fast ständig unterwegs gewesen, von Küste zu Küste, von Norden nach Süden und wieder zurück. Mühsam versuche ich, meine Umgebung zu erkennen. Ich liege in einem Bett, aber nicht in meinem. Ich besitze gar kein eigenes. Auch kein Schlafzimmer, keine Küche, keine eigene Wohnung – nicht mehr. Jedenfalls ist das hier ein Zimmer.

Ich sehe mich nach etwas Vertrautem um, vielleicht einer Uhr. Als ich mich auf die Ellbogen stütze, bemerke ich den schwachen Lichtstrahl einer Laterne, der durch einen Spalt der gummibeschichteten Vorhänge fällt. Er beleuchtet einen Fernseher, der auf Winkelträgern hoch an der gegenüberliegenden Wand montiert ist. Ich kann keine Digitaluhr mit leuchtenden Ziffern sehen. Langsam passen die Anhaltspunkte zusammen. Die Zimmer der Motel-6-Kette haben gummibeschichtete Vorhänge und einen Pay-TV-Sender auf Kanal 3, aber keine Radiowecker. Und plötzlich fällt mir alles wieder ein.

Ein Motel 6. Nachdem ich den ganzen Tag – vierzehn Stunden – am Steuer gesessen hatte, bin ich am Abend hier abgestiegen. Gestern Morgen habe ich die Möwen über der Pazifikküste in Kalifornien segeln gesehen. Heute erwache ich an einem anderen Strand. Ich befinde mich in Salt Lake City am Ufer des Großen Salzsees und am Rande der Great Salt Lake Desert, einem der entlegensten und rauesten Wüstengebiete der Vereinigten Staaten. Die Wüste. Deswegen bin ich hergekommen.

Der Vorteil an den Motel-6-Herbergen ist, dass die Zimmer überall fast identisch sind. Ich habe so oft in einem übernachtet, dass ich selbst im Finstern den Lichtschalter über dem Kopfende aus imitiertem Holz finde. In der plötzlich aufflammenden Helligkeit kneife ich die Augen zusammen, um das Zifferblatt meines mechanischen Reiseweckers zu erkennen, das noch nie im Dunkeln geleuchtet hat. Halb vier Uhr morgens. Er hätte ohnehin in einer Viertelstunde geklingelt.

Der Nebel in meinem Kopf ist verflogen, und ich registriere mit einem einzigen Rundumblick die Einrichtung des Raums – von dem orangefarbenen, kurzflorigen Teppich bis zu den nicht dazu passenden blaugold bezogenen Sesseln, von der Kommode, die zugleich als Couchtisch dient, bis zu dem bodenlangen Spiegel, in dessen Sperrholzrahmen ein breiter Riss klafft. Langsam und bedächtig, bewusster, als ich je zuvor aufgestanden bin, setze ich zuerst ein Bein und dann das andere auf den Boden. Als ich die Laken zurückschlage, ist mir klar, dass ich mich heute Abend an einem Ort befinden werde, wo es kein Bettzeug gibt. Keine Bettgestelle, keine Lampen.

Ich schalte die Lokalnachrichten im Fernsehen ein, tappe zu der Klimaanlage unter dem Fenster, die im Sommer kalte und im Winter warme Luft ins Zimmer pustet, und drehe bis zum Anschlag auf Rot.

Dampf schlägt sich auf den Badezimmerfliesen nieder, als das heiße Wasser aus den Rohren fließt. Ich trete in die Duschkabine. Dort erwartet mich ein dünner, aber nadelscharfer Sprühregen, der mir nur noch bewusster macht, dass ich mich heute Abend an einem Ort aufhalten werde, an dem es keine Leitungen gibt, kein heißes Wasser, überhaupt kein Wasser. Ich trockne mich mit einem Handtuch ab, das kaum größer ist als ein Kopfkissenbezug und so kurz, dass es selbst dann nicht über meinen Rücken reichen würde, wenn es nicht so ausgefranst wäre. Aber ich denke mehr daran, dass dies für die nächsten vierzig Tage das letzte Handtuch, die letzte Dusche ist.

Dort, wohin ich gehe, brauche ich mich nicht zu schminken. Vielleicht verteile ich deshalb besonders sorgfältig Grundierung auf meinen Wangen und untersuche mein Gesicht wie immer auf mögliche Mängel. Ich sehe Haare, die niemals sitzen, wie ich will, und Augenbrauen, die dringend gezupft werden müssten. Als ich Rouge auf meine Wangen auftrage, fällt mir ein, dass ich mir ebenso gut die Schuhe putzen könnte. Die Makel abdecken um einer Öffentlichkeit willen, die freundlicherweise die abgewetzten Stellen und Kratzer übersieht, solange Schuhcreme sie kaschiert. Ich wünschte, es gäbe ein Make-up, das die verborgene Trauer in den Augen verdeckt. Aber das gibt es nicht, und vielleicht herrscht deswegen in der höflichen Gesellschaft die stillschweigende Abmachung, nicht zu genau hinzusehen.

Als Teenager hatte ich diese Regel noch nicht verinnerlicht; zumindest wagte ich noch, sie zu brechen. *Starr andere Leute nicht an,* hatte man mich mein ganzes Leben lang gelehrt. Daher war es wohl ein subtiler Akt der Rebellion, wenn meine Freundinnen und ich ein Spiel spielten, das wir Niederstarren nannten. Das Ziel war, einander so lange wie möglich in die Augen zu sehen, bis einer es nicht mehr aushielt und wegschauen musste. Das ist schwieriger, als es klingt. Zuerst kann man sich des Lachens kaum erwehren, aber dann setzt eine Art Unwohlsein und Ernst ein. Man fühlt sich verletzlich, als wäre man auf eine ganz neue Weise nackt, und erkennt, dass die Augen tatsächlich die Fenster zur Seele sind. Mein Gegenüber kann in mich hineinsehen und erkennen, wer ich wirklich bin.

Manchmal wünschte ich mir, ich könnte sehen, was meine Freundinnen in meinen Augen wahrnahmen. Ich wollte sehen, wer ich wirklich war. Ich wollte meine Seele erkennen. Ich hielt das für möglich, denn wenn ich in einen Spiegel schaute, schienen bei seltenen Gelegenheiten die Augen, die meinen Blick erwiderten, sich von den meinen zu unterscheiden. Sie strahlten ein Wissen aus, das über meines hinausging. Sie schienen meine ganze Zukunft zu umfassen, mich all der Wunder zu versichern, die noch kommen würden. Ich sah ein Leben, das weit entfernt sein würde von dumpfer Routine. Ich sah Liebe und Leidenschaft. Ich würde über die sieben Meere hinaussegeln. Mein Leben würde eine lange Reihe von Abenteuern und Romantik sein, aber nicht bloß mit einem Ritter in schimmernder Rüstung. Nein, ich würde eine tiefe, alles umfassende Liebe finden, eine Liebe, die die Tiefen unserer Seelen ausloten würde.

In diesen Spiegelaugen sah ich, dass mein Leben mehr sein würde, als ich je geträumt hatte; ich war mehr als diese Haut und diese Knochen, die eines Tages altern und sterben würden. Ich sah eine Frau, die in dieser Welt eine einzigartige Aufgabe zu leisten hatte, eine, die nur ich erfüllen konnte. Mein Leben würde eine Bedeutung haben, weil das, was ich war, wirklich zählte. Oh, wie sehr glaubte ich damals an das, was ich im Spiegel sah!

Nachdem ich den letzten Lidschatten aufgepinselt habe, den ich in den nächsten vierzig Tagen tragen werde, wage ich den Versuch. Unverwandt sehe ich in die Augen der einunddreißigjährigen Frau, die ich heute bin, als könnte ich – nur einmal noch – einen Blick auf meine Seele erhaschen. Und wenn mir das gelingt, werde ich eine Erklärung fordern. Ich werde zu wissen verlangen, was aus der strahlenden Zukunft geworden ist, die mir einmal so gewiss schien. Ich werde fragen, was diese Idee von der einzigartigen Aufgabe zu bedeuten hatte.

Doch als ich jetzt in den Spiegel schaue, sehe ich Augen, in denen nicht Zuversicht und Verheißung stehen, sondern Unsicherheit und beklommene Erwartung. Eigentlich wundert mich das nicht. Wenn man seine Probleme lösen könnte, indem man in einen Spiegel schaut, dann hätte ich meine schon lange im Griff. Und wenn die Seele auf Kommando reagieren würde, bräuchte ich nicht in die Wüste zu gehen. Vielleicht ist es überhaupt nicht möglich, mit seiner Seele Kontakt aufzunehmen, oder aber es kommt darauf an, was man zu tun bereit ist, um sie zu finden. Daran muss ich glauben. Ich bin bereit, mein Leben zu riskieren auf die Chance hin, dass ein solcher Einsatz manchmal notwendig ist.

*

Die Gänge im Supermarkt sind leer, und die einzigen Personen in Sichtweite – der Junge, der die Regale auffüllt, und eine Kassiererin – beäugen mich misstrauisch. Könnte an meiner Kleidung liegen. Ein blau bedrucktes Kopftuch verbirgt bis auf den Pony mein ganzes Haar, und meine Jeans und das Flanellhemd stammen aus einem Secondhandladen. Vielleicht sind sie auch nur neugierig, weil die meisten Menschen nicht um halb fünf Uhr früh einkaufen gehen, zwei Stunden bevor die Sonne über die Wasatch-Bergkette spähen und Salt Lake City in strahlendes Morgenlicht tauchen wird. Der Junge schiebt einen Wischmop und schaut nicht auf, als ich an ihm vorbeigehe.

»Wo bitte finde ich Wasserflaschen?«

»Drei Gänge weiter.«

So kurz vor Thanksgiving ist der Markt festlich herausgeputzt. Papiertruthähne mit Schwanzfedern aus orangefarbenem und braunem Seidenpapier baumeln von der Decke. Der Kassenbereich ist mit Kürbissen und Ähren geschmückt.

Ich biege in den Gang ein. Der frisch gewischte Boden glänzt. Auf halber Höhe entdecke ich das Wasser, aber als ich darauf zugehe, saust ein kleiner pelziger Blitz vor mir vorbei, und ich halte den Atem an. *Eine Maus*. Als ich drei Jahre alt war, kurz vor der Geburt meiner Zwillingsschwestern, wohnte ich mit meinen Eltern in einem winzigen Anderthalbzimmer-Apartment an der Universität.

Dad schrieb seine Doktorarbeit in Genetik und untersuchte Feldmäuse, die er in einem Käfig an dem einzigen Ort in der Wohnung hielt, wo noch Platz dafür war – meinem Kinderzimmer. Dort deponierte er auch seine Schlangen, die er vermutlich mit seinen gebrauchten Mäusen fütterte. Und ich habe mich immer vor beidem gefürchtet.

Ein Schauer läuft mir den Rücken hinunter, als der Nager in einer Lücke zwischen den Regalen verschwindet. Ich wünschte, ich hätte das Tier nicht gesehen, denn es erinnert mich daran, dass auf einer Mutskala von eins bis zehn – eins für »tapfer« und zehn für »absoluter Feigling« – mein Zeiger ungefähr bis zwölf ausschlagen würde. Die Wüste ist eines der wenigen Rückzugsgebiete des Berglöwen. Wenn ich beim Anblick einer Maus Herzklopfen bekomme, wie soll ich dann mit echter Gefahr fertig werden?

Ich schiebe meinen Einkaufswagen vor das Regal mit den großen Wasserflaschen und beginne aufzuladen. Ich habe überschlagen, dass ich mit einer Gallone (= 3,85 Liter) pro Tag auskommen müsste, aber sicherheitshalber rechne ich noch eine halbe Gallone täglich hinzu. Als ich fertig bin, stehen noch vier Kanister im Regal, die ich mir auch noch schnappe. Der Wagen ist so schwer, dass die Räder auf dem Linoleum quietschen, als ich auf die Kasse zusteuere. Ich denke an die zahnlosen obdachlosen Frauen, die ich in den Straßen von New York City gesehen habe und die ihre Einkaufswagen schieben, beladen mit ihrem gesamten weltlichen Besitz. Das Schicksal hat sie in eine Leere gestoßen, aus der niemand je wieder herauskommt.

»Was in aller Welt …?« *Wanda* steht auf dem Namensschildchen der Verkäuferin.

Sie ruft den Jungen. »Scotty, schwing dich mal hier rüber. Siehst du nicht, dass wir Hilfe brauchen? Schätzchen, was wollen Sie denn mit dem ganzen Wasser? Hab gar nicht gehört, dass 'ne Dürrekatastrophe bevorsteht.«

»Camping«, antworte ich.

»Muss ja 'n toller Ausflug sein«, meint Wanda und starrt

den Wagen an. »Wollen Sie damit 'ne ganze Armee versorgen?«

»Ich fahre allein.«

»Aber Sie nehmen Ihren Whirlpool mit, was?« Sie lacht und stößt den Jungen mit dem Ellbogen an.

»Das muss für vierzig Tage reichen«, erkläre ich. »Ich fahre in die Wüste.«

Wandas Lachen gefriert, und ihre Finger bleiben über der Kasse mitten in der Luft hängen. »Vierzig Tage? Allein? Gott, Mädchen, sind Sie noch zu retten? Da draußen ist es gefährlich.«

»Haben Sie denn keine Angst?«, fragt der Junge.

»Ein bisschen schon«, gebe ich zurück. Eine Zwölf.

»Aber Sie haben doch eine Waffe?«, fragt Wanda, deren Augen mit jeder Sekunde größer werden.

»Nein.«

»Kurzwellenradio?«, fragt der Junge.

»Nein.«

»Nicht mal ein Handy?«, sagt Wanda. »Keine Möglichkeit, dass jemand Sie erreicht? Also, das könnte mich auch reizen. Vierzig Tage, ohne etwas von der Bank zu hören. Sie dürfen nämlich nicht glauben, dass dieser Job genug abwirft, um meine Familie über Wasser zu halten. Schätzchen, ich würde eine ordentliche Stange Kleingeld geben, um mit Ihnen zu tauschen.«

Ich reiche der Verkäuferin einen Fünfzig-Dollar-Schein, aber sie sieht ihn nicht an, sondern schaut mir ins Gesicht. Wenn ich den Blick nicht abwende, wird sie unter die Oberfläche sehen, und sie wird den Sturm erkennen, der mich herumwirft wie eine Blechdose in einem Tornado. Ich möchte ihrem Blick entrinnen, aber dann bemerke ich, dass ihre Augen grün sind. Wieder läuft mir ein Schauer das Rückgrat hinunter, als ich mich an andere grüne Augen erinnere; Augen, die vor nicht allzu langer Zeit so tief in meine sahen, dass sie alles zu erkennen schienen, was ich bin. Vor diesen Augen wollte ich nichts verstecken.

Plötzlich wünschte ich, ich bräuchte auch vor Wanda

nichts zu verbergen. Ich wollte, ich könnte die richtigen Worte finden, um zu erklären, warum ich vierzig Tage in die Wüste gehe, einen Ort, der mir fast so fremd ist wie der Mond. Wenn ich ihr alles erzählte, was geschehen ist, wenn ich ihr die persönlichsten Details meines Lebens anvertraute, dann könnte ich es erklären. Vielleicht würde sie mich verstehen, und ich würde mich nicht so einsam fühlen. Hätte nicht solche Angst. Aber ich kann diese Worte nicht finden.

Es hat mich immer erstaunt, wie Henry David Thoreau sein ganzes Einsiedlerleben am Waldensee in sieben kurze Worte zu fassen wusste: Weil mir daran lag, bewusst zu leben. Sieben Worte, die sein nobles Anliegen und seine eiserne Entschlossenheit vollkommen zum Ausdruck bringen. Sieben Worte, an die sich ein Mensch, der kein Leben in stiller Verzweiflung führen möchte, klammern kann in der Hoffnung, dass tatsächlich ein anderer Weg existiert. Sieben Worte, welche die tiefe Überzeugung eines Menschen vermitteln: Der Umstand, dass wir leben und atmen, ist ein solches Wunder, dass es eine Sünde gegen das Leben selbst wäre, wenn wir nicht innehielten, um die Welt zu betrachten und nachzusinnen, wo in all dem, was uns umgibt, unser Platz ist.

Aber andererseits habe ich mich immer gefragt, welche genauen Motive hinter diesen sieben Worten steckten; was Thoreau wirklich veranlasst hat, zwei Jahre in den Wäldern zu verbringen. Manche Leute äußern abschätzig, er sei bei Tag in die Stadt gegangen und habe abends Besucher empfangen. Aber trotzdem muss er einsamer gelebt haben als seine Zeitgenossen und ganz bestimmt isolierter als die meinen. Hätte er Glück in der Liebe gehabt, wäre die Schule, die er zusammen mit seinem Bruder gegründet hatte, nicht den Bach hinuntergegangen, wäre er nicht im Grunde genommen Emersons Handlanger gewesen, hätte Thoreau dann dasselbe Bedürfnis empfunden? Es kann nicht leicht gewesen sein, in Emersons Schatten zu stehen, aus den Kulissen zuzusehen, während das Publikum danach gierte, die Werke des Meisters zu lesen, und Schlange stand, um ihn sprechen zu hören.

Immer habe ich überlegt, ob es einen Moment gegeben hat, in dem Thoreau die Hände hochwarf und sagte: Das war's. Vielleicht begriff er nicht, was genau Emerson besaß, aber er nicht. Trotz seines legendären Wagemuts hat Thoreau wohl nicht verstanden, warum er sich anders fühlte als alle anderen Menschen, warum er sich nicht dazu durchringen konnte, eine feste Arbeit anzunehmen außer dem Job, den sein Vater ihm in der Bleistiftfabrik der Familie anbot. Trotz seiner Kritik, die Bewohner des Städtchens Concord führten ein oberflächliches und – nach seinen Maßstäben – bedeutungsloses Leben, hat sich Thoreau möglicherweise gefragt, ob seine eigene Existenz mehr Sinn und Bedeutung besaß als die ihre. Vielleicht hat er sogar gefürchtet, er könne niemals glücklich werden.

Das Gefühl kenne ich. Es ist schrecklich.

James, den ich 1982, eine Woche vor meinem neunzehnten Geburtstag, geheiratet hatte, erklärte unserer Eheberaterin einmal, er glaube nicht, dass ich glücklich sein könne. Er sagte ihr sogar, er sei sich nicht einmal sicher, ob ich überhaupt glücklich sein wolle. Man stelle sich das vor. Ein Mensch, der sich nicht nach Glück sehnt.

»Ganz egal, wie gut alles läuft«, sagte James, »sie findet immer etwas auszusetzen.« Er verdiente für unsere Familie – seine Tochter Gina aus einer vorausgegangenen Ehe und unseren gemeinsamen Sohn Tony – mehr als sechzigtausend Dollar im Jahr. Wir besaßen ein zweistöckiges Haus in Kalifornien, eine Meile vom Strand entfernt, zwei Autos, schöne Kleidung und genug Geld, so dass ich aufs College gehen konnte. Meinen Abschluss legte ich in Geisteswissenschaften ab, nachdem ich zweimal das Hauptfach gewechselt hatte. Zuerst wollte ich Lehrerin werden; zu dieser Zeit unterrichteten meine Eltern an einer amerikanischen Schule in Taiwan, mein Vater Naturwissenschaften und meine Mutter Sprachen und Literatur. Dann kam ich auf die Idee, mich bei der Stadtverwaltung zu bewerben. Ich hatte auch in einer Firma für Bürobedarf gearbeitet und anschließend als Büroleiterin für eine Immobilienfirma.

»Sie könnte doch mit den Kindern zu Hause bleiben«, erklärte James der Eheberaterin, »aber sie behauptet, darin fände sie keine Erfüllung. Nichts stellt sie zufrieden. Ich glaube, sie erwartet zu viel.«

Ich fragte mich, ob das stimmte. Das hätte viele Probleme erklärt, einschließlich der ersten Gelegenheit in unserer Ehe, bei der ich anscheinend zu hohe Erwartungen gehegt hatte: meinen ersten Versuch, ein Thanksgiving-Essen zu kochen, fünfzehn Monate nach unserer Heirat. Mit zwanzig hatte ich noch nie etwas annähernd so Riesiges wie einen Truthahn zubereitet, und ich traute mich einfach nicht. Auf der Suche nach dem perfekten Rezept durchkämmte ich die Zeitschriften, und schließlich präsentierte sich die Lösung auf einem Hochglanzfoto: Hähnchen nach Cornwall-Art mit Salbei-Thymian-Soße. Ich folgte den Anweisungen buchstabengetreu, und mittags an Thanksgiving hätte das Aroma, das aus meinem Backofen aufstieg, selbst die Fernsehköchin Julia Childe überzeugt.

»Wo ist das Essen?«, fragte James, als ich das köstliche Festmahl auf den Tisch stellte. »Wo bleibt der Truthahn?«

Ich hatte gehofft, er werde etwas äußern wie »Hähnchen auf Cornwall-Art? Wie klug du bist, meine Liebe. Das sieht dir ähnlich, einmal etwas Neues auszuprobieren. Ich liebe dich jeden Tag mehr, weil du so kreativ bist«. Aber er äußerte nichts dergleichen.

»Mach nächstes Mal einfach einen Truthahn, okay? So wie Mama, ja?«

Vielleicht wollte ich zu viel. Vielleicht erwartete ich zu viel von meinem Mann, indem ich darauf vertraute, dass er mein Selbstvertrauen aufbaute, statt es zu zerstören. Aber an diesem Tag spürte ich, dass sich etwas in mir veränderte. Ich fühlte, wie ich von ihm wegtrieb, so als hätte jemand den Stöpsel aus einer Badewanne gezogen, nur dass das Wasser sehr langsam abfloss.

Im Jahr darauf zog James' Tochter Gina zu uns, und zwei Jahre später wurde Tony geboren. Zu diesem Zeitpunkt führten James und ich eine Zweckehe. Wir diskutierten über die Kinder, stritten und vertrugen uns. Samstags ging er zum Golfspielen, während ich mit den Frauen der anderen Golfer das Barbecue für den Nachmittag vorbereitete. Wenn die Männer zurückkamen, spielten sie in der Garage Poolbillard und kauten ihr ganzes Spiel Schlag für Schlag noch einmal durch. Währenddessen saßen wir Frauen in der Küche und redeten darüber, wessen Kind gerade den ersten Zahn verloren hatte.

»Es ist, als würden wir eine Art Scharade aufführen. Wir tun so, als ob«, erklärte ich der Eheberaterin, als James und ich acht Jahre verheiratet waren. »Ich bin siebenundzwanzig Jahre alt und habe das Gefühl: Das war's schon? Ich erwarte mehr vom Leben.«

»Sie will etwas, das nicht existiert«, sagte James.

Ich begann zu glauben, dass er Recht hatte, denn das Leben, das ich Jahre zuvor in meinen Augen im Spiegel gesehen hatte, war nicht Wirklichkeit geworden. Liebe und Leidenschaft kamen scheinbar nur in Seifenopern vor. Der Sinn meines Lebens bestand vor allem darin, meine Familie mit sauberer Wäsche zu versorgen. Dank meiner Eltern war ich zumindest über einige der sieben Meere gesegelt. Einmal hatten James und ich sie in Asien besucht, ein anderes Mal im Sommer in Italien. Aber aus eigenem Antrieb hätten wir wohl keine dieser Reisen unternommen. Als James die dritte Einladung ablehnte, wusste ich, dass unsere Wanderjahre vorüber waren. Langsam begann ich zu fürchten, dass das Leben und die Liebe, die ich mir erträumt hatte, nichts weiter waren als das: Träume.

Ein Jahr später, 1991, hörte ich von einem Schreibkurs für Hochschulabsolventen in Denver. Bis dahin hatte ich freiberuflich für einige meiner alten College-Professoren gearbeitet und deren Texte vor der Veröffentlichung redigiert. Ein formelles Zertifikat würde meine Qualifikation verbessern. Ich glaubte, ich sei auf dem Weg, eine befriedigende Beschäftigung zu finden, wenn damit auch nicht viel zu verdienen war. James erklärte sich bereit, zu Hause die Stellung zu halten, während ich den einmonatigen Kurs an der Universität von Denver besuchte.

Die meisten der einhundert Teilnehmer hatten gerade das College abgeschlossen; mit meinen achtundzwanzig Jahren gehörte ich zu den Ältesten. Untergebracht waren wir in Wohnheimen. Da ich erst nach meiner Heirat zum College gegangen war, hatte ich seit der Anderthalbzimmer-Wohnung, als ich drei war, nicht mehr auf einem Campus gelebt. Ich hatte noch nie in einer Mensa gegessen. Jetzt nahm ich dort täglich drei köstliche Mahlzeiten ein. Essen, das andere für mich gekocht hatten. Teller, die ich nicht zu spülen brauchte. Kein schlechtes Geschäft.

Für diejenigen, die direkt nach der Highschool zum College gegangen waren, war es selbstverständlich, bis zehn Uhr abends zu lernen und dann auf ein Bier auszugehen, aber ich erlebte eine ganz neue Welt. Jedes Wochenende ging ich mit meinen Studienkollegen aus und schaffte es gerade eben zurück, bevor um zwei Uhr morgens die Wohnheime abgeschlossen wurden. Einmal kamen wir erst um halb drei wieder und mussten am Efeuspalier hochklettern, um durch ein Fenster im ersten Stock einzusteigen, eine Aktion, die ich nicht mehr nötig gehabt hatte, seit ich sechzehn war. Was sonstige Freizeitaktivitäten anging, so gehörte ich zu den wenigen Teilnehmern, die ein Auto mitgebracht hatten, daher fehlte es mir nie an Interessenten, die sich gern gratis nach Boulder, Colorado Springs oder in die Rocky Mountains mitnehmen ließen.

Noch nie im Leben hatte ich so viel Spaß gehabt. Ich fühlte mich wie ein neuer Mensch. Und jeden Tag wuchs mein schlechtes Gewissen.

»Ich vermisse dich auch«, pflegte ich zu sagen, wenn James anrief, und die nächsten Worte musste ich mir mühsam abringen: »Ja, ich liebe dich auch.«

Die Tage vergingen wie im Flug, und ehe ich wusste, wie mir geschah, waren die ersten drei Wochen des Seminars vorüber. Es war Freitagnachmittag. Ich erinnere mich ganz genau, weil ich das Wochenende kaum erwarten konnte, das letzte vor den letzten fünf Unterrichtstagen. Ich stellte mir gerade ein eiskaltes Bier auf dem Gipfel des Pikes Peak vor, als der Seminarleiter den letzten Dozenten des Tages vorstellte - Jerry Ellis, ein Schriftsteller aus Alabama.

Jerry stammte teilweise von den Cherokee ab. Er war den Weg durch acht Staaten zurückgegangen, den seine Vorfahren im tiefen Winter des Jahres 1838 während ihrer Zwangsevakuierung in das Indianerreservat von Oklahoma zurückgelet hatten, eine Reise von neunhundert Meilen, die als *Pfad der Tränen* bekannt ist. Indem er ihren Weg in umgekehrter Richtung beschritt, wollte er seinen Vorfahren Ehre erweisen und ihre Seelen symbolisch in die Heimat zurückführen. Jerrys Buch über diese Reise, *Walking the Trail,* hatte ihm eine Nominierung für den Pulitzerpreis eingebracht.

»Am ersten Abend draußen«, berichtete Jerry, »hatte ich so schlimme Blasen an den Füßen, dass ich glaubte, nie wieder einen Schritt tun zu können. Aber dies war das einzige Mal, dass ich zweifelte. Ich war gezwungen, allein auf die Kraft meines Geistes und meines Körpers zu bauen, um in Bewegung zu bleiben. Auf dem ganzen Marsch traf ich immer wieder Menschen, die mich daran erinnerten, dass nicht jeder den allmächtigen Dollar über alles andere stellt. Während ich Tag für Tag allein wanderte, kam ich immer mehr in Kontakt mit meinem Ich und meinem Begriff von Gott. Am Ende der Reise zweifelte ich nicht mehr an mir selbst. Ich hatte etwas vollbracht, an das ich mit ganzer Seele glaubte.«

Als ich Jerrys Worte hörte, waren alle Gedanken an Wochenendvergnügungen wie weggewischt. Ich saß so weit hinten im Hörsaal, dass ich sein Gesicht nicht erkennen konnte, aber das Wort *Seele* durchfuhr mich wie ein Messerstich. Mein Herz begann zu pochen, als hätte ich selbst die neunhundert Meilen zurückgelegt. Ich wusste nicht, warum meine Hände kalt wurden und mein Kopf sich drehte. Aber ich begriff in diesem Moment, dass ich mich nicht getäuscht hatte.

Meine Seele hatte sich nicht geirrt. Es war tatsächlich möglich, im Leben mehr zu erfahren als stumpfe Routine. Keine vierzig Meter von mir entfernt stand ein Mann, dessen Leben Sinn und Bedeutung besaß, das Gefühl, das ich mir immer gewünscht hatte. Er hatte es gefunden, weil er seiner Seele gelauscht hatte.

Ich war nicht die Einzige, die Jerry nach dem Vortrag kennen lernen wollte. Eine Stunde wartete ich darauf, ihm die Hand zu schütteln. Ich bemerkte kaum, wie die Zeit verging und die Schlange langsam kürzer wurde, bis ich die Letzte war. Und ich erkannte meine eigene Stimme fast nicht wieder, als ich ihn zum Essen einlud.

»Das ist Ihr Haus?« Ich hielt das Foto, das Jerry aus seiner Brieftasche gezogen hatte, näher an die Kerze, die den Tisch in dem preiswerten Restaurant im Zentrum von Denver erhellte. Der Wein, der in Marmeladengläsern serviert wurde – rot für ihn, weiß für mich – passte zu dem karierten Tischtuch. »Sie nehmen mich auf den Arm. Der Anfang war wohl ein Baumhaus?«

»Mein Vater und ich haben es vor sieben Jahren zusammen mit einem Neffen gebaut«, erklärte Jerry. »Im nächsten Jahr habe ich den Bau bis zum Boden heruntergezogen und einen Kamin eingebaut. Eigentlich benutze ich das Haus eher, wenn ich mich mal zurückziehen will. Es gibt weder Elektrizität noch fließendes Wasser.«

»Es sieht ein bisschen aus wie der wahr gewordene Traum eines großen Kindes. Und wo liegt es?«

»In Fort Payne, in der nordöstlichen Ecke von Alabama. Meine Familie hat dort in den fünfziger Jahren zweihundert Morgen Land gekauft, und dort bin ich aufgewachsen. Ich habe zwar schon überall in den Staaten gelebt, aber an keinem anderen Ort konnte ich mich zu Hause fühlen. Wahrscheinlich werde ich eines Tages dort sterben.«

Mit dem Wein breitete sich ein warmes Gefühl in meiner Magengrube aus. Von meiner Zigarette stieg ein dünner Rauchfaden auf und zerfloss über der Kerze, und im Hintergrund spielte leise ein Lied von Janis Joplin. James, das wusste ich genau, hätte dieses Lokal gehasst. Aber ich wäre am liebsten nie wieder gegangen.

»Dann sind Sie nicht verheiratet?«, fragte ich.

»Ich war es mal, auf dem College«, nickte Jerry. »Dann hat sie mich in Zahlung gegeben und sich das Modell des nächsten Jahres angeschafft – so lange ungefähr hat die Beziehung gedauert. Seitdem habe ich ein paar Mal geglaubt, die richtige Frau gefunden zu haben, aber … Ich bin mir nicht so sicher, ob es sie wirkich irgendwo gibt.«

»Doch, es gibt sie.« Ich überlegte, ob er mich auslachen würde, weil ich so überzeugt klang, aber über seine Lippen huschte nicht die Spur eines Lächelns.

»Woher wissen Sie das?«, fragte er.

»Ich weiß es einfach.«

Jerrys Augen funkelten, und zum ersten Mal fiel mir ihre Farbe auf: grün wie das Meer und mit goldenen Flecken gesprenkelt, die im Kerzenlicht schimmerten. »Gott sei Dank weiß wenigstens einer von uns, was wahre Liebe ist.«

»Ich. Ach. Wahrscheinlich. Wir sind seit fast neun Jahren verheiratet.«

»Aber Sie sind nicht glücklich.« Das war weder eine Frage noch ein Vorwurf, sondern eine einfache Feststellung, so als hätte Jerry gesagt, meine Augen seien braun, was stimmt. Mir fiel auf, dass ich schon viel zu lange in seine Augen sah, um das als beiläufigen Blick abzutun. Aber er hatte nicht weggeschaut.

»James sagt, ich sei nicht dazu geschaffen, glücklich zu sein«, sagte ich und zwang mich zu einem kurzen Lachen, zwang mich, konzentriert auf den Finger zu schauen, mit dem ich die Linien der karierten Tischdecke nachzog. »Er behauptet, ich wolle etwas, das nicht existiert.«

»Es existiert«, versicherte Jerry.

»Woher wissen Sie das?«

»Ich weiß es einfach.«

Ich suchte in seinen Augen nach Anzeichen dafür, dass er mich verspottete, aber ich fühlte mich nur noch weiter in ihre Tiefen gezogen. Jerry streckte seine Hand über den Tisch und legte die Finger an meine Wange. Ganz sanft klang seine Stimme, als er jetzt zu mir sprach, und mir ging auf, dass ich noch nie so viel Zärtlichkeit von jemandem gehört hatte. »Was du suchst, ist real. Vielleicht kommt es darauf an, was du zu tun bereit bist, um es zu finden.«

»Ich würde fast alles tun«, gab ich kaum hörbar zurück.

»Das glaube ich dir.«

In diesem Moment glaubte ich, was ich sagte. Ich hatte das Gefühl, in einen wahr gewordenen Traum versetzt zu sein, in dem alles möglich war, sogar das Glück, sogar für ein ganzes Leben, sogar für mich. Aber so weit dachte ich nicht voraus. Nur dieser Abend zählte. Sieben Tage später würde ich zu meiner Familie zurückkehren, zu dem, was ich war und immer sein würde. Ich würde weitermachen, als hätte es Denver nie gegeben, als hätte ich nie einen Mann getroffen, der auf die Stimme seiner Seele gehört hatte. Als hätte ich niemals einen Abend lang geglaubt, dass das Leben mehr sein könnte, als ich je zu träumen gewagt hatte.

Damals bemerkte ich kaum das Aufblitzen in Jerrys Augen, als er meinem Blick standhielt. Als ahnte er etwas in meiner Zukunft, das ich nicht wahrnahm. Zwei Tage später fand ich auf meinem Kopfkissen im Wohnheim ein Exemplar von Thoreaus *Walden*. Auf die innere Titelseite hatte er eine Widmung geschrieben: »Es gibt tausend Wege in die Wälder. Eines Tages wirst du deinen finden.«

Jetzt, drei Jahre später, frage ich mich immer noch, woher er das gewusst hat.

»Ich wünsche Ihnen viel Glück«, sagt Wanda und gibt mir das Wechselgeld heraus, während Scotty die letzte Gallone Wasser in meinen Einkaufswagen hievt. Ich blinzle, als kehre ich aus einer anderen Welt zurück, und wahrscheinlich stimmt das auch. »Vielleicht tue ich eines Tages mal so etwas wie Sie, aus welchem Grund auch immer Sie das machen.«

Ich könnte einfach sagen: Ich gehe in die Wüste, weil mir daran liegt, bewusst zu leben. Sieben kleine Worte, entliehen bei einem Mann, der es geschafft hat, damit alles zu sagen. Sieben kleine Worte von einem Mann, der sich aus dem Schatten seines Mentors befreit hat, der sich seine eigene Identität schuf und nicht mit einem unerfüllten Lebensziel ins Grab gegangen ist.

Und trotzdem zögere ich und erinnere mich an die goldgefleckten grünen Augen, die mich einmal zum tiefsten Teil meines Selbst geführt haben, an einen Ort, wo ich keine Angst verspürte, einem anderen Menschen zu zeigen, wer ich bin. Einen Ort, von dem ich fürchte, ihn nie wieder zu erreichen. Deswegen sage ich Wanda jetzt die Wahrheit.

»Ich gehe in die Wüste, weil ich glaube, dass sonst ein Teil von mir stirbt.«

»Welcher Teil?« Die Verkäuferin spricht zu mir so sanft wie eine Mutter zu ihrem Kind; als wüsste sie, dass ich ihr das tiefste Geheimnis meines Lebens enthülle.

»Der Teil von mir, der an meine Seele glaubt.«

Sie greift über die Kasse, um ihre Hand auf meine zu legen, und ich kann den Rest nicht zurückhalten.

»Länger ertrage ich diesen Schmerz nicht«, stoße ich hervor. »Ich habe schon alles versucht, was mir eingefallen ist. Nicht dass ich mich mit diesen Menschen vergleichen möchte, aber als Moses und Mohammed und Christus an einem Wendepunkt in ihrem Leben standen, sind sie in die Wüste gegangen, um ... um Gott um Rat zu bitten. Ich habe den Menschen wehgetan, die ich am meisten liebe, und wenn ich das ohne Grund getan habe ...«

»In der Wüste ist es still«, meint Wanda. Ihre Stimme klingt freundlich, ohne eine Spur von Kritik. »Manchmal können wir die Antwort auf unsere Fragen – wo immer sie herkommen mögen – nur an einem ruhigen Ort hören. Wenn Sie da draußen sind, versuchen Sie sich daran zu erinnern, dass Sie nicht allein sind. Wir alle fragen uns, was der Sinn des Lebens ist – zumindest diejenigen, die sich ab und zu die Mühe machen zu denken. Glauben Sie nicht, dass ich ab und zu meine Zweifel kriege? Die meisten von uns haben bloß nicht den Mut, sich damit auseinander zu setzen.«

»Das ist kein Mut«, antworte ich kopfschüttelnd, während ich den Wagen zur Tür schiebe. Die Räder quietschen so laut, dass ich nicht weiß, ob Wanda meine letzten Worte versteht. »Ich bin einfach verzweifelt.«

2. Kapitel

Als ich Salt Lake City südwärts auf der I-15 verlasse, geht in wunderschönen Rosa- und Blautönen über der Wasatch-Bergkette die Sonne auf. Bei einem McDonald's halte ich an, um mir einen Muffin mit Käse und Ei zu kaufen. Ich genieße jeden Bissen und trinke dazu eine Cola Light. In der Wüstc wird keines dieser Nahrungsmittel auf meiner Speisekarte stehen.

In Lehi biege ich ab und fahre Richtung Westen auf einer Landstraße weiter. Zehn Meilen später erreiche ich das Ende der Zivilisation, wie die meisten Menschen sie kennen. Stattdessen erstrecken sich dunkle, felsübersäte Ebenen, so weit das Auge reicht. Der menschliche Einfluss ist allerdings an den hölzernen Zaunpfählen zu erkennen, die mit Stacheldraht verbunden sind, und ab und zu an einem mit schweren Ketten verschlossenen Tor.

Ich beschließe, »Zaunpfähle zählen« zu spielen, denn ich kann den Gedanken einfach nicht aus dem Kopf bekommen, dass jemand all die Löcher für die Pfähle hat graben müssen. Ich frage mich, wie lange das wohl gedauert hat. Als ich bei einhundertsiebenundfünfzig bin, bemerke ich einen Cowboystiefel, der auf dem Zaunpfahl steckt. Zumindest bestätigt mir das, dass ich das passende Schuhwerk für diese Gegend mitgebracht habe. Ich hatte in einem Secondhandladen nach Wanderstiefeln als eventuellen Ersatz für meine Reebok-Sportschuhe gesucht, aber dort hatte es nur ein einziges Paar lederne Cowboystiefel gegeben, die mir allerdings wie angegossen passten. Auch Handschuhe fand ich dort.

Die einzigen Ausrüstungsgegenstände, die ich neu erworben habe, sind eine Luftmatratze, eine Axt und eine Tackerpistole, abgesehen von dem Holz und den Planen, die ich in einem Discount-Baumarkt gekauft habe und aus denen ich mir einen Unterstand errichten will. Vierzig Tage sind eine zu lange Zeit, um im Zelt zu schlafen, daher werde ich das Zelt nur so lange benutzen, bis ich meine Hütte gebaut habe.

Mein Auto – es heißt Betsy – ist ein Ford Escort, ein Zweitürer mit Heckklappe, aber ohne Allradantrieb, und es ist noch nie so schwer beladen gewesen. Die vierundsechzig Gallonen Wasser sind nur die Spitze des Eisbergs. Nahrungsmittel, ein Campingkocher, eine Laterne, zwei Dutzend Propangaskartuschen, meine Kleidung, Geschirrhandtücher, Bratpfanne, Suppentopf, Erste-Hilfe-Kasten, Kamera und eine Kiste mit Werkzeug und Bastelmaterial. Hammer, Säge, Schlafsäcke, Küchenutensilien und eine Tüte Zeitungen, um das Lagerfeuer anzuzünden.

Meine Eltern gehören zu den wenigen mir bekannten Menschen, die nicht entsetzt darüber wären, wie begrenzt meine Mittel für einen so langen Aufenthalt sind. Nachdem Dad seinen Doktor gemacht hatte, zogen wir nach Tacoma, Washington, eine Autostunde entfernt vom Herzen des North-Cascades-Nationalparks. Ein Universitätsprofessor ohne Festanstellung, dafür mit Familie und Hypothekenraten kann während der Sommerferien nicht allzu sehr mit Geld um sich werfen. Um uns zu amüsieren, gingen wir zelten.

Wir kampierten auf Zeltplätzen, in Nationalparks oder einfach wild. Wir lagerten an Seen und Flüssen und an Stellen, wo es überhaupt kein Wasser gab. Wir zelteten allein, mit anderen Familien oder mit meinen Großeltern, und in einem Sommer nahm Mom nur uns Mädchen mit.

Einmal schleppten unsere Eltern uns auf eine dreiwöchige Kanu-Trekking-Tour durch die kanadische Wildnis. An diese Reise werde ich mich immer erinnern, weil Mom dabei das Trockenrührei entdeckte und sogar eine noch tollere Neuheit – Trockeneiscreme. Auf dieser Reise zählte ich einmal mehr als hundert Mückenstiche gleichzeitig an meinem Körper. Vielleicht stammt aus dieser Zeit die Idee, Zaunpfähle zu zählen.

In einem anderen Sommer folgten wir der Reiseroute der Entdecker Lewis und Clark am Missouri entlang, wenn auch in umgekehrter Richtung. Dad nahm ein Exemplar ihres Reisetagebuchs mit. Die Beschreibungen waren so genau und in der Gegend hatte sich so wenig verändert, dass wir einige ihrer Lagerplätze exakt wiederfanden. Da es nirgendwo sanitäre Einrichtungen gab, gruben wir an jedem neuen Platz ungefähr hundert Meter vom Lager entfernt ein Loch und setzten darauf ein Töpfchen auf Stelzen. In einer Region, in der es Klapperschlangen gibt, war das besser, als sich auf den Boden zu hocken. Aber trotzdem mochte ich nicht allein gehen, denn ich hatte schreckliche Angst, unter jedem Stein könnte eine zusammengerollte Schlange lauern.

Unsere Zelte nähte Mom aus einem Fallschirm, den sie aus Armeerestbeständen gekauft hatte. Dad entwarf einen Reflektor-Backofen aus Kuchenblechen. Vor dem Lagerfeuer aufgebaut, buk er wie mit Zauberkraft. Den ganzen Nachmittag pflückten wir Heidelbeeren, und abends aßen wir frischen Obstkuchen, während die anderen Camper den Duft einsogen und sich fragten, woher dieser süße Geruch kam. Und das Ganze kostete uns nur ein paar Cent.

Wir schüttelten den Kopf über Leute, die uns unterwegs mit ihren Zweihundert-Dollar-Wanderstiefeln, den Isolierschlafsäcken für dreihundert Dollar und den Vierhundert-Dollar-Rucksäcken begegneten. Als ob Daniel Boone ein Vermögen für seinen Hut bezahlt hätte, sagten wir. Als hätten Lewis und Clark eine Million Lappen für ihre Hirschledermäntel hingeblättert. Das ist kein Camping, sagten wir dann, das ist geschummelt.

Und ich glaubte von ganzem Herzen daran. Erst heute erinnere ich mich, dass meine Eltern einander immer einen seltsamen Blick zuwarfen, wenn wir solch anspruchsvolle Ausrüstung als Schummelei bezeichneten. Nie ließen sie sich anmerken, dass sie wünschten, sie könnten sich das protzige Zeug leisten. Sie taten ihr Bestes, und ich hatte keine Ahnung, dass sie mit unserem Leben vielleicht nicht zufrieden waren.

Jetzt wünsche ich mir, ich hätte jemanden, dem ich einen solch vielsagenden Blick zuwerfen könnte. Ich wollte, ich könnte mir die neueste Wüsten-Survival-Ausrüstung leisten – Wanderstiefel, imprägniertes Regenzeug, das ganze Drum und Dran. Ich tue mein Bestes, aber jetzt wäre mir lieber, alles wäre anders gekommen.

*

Als ich das Schild sehe, fahre ich an den Straßenrand. Bret Layman, der Ranger, der mich und meine Vorräte die letzten Meilen in die Einsamkeit transportieren wird, hat mir gesagt, wo ich danach suchen soll. Sonst würde ich es verpassen, die Buchstaben seien so verblasst. »Pony-Express-Route« steht darauf, und es weist auf eine einspurige, unbefestigte Straße. Achtzig Meilen von hier entfernt liegt die Wildschutzstation, wo Bret arbeitet. Vom Schutzgebiet bis zum Gosiute-Indianerreservat an der Grenze zu Nevada sind es noch einmal achtzig Meilen. Bret und seine Freundin leben mitten im Schutzgebiet. In die Wüste fährt niemand.

Von hier an ist der Weg unbefestigte Piste. Bret sagte, sie sei nicht viel ebener als die ursprüngliche Strecke des Pony-Express. Ich überprüfe die Benzinuhr. Meine letzte Chance, vollzutanken, habe ich vor zwanzig Meilen verpasst. Als ich die asphaltierte Straße hinter mir lasse, breitet sich vor mir die Wüste aus. Flach. Sand, den die hohe Salzkonzentration weiß erscheinen lässt, unterbrochen nur von Felsgraten, die Hunderte von Metern über den Talboden aufragen wie Schiffe auf dem offenen Meer. Jetzt sind alle Anzeichen von Zivilisation verschwunden bis auf gelegentlich die langsam verfallenden Fundamente der alten Pony-Express-Stationen. Keine Telefonmasten. Keine elektrischen Drähte. Keine anderen Autos.

Das Great Basin – das Große Becken –, wie diese Region heißt, beherbergt weniger Lebensformen als jede andere nordamerikanische Wüste. Viele Kakteen-, Yucca- und Agavenarten fehlen hier. Im westlichen Utah dominieren Wermutsträucher, zusammen mit einigen anderen widerstandsfähigen Pflanzen, darunter eine Meldenart. Wo diese vorherrscht, findet man auch Viehherden, aber nicht gewaltige Rinderherden wie im Norden von Wyoming. Meist Schafe. Wie immer ist Wasser das Problem.

Werden vierundsechzig Gallonen vierzig Tage lang meinen Durst stillen?

Eine Antilopenherde rennt davon, erschreckt von dem Staub, den Betsys Reifen aufwirbeln, verschwimmt zuerst zu dunklen Flecken und verschwindet dann ganz in dem weißen Sand am Horizont. Ich frage mich, ob sich die Tiere beim Laufen bewusst sind, dass sich auch das Land unter ihnen bewegt. Buchstäblich. Die Erdkruste unter dem Großen Becken dehnt sich langsam. Noch in meiner Lebenszeit werden Reno und Salt Lake City einen Schritt auseinander driften. Während der letzten acht Millionen Jahre haben sich die Orte, an denen die beiden Städte liegen, fünfzig Meilen voneinander entfernt. Die Erdkruste ist hier so dünn wie fast nirgendwo sonst auf dem Planeten. Geologen behaupten, eines Tages werde sich durch die Dehnung ein Ozean auftun, genau dort, wo ich jetzt unterwegs bin.

Die Wüste. Der aufregendste und zugleich furchteinflößendste Ort, den ich je gesehen habe. Manche nennen sie das verzauberte Land, andere das Land der Geheimnisse – beide Etiketten stimmen. In den vergangenen Jahren habe ich viele amerikanische Naturlandschaften bereist und praktisch alle unterschiedlichen Bodengestalten kennen gelernt, von den Sümpfen in Louisiana bis zu den großen Prärien von Kansas und Nebraska, von den spektakulären Farben des neuenglischen Herbstes bis zu der leuchtenden Frühlingspracht der Kirschblüten in Washington, D. C., von den Wellen, die in Big Sur, Kalifornien, an die zerklüftete Küste donnern, bis zu der Brandung, die gegen die Sandbänke vor der Küste North Carolinas rollt. In den letzten drei Jahren sind Betsy und ich durch alle achtundvierzig festländischen Staaten der USA und neun kanadische Provinzen gefahren. In der Wüste hat meine Odyssee begonnen, soweit ich weiß, ist sie der Auslöser gewesen. Genau diese Wüste.

Zum ersten Mal habe ich sie 1991 durchquert, auf dem Weg von Kalifornien zu dem Schreibseminar in Denver.

Bis zu diesem Tag hatte ich die Mojave noch nie gesehen, die erste der Wüsten, denen ich auf dem Weg begegnen würde. Wie ein riesiger, Angst einflößender Sandkasten tat sie sich unmittelbar hinter Barstow, Kalifornien, auf. Ein über fünfundzwanzig Meter hohes Thermometer in Baker, neunzig Meilen weiter wüsteneinwärts, zeigte um neun Uhr morgens schon vierzig Grad. Mit siebzig Stundenkilometern tuckerte ich dahin, um Betsys Motor auf jedem Zoll dieser unendlich erscheinenden Ödnis zu schonen. Beklommen betrachtete ich die unheimlichen, bizarr verdrehten Äste der Joshuabäume, riesige Yuccas, die typisch für die Mojave-Wüste sind.

Ich verspürte nicht den Wunsch, mich länger in der Mojave aufzuhalten als nötig. Menschen gehören nicht in die Wüste, jedenfalls nicht ohne Rückendeckung durch Technik. Klimaanlagen, künstliche Bewässerung und Wasserleitungen machen einen Aufenthalt möglich, aber wenn ich mich der Wüste zu ihren eigenen Bedingungen stellen müsste, würde ich unterliegen.

Mir fiel ein Stein vom Herzen, als ich Las Vegas erreichte und mich durch den Virgin River Gorge in Arizona rasch in Richtung Norden wandte, nach Utah. Gleich hinter der Staatsgrenze stieß ich auf Wegweiser zu den Nationalparks Zion und Bryce Canyon. Seit meiner Kindheit hatte ich meinen Dad von seinem Maultierritt vom Rand des Bryce bis auf den Grund erzählen hören, wo gewaltige rötliche Felsformationen aussahen wie zu Stein erstarrte Geister. Als Kind hatte ich mir immer gewünscht, diese Steingespenster einmal zu sehen, aber meine Familie hatte nie das Geld für diese Reise.

Jetzt hatte ich es endlich bis Utah geschafft, und ich wusste, dass ich vielleicht nie wieder herkommen würde. Dies war möglicherweise meine einzige Chance, aber die Parks lagen nicht an der Bundesautobahn. Wenn ich nicht vier Stunden zurückfahren wollte, musste ich eine auf der Karte als fadendünne Linie eingezeichnete Landstraße durch eine menschenleere Landschaft einschlagen, praktisch eine Wüste.

Ich sah den Wegweiser nach Zion. Ausfahrt, eine halbe Meile. Tu es, drängte mich eine innere Stimme.

Für ein derartiges Risiko besaß ich nicht den Mut. In der Wüste können ansonsten verlässliche Wagen stehen bleiben, in der Mojave hatte ich ungefähr ein Dutzend davon passiert. Mit hochgeklappten Motorhauben, blinkenden Warnlichtern und in Dampfschwaden gehüllt. Niemand schien anzuhalten, um seine Hilfe anzubieten, ich ebenfalls nicht. Aber jede halbe Meile waren Notrufsäulen aufgestellt. Trotzdem ist eine halbe Meile bei vierzig Grad um neun Uhr morgens ein langer Marsch, und ich war mir sicher, dass an den Landstraßen keine Notrufsäulen standen. Was, wenn ich zehn oder zwanzig Meilen durch die von Klapperschlangen heimgesuchte Wildnis wandern musste, um Hilfe zu holen? Vielleicht würde mich die Hitze überwältigen, und ich würde verrückt. Oder ein Wahnsinniger erwischte mich zuerst. Alles konnte passieren.

Ausfahrt Zion eine Viertelmeile. Bleib auf Kurs.

Noch heute kann ich mir nicht erklären, warum ich in letztmöglicher Sekunde von der Bundesautobahn abfuhr. Zuerst war ich so verängstigt, dass ich kaum den Fuß auf dem Gaspedal halten konnte. Alles in mir schrie Gefahr,

Gefahr! Ich wollte wenden, zurück auf den Highway, zurück in die Sicherheit. Aber ich fuhr weiter. Eine halbe Stunde später war Betsy nicht zusammengebrochen. Eine Stunde später fuhr sie immer noch, und ich begann zu glauben, dass sie vielleicht gar nicht stehen bleiben würde. Ich fühlte mich so frei wie nie zuvor. Niemand zu Hause wusste, wo ich mich aufhielt. Hier in der Wüste kannte mich niemand. An diesem Tag brauchte ich keinem Menschen Rechenschaft abzulegen.

Mit offenen Fenstern und aufgedrehter Stereoanlage fuhr ich weiter und entdeckte, warum Autos mit einem zweiten Gang ausgerüstet sind – denn aus diesem Gang kam Betsy nicht heraus, als wir Straßen in der bergigen Wüste hinaufkletterten, die so steil und schmal waren, dass ich nur beten konnte, dass uns kein anderer Abenteuerlustiger entgegenkam. Felstürme, die genau aussahen wie die Geister, die mein Vater beschrieben hatte, ragten himmelwärts. Dazwischen erstreckten sich hohe Tafelberge, deren Plateaus nie ein Mensch betreten hatte. Mein Haar hatte sich rettungslos verheddert, und die Ponyfransen flogen mir um die Stirn, aber das machte mir nichts aus.

Die Zeit blieb stehen. Nichts existierte mehr außer der Musik, der Wüste, der Hitze, dem Wind und … und mir. Mir. An diesem Tag entdeckte ich, dass in mir mehr steckte als die Frau, die ich als mein Ich zu akzeptieren gelernt hatte. Ich entdeckte, dass in mir eine Frau wohnte, die keine Angst hatte, vom vorgezeichneten Pfad abzuweichen und ein Risiko einzugehen. Als ich an diesem Tag die Wüste verließ, war ich eine andere geworden.

Ich habe mich immer gefragt, was passiert wäre, wenn ich an diesem Tag nicht von der Autobahn abgefahren wäre. Wenn mich die Wüste damals nicht berührt hätte, würde ich dann heute zu ihr zurückkehren? Ich kann nur beten, dass diese Kraft, die ich damals gespürt habe, wirklich existiert. Wenn ich in vierzig Tagen herauskomme und mich nicht verändert habe, dann bin ich gescheitert.

Bret Layman hat mich nicht auf den Arm genommen, als er behauptete, diese Straße sei nicht viel besser als der alte Pfad des Pony-Express. Ich versuche, um die Schlaglöcher herumzusteuern, aber es sind zu viele, und ich kann sie nicht früh genug erkennen. Die Straße klettert am Hang einer ausgespülten Rinne hoch, führt dann abrupt in die nächste und wieder nach oben. Hinter mir hüpfen die vierundsechzig Gallonen Wasser im gleichen irrsinnigen Rhythmus wie mein Herz.

Nach mehr als zwei Stunden auf der unbefestigten Straße bin ich erleichtert, als silbriggrünes Schilf den Rand eines flachen Salzsumpfes bezeichnet, von dem Bret mir erklärt hat, er bilde die östliche Grenze des Naturschutzgebiets. Sein Büro und die Baracken werde ich zehn Meilen weiter finden, in der Mitte des Schutzgebiets.

Am Himmel stehen nur ein paar Wolken. Ich zünde mir eine Zigarette an und drehe das Fenster noch ein paar Zentimeter herunter. Eine Brise streicht über mein Kopftuch und meine Ponyfransen, kitzelt mich auf der Stirn und erinnert mich daran, wie ich diese Wüste vor drei Jahren zum ersten Mal durchquert habe. Die Stirnfransen sind heute der längste Teil meiner Frisur. Ich trage die Haare seit zehn Jahren kurz, aber dieses Mal habe ich den Friseur gebeten, es für meinen Rückzug extra kurz zu schneiden. Wie an dem Tag 1991, als ich Denver verließ. Ein Zittern durchläuft mich, aber nicht, weil mir kalt wäre. Die Erinnerung lässt mich schaudern.

Jerry verabschiedete sich nicht von mir, als er Denver verließ, um nach Alabama zurückzukehren. Wahrscheinlich war das besser so. Ich hätte ohnehin nicht gewusst, was ich sagen sollte.

Drei Tage lag ich im Bett. Dem Seminarleiter erklärte ich, dass mir nicht gut sei. Tatsache war, dass ich mich schlechter fühlte als je zuvor in meinem Leben. Ich hatte das Gefühl, in der Mitte meiner Brust habe sich ein riesiger Riss aufgetan, der mich auseinander zerrte, bis ich daran zerbrechen würde.

Wie konnte ich in eine Ehe zurückkehren, die keine war? Selbst wenn ich bereit war, unglücklich zu sein – und das war ich sogar –, wusste ich doch, dass ich James nicht liebte, egal, wie sehr ich mich bemühte, etwas anderes vorzugeben. Nicht so, wie ein Mensch es verdient, geliebt zu werden. Ganz egal, wie sehr ich mich anstrengte, mich selbst zu täuschen, James und ich waren nicht wirklich verheiratet, nicht so wie Menschen, die sich wirklich lieben. Die Ehe ist keine Urkunde. Sie ist nicht nur eine Verpflichtung, in guten und schlechten Zeiten zusammenzubleiben. Sie ist ein Versprechen, »einander zu lieben und zu ehren«, und ich konnte James ebenso wenig lieben, wie ich ihn dazu bringen konnte, mich jeden Tag mehr zu achten.

Aber wäre eine Scheidung die bessere Alternative? In meiner ganzen Familiengeschichte hatte es nur eine Scheidung gegeben, die meines Onkels. Mein Großvater – Dads Vater –, ein Mann vom alten Schlag, war niedergeschmettert gewesen, aber zumindest waren keine Kinder betroffen. Und was eine Scheidung für meine Kinder bedeuten würde, hatte ich bereits erfahren.

Vor einem Jahr hatten James und ich uns auf den Rat unserer Eheberaterin für vier Monate getrennt. Weil ich nicht beide Kinder zu mir nehmen konnte – meine Stieftochter Gina wollte ihren Vater nicht verlassen – und wir die Kinder nicht trennen wollten, war ich diejenige, die ging, während beide Kinder bei James blieben. Er stellte eine Wirtschafterin ein, die den Haushalt viel reibungsloser bewältigte, als ich das jemals geschafft hatte. Sie brachte die Kinder in die Schule, machte die Wäsche, putzte, kaufte ein und war zu Hause, wenn die Kinder vom Unterricht kamen. Aber wir alle wussten, dass diese Trennung nur begrenzte Zeit dauern würde. Nach vier Monaten kehrte ich zurück, nicht um meiner Ehe willen, sondern weil ich den Gedanken nicht ertragen konnte, eine Familie in Stücke zu reißen. Ich ertrug die Vorstellung nicht, ohne meinen Sohn zu leben.

Welche Mutter würde ihren Sohn von seiner Schwester und seinem Vater trennen, ihm sein eigenes Bett in seinem eigenen Zimmer wegnehmen? Und wozu? Damit er mit mir in einem winzigen Apartment leben konnte, über Wasser gehalten von den Unterhaltszahlungen seines Vaters, die das Gericht verfügen würde? Wie egoistisch musste eine Mutter sein, um so etwas zu tun?

Andererseits, kann eine Lügnerin eine gute Mutter sein? Denn das würde ich sein. Unser Leben wäre eine Farce.

Aber James behauptete, er sei glücklich. Ich war diejenige, die ein Problem hatte, und ich hatte kein Recht, sein Leben zu zerstören.

Ich lag in dem Wohnheim in Denver, warf mich herum und vergrub mich in den Kissen, während draußen vor dem offenen Fenster die Vögel zwitscherten und ein Sprenkler die Wiese wässerte. Egal, wie ich mich entschied, ich würde verlieren. Aber jetzt wusste ich, dass ich mich entscheiden musste, sonst würde die Kluft in meiner Brust sich niemals schließen. Ich musste für uns alle entscheiden.

Wenn ich nicht zurückging, würde ich mir selbst nicht mehr in die Augen sehen können. Also würde ich zu meiner Familie zurückkehren, die nicht ahnte, wie knapp sie der Zerstörung entgangen war. Die Jahre würden vorübergehen, mein Haar würde grau, und ehe ich wusste, wie mir geschah, würde ich in den Spiegel sehen und mich fragen, wie diese Falten in mein Gesicht gekommen waren. Gina und Tony würden erwachsen werden, wegziehen, heiraten und selbst Kinder haben. Zu Thanksgiving würden sie nach Hause kommen, und ich würde einen Truthahn braten wie jedes Jahr seit dem zweiten Jahr meiner Ehe. Ich würde alt werden und sterben in dem Wissen, das Richtige getan zu haben.

Der Lügnerin würde ein langes, vorbildliches Leben beschieden sein. Aber die Frau, die ich eigentlich war, würde an diesem Tag in dem Wohnheimzimmer in Denver sterben. Das Leben, das ich als Teenager in meinen Augen gesehen hatte und von dem ich nun überzeugt war, dass es möglich war, würde niemals Wirklichkeit werden.

Doch plötzlich erkannte ich: Das konnte ich nicht. Ich konnte nicht tun, was ich tun musste. Nicht für James. Nicht für meine Stieftochter. Nicht für meinen Sohn. Nicht für Gott. Ich konnte meine Seele nicht aufgeben. Ich konnte es einfach nicht.

Der Rasensprenger vor dem Fenster lief schon lange nicht mehr, und die Vögel waren mit dem Sonnenuntergang in ihre Nester zurückgekehrt, als ich endlich aus dem Bett kroch und nach dem Telefon griff.

»James?«, sagte ich, als sich die vertraute Stimme meldete. »James, es tut mir Leid. Wir müssen reden.«

Zehn Minuten später hatte ich uns alle vor dem einen Schicksal bewahrt und zu einem anderen verurteilt. Aber von diesem Augustabend im Jahr 1991 an brauchte ich mich nicht länger eine Lügnerin zu nennen.

Nachher wusste ich nicht, was ich anfangen sollte, daher machte ich einen Spaziergang. Ein Friseursalon fiel mir auf, der noch geöffnet hatte. Ich trat ein und bat den Friseur, mir das Haar kurz zu schneiden.

3. Kapitel

Ich habe mich noch nie besonders gut darauf verstanden, die Uhrzeit nach der Sonne zu schätzen, und während Betsy und ich die letzten Meilen zum Naturschutzgebiet zurücklegen, vermisse ich eine Uhr. In meiner Eile habe ich es fertig gebracht, den Reisewecker auf dem Nachttisch im Motel zu lassen – nicht dass ich es während der nächsten vierzig Tage nötig hätte, die Zeit zu messen. Als ich Bret Layman gestern aus Salt Lake City anrief, habe ich ihm gesagt, ich würde irgendwann vor Mittag im Schutzgebiet eintreffen. Ich freue mich auf die Begegnung mit dem Ranger. Bis jetzt kennen wir uns nur vom Telefon.

Bret ist in der Wüste von Utah geboren und aufgewachsen und kennt die ganze Region wie seine Westentasche. Wie er mir erklärt hat, ist das einzige Problem, dass nicht viele Stellen mit ausreichend Feuerholz existieren, um vierzig Tage lang ein Lagerfeuer zu unterhalten, und im November und Dezember können die Nächte in der Wüste kalt werden. Aber er kannte einen Canyon in einem Gebiet, das dem *Bureau of Land Management*, der Land- und Forstverwaltung, untersteht. Jeder darf öffentliches Land betreten, aber ohne die Erteilung einer Sondererlaubnis durch diese Behörde ist die Aufenthaltsdauer in der Regel auf vierzehn Tage begrenzt. Angesichts meiner Weigerung, eine Waffe oder ein Kommunikationsgerät zu tragen, hatte Bret es für unwahrscheinlich gehalten, dass sie mir eine Genehmigung erteilen würde.

Laut Bret traf diese Beschränkung allerdings nicht auf diesen speziellen Canyon zu, da der von der Regierung noch nicht als bedrohtes Biotop eingestuft worden war. Ja, er würde mich gern dorthin bringen. Ich brauchte nur zum Naturschutzgebiet zu kommen. Dann würde er mich mit seinem Truck hinfahren und vierzig Tage später abholen.

»Sind Sie ganz sicher, dass Sie keine Waffe mitnehmen wollen?«, hatte Bret noch gefragt, bevor er auflegte. »Ich besitze zwei Pistolen, eine können Sie gern ausleihen.«

Ich will keine Pistole. Ich will kein Radio. Jesus, Moses oder Mohammed verfügten über keins von beidem. Meines Wissens hat natürlich auch keiner der drei Nahrung und Wasser für vierzig Tage mitgenommen, oder Bauholz, Planen und einen Kocher. Wahrscheinlich würden diese Propheten meine Unmengen an Ausrüstung betrachten und erklären, ich schummele. Gut möglich. Sie waren in der Wüste geboren und aufgewachsen und daher in der Lage, für sich zu sorgen. Oder Gott war ihnen so gewogen, dass er ihre normalen körperlichen Bedürfnisse aufhob. Leider kann ich es auf beiden Gebieten nicht mit den heiligen Männern aufnehmen.

Als ich endlich von der unbefestigten Straße auf die mit Kies bestreute Einfahrt des Naturschutzgebietes einbiege, sehe ich Bret und Dana, die auf der Treppe vor dem Büro warten. Das einzige andere Fahrzeug auf dem Parkplatz ist ein Toyota-Kleinlaster, der einmal weiß war, jetzt jedoch von einer Schmutzschicht überzogen ist.

»Haben Sie den Weg gut gefunden?«, fragt Bret und wischt sich die Hand an seinem Overall ab, bevor er sie mir entgegenstreckt.

»Sieht aus, als hätten Sie sich auf eine richtige Expedition in die Wildnis eingerichtet«, meint Dana, während sie und Bret mir helfen, meine Vorräte in den Laster umzuladen. Sie hält eine Stange Zigaretten in die Höhe. »Mit dem

Rauchen wollen Sie nicht aufhören, was? Wäre die beste Gelegenheit.«

»Keine Chance«, erwidere ich. Ich will ein einfaches Leben führen, aber von Folter war nie die Rede.

Grinsend befestigt Bret eine Plane über der Ladefläche. Ich schenke Betsy einen langen Abschiedsblick. *Ach meine treue Gefährtin, ich werde dich vermissen. Du hast mich überallhin gebracht, wo ich hinwollte, kreuz und quer über den Kontinent und die Küsten auf und ab. Jetzt muss ich dich zurücklassen, selbst wenn du die Fahrt abseits der Straße überleben könntest. Denn ich traue mir nicht zu, der Versuchung zu widerstehen, die deine Anwesenheit darstellen würde.*

»Auf den ersten Blick erkennt man es nicht«, erklärt Bret, als wir die Station verlassen, »aber seit den Zeiten des Pony-Express hat diese Straße die gesamte Ökologie der Gegend verändert. Selbst kleine menschliche Eingriffe können eine Spezies auslöschen, die seit Jahrhunderten im Gleichgewicht mit ihrer Umwelt gelebt hat. Immer mehr Menschen suchen Erholung in der Wüste. Mit ihren Allrad-Fahrzeugen walzen sie alles nieder. Vielleicht wissen sie nicht, dass der Wermutstrauch, den sie in den Boden trampeln, zwanzig Jahre gebraucht hat, bis er so groß war. Wird er nachwachsen? Kommt darauf an, ob er Samen trägt oder nicht. Gut möglich, dass er es nicht tut. Die Ausflügler machen sich keine Gedanken über einen einzigen kleinen Wermutbusch, aber ich habe mein ganzes Leben hier verbracht, und die Büsche werden immer weniger. Die Wüste verändert sich so schnell, dass ich kaum noch nachkomme.«

»Sie können sich wohl nicht vorstellen, anderswo zu leben«, werfe ich ein.

»Nein«, antwortet Bret, »aber leicht ist es hier nicht. Vor allem für Dana nicht. Ich habe wenigstens meine Arbeit.«

»Ohne Fernsehen würde ich verrückt«, meint Dana. »Gott sei Dank haben wir Strom und fließendes Wasser. Manche Leute hier draußen haben nicht einmal das. Es gibt keinen Lebensmittelladen, keine Tankstelle, kein Restaurant. Selbst wenn wir Geld hätten, könnten wir es nirgendwo ausgeben. Sogar das Postamt öffnet nur zweimal die Woche, und bei schlechtem Wetter kommt gar keine Post.«

»Das Problem ist«, setzt Bret hinzu, »dass es nicht viele Möglichkeiten gibt, der Wüste seinen Lebensunterhalt abzuringen. Meine Schwester und meine Mutter leben in Calleo, dreißig Meilen von hier. Meine Schwester bricht Felsen für die Landschaftsgärtnerei und verteilt Utah in kleinen Stückchen über das ganze Land.«

»Eine Menge Leute leben von der Wohlfahrt«, erklärt Dana, »aber manche würden auch lieber sterben, als Geld von der Regierung anzunehmen. Die meisten Menschen hier draußen wollen einfach so leben, wie es ihnen passt. Zum Beispiel der Erdhörnchenmann.«

»Wer?«

»Wir nennen ihn so, weil er Erdhörnchen jagt, um etwas zu essen zu haben«, erläutert Dana.

»Sein richtiger Name ist Fred«, schaltet sich Bret ein. »Fred hat in Vietnam gekämpft. Er wollte nicht gehen, er hasste den Krieg, aber seine Nummer wurde gezogen, und weg war er. Vom ersten Tag an versuchte er irgendwie wegzukommen. Dann verliebte er sich in eine Vietnamesin und bemühte sich verzweifelt, sie aus dem Kampfgebiet zu schaffen. Also hat er auf einen Soldaten geschossen und ihn in den Arsch getroffen. Das Problem war, dass es ein amerikanischer Arsch war. Er bekam seine Entlassung, zwar unehrenhaft, aber das war Fred egal. Er wollte nur seine Braut nach Hause holen.

Aber für Leute, die auf unsere eigenen Jungs schießen, mahlen die Mühlen der Regierung ein wenig langsamer, und Fred wartete zwei Jahre und überwand hundert Hindernisse, bis seine Frau endlich amerikanischen Boden betreten konnte. Und dies war auch der letzte Tag, an dem sein liebevoller Blick auf ihr ruhte. Sie hatte bloß eine Freifahrkarte ins Gelobte Land gewollt. Er ist nie darüber hinweggekommen. Bis heute wirft Fred der Regierung vor, ihn überhaupt nach Vietnam verfrachtet zu haben. Seitdem weigert er sich, irgendetwas mit einer Behörde zu tun zu haben. Er zog auf eine Parzelle am Rand der Ranch eines Freundes in der Gegend von Calleo – ungefähr ein Morgen Land an einem Wasserlauf. In den Sümpfen wächst wilde Wasserkresse, und davon ernährt er sich, wenn die Erdhörnchen weniger werden. Aber er würde nie einen Hirsch schießen, denn das wäre Wilderei.«

»Wir alle haben versucht, ihm zu helfen«, sagt Dana. »Alle Rancher haben ihm Arbeit angeboten. Aber er will nicht und meint, wenn er ein Einkommen bezöge, wäre es illegal, keine Steuern zu zahlen. Fred will keine Gesetze brechen, aber er ist entschlossen, der Regierung keinen Cent zukommen zu lassen. Er will verdammt sein, ehe er jemandem seine Sozialversicherungsnummer verrät. Wir haben keine Ahnung, wie er an das Notwendigste kommt. Ich meine, jeder braucht Zahnpasta und Toilettenpapier, oder ein bisschen Öl zum Kochen. Ab und zu übernachtet er ein, zwei Tage bei uns, und dann versuche ich immer, ihm ein Stück Seife in die Tasche zu schmuggeln.«

Die mitfühlende Art der beiden erinnert mich daran, dass sie mich nicht gefragt haben, warum ich vierzig Tage in der Wüste verbringen will. Vielleicht brauchen sie auch keine Fragen zu stellen, sondern wissen einfach, dass auch ich bereit bin, einen Preis zu zahlen, damit ich in Freiheit nach meinen Antworten suchen kann.

Trotzdem frage ich mich nun, ob andere, die in diesem rauen Land leben, meinen Wunsch respektieren werden. Wer haust sonst noch hier? Der Klapperschlangenmann? Der Dachsmann? Wer von ihnen hat sich vielleicht der Dunkelheit und dem Bösen zugewandt, ist so desillusioniert, dass eine einsame Frau bloß eine willkommene Zielscheibe für seine Rachegelüste ist? Bret und Dana können ihre Türen gegen den Bodensatz der Wüstenbewohner verschließen, der in dieser Gesellschaft ebenso sicher existiert wie in jeder anderen, trotz meiner Bemühungen, jede Art von Gesellschaft hinter mir zu lassen. Ich werde keine

Schlösser haben. Ich werde vollkommen hilflos sein bis auf die allerprimitivsten Waffen: eine Axt und meinen Verstand. Aber das habe ich so gewollt.

Bret lenkt den Truck von der unbefestigten Straße auf einen Weg, der nur aus zwei verwischten Reifenspuren in dem sonst jungfräulichen Boden zu bestehen scheint. »Wenn Sie in Schwierigkeiten geraten«, sagt er und weist auf einen großen, verästelten Busch, »dann können Sie vom Canyon herunterwandern und ein Tuch an diesem Busch befestigen. Wir werden alle paar Tage vorbeifahren, und wenn wir etwas sehen, dann wissen wir, dass wir nach Ihnen schauen müssen.«

»Wie weit ist es zum Canyon?«, frage ich.

»Fünf Meilen.«

Trotz meinem Wunsch, mich allein auf mich selbst zu verlassen, macht dieser Notfallplan Sinn. Andererseits … wenn ich gut genug in Form bin, um fünf Meilen durch die Wüste zu einem Busch und fünf Meilen zurück zu marschieren, dann brauche ich die Hilfe vielleicht nicht so dringend. Aber was ist, wenn ich nicht laufen kann, um Hilfe zu holen?

Wir halten auf eine Kette felsiger Gipfel zu, die sich in ungefähr zwei Meilen Entfernung aus der Wüste erheben.

»Sie haben gesagt, Sie wollten einen abgelegenen Platz«, schreit Bret über das Holpern des Toyota hinweg. »Wer es nicht weiß, würde nie erraten, dass dieser Canyon hier oben liegt.«

Er hat Recht. Direkt vor uns verschränken sich zwei Bergrücken wie übereinander geschlagene Arme, und man muss schon genau hinsehen, um die Passage zwischen ihnen zu entdecken. Sie ist so schmal, dass der Toyota an den steilen, senkrechten Wänden vorbeischrammt. Aus dem Boden ragen dreißig Zentimeter hohe Felsbrocken. Bret reißt das Steuer nach rechts, dann wieder nach links, und der Motor kämpft knirschend gegen die Steigung.

»Hier draußen kann man keine schicken Autos gebrauchen«, meint er. »Natürlich ist es auch keine Hilfe, dass unsere Reifen fast blank sind, aber wir nutzen sie halt so gut wie möglich aus. Und jetzt … schauen Sie.«

Wir sind am Eingang eines weiteren Canyons angekommen, der bis zu diesem Moment unsichtbar war. Ein gigantisches natürliches Amphitheater. Über einem zerklüfteten, mit Felsbrocken übersäten Talgrund, der sich etwa eine halbe Meile in die Breite und doppelt so weit in die Länge erstreckt, erheben sich auf drei Seiten Felswände, so hoch wie ein dreißigstöckiges Gebäude. Der Boden des Canyons ist von Auswaschungsrinnen durchzogen, die durch Wermutfelder schneiden. Kleine Gruppen Wacholderbäume ringen um ihre Existenz, jeden Zweig so tief auf den Boden gesenkt, als hinge ihr Überleben davon ab.

Ich schlucke heftig. Ich hatte mir einen entlegenen Platz gewünscht, hatte mir aber keinen so unwirtlichen Ort vorgestellt. Oder vielleicht hatte ich mir keine Vorstellung von mir an einem so kargen Ort gemacht.

Die Reifenspuren sind zu Ende, nichts mehr weist auf einen vorgegebenen Pfad hin.

Bret manöviert den Toyota aufwärts und in eine Rinne hinein, einen Miniatur-Canyon mit flachem Boden, der viel tiefer ist, als es auf den ersten Blick den Anschein hat. Weiter in die nächste Rinne, und dann noch eine. Bret tritt die Kupplung bis auf den Boden durch, lässt sie dann abrupt los und versetzt dadurch den Toyota in ungewollte, aber wirkungsvolle Schlingerbewegungen. Ein ohrenbetäubendes Kratzen und Knirschen unter uns, und Bret zieht abrupt die Handbremse. »Weiter kommen wir nicht«, erklärt er.

Ich klettere aus dem Truck und schließe den Reißverschluss meiner Lederjacke, um den Wind abzuhalten. »Weht es hier immer so?«

»Durchzug«, nickt Bret. »In einem Canyon nicht zu vermeiden. Wenn richtiger Wind aufkommt – was durchaus möglich ist –, dann merken Sie das schon. Wind ist eines der Hauptmerkmale einer Wüste. Wir bekommen ohnehin nur ungefähr dreizehn Zentimeter Regen pro Jahr, und der

Großteil davon verdunstet durch die Hitze und den Wind. Vor fünfundzwanzigtausend Jahren lag die Great Salt Lake Desert unter Wasser – eine Art Süßwassermeer, bekannt als Lake Bonneville, das Utah und Teile von Nevada und Idaho bedeckte. Als es austrocknete, konzentrierte sich das Salz sowohl im stehenden Wasser als auch auf den frei werdenden Landflächen. Die Salzebenen von Bonneville, ein paar hundert Meilen nördlich gelegen, und der Große Salzsee sind beides Überbleibsel dieses riesigen prähistorischen Sees.«

Mit der Hand schütze ich meine Augen gegen die Mittagssonne und schaue gen Norden, wo sich jenseits des Amphitheaters siebenhundert Meter tiefer die gewaltige Wüstenfläche erstreckt. In meinen Augen sieht sie immer noch prähistorisch aus. Durch das Salz im Boden ist sie von einem fast ungebrochenen Weiß und so glatt wie das Meer, das sie einst bedeckt hat. Und währenddessen weicht unter meinen Füßen langsam und unaufhaltbar die Erdkruste auseinander. Das Wasser wird zurückkehren.

*

Wenn ich als Kind mit meiner Familie zeltete, war die Auswahl des Lagerplatzes immer der entscheidende Punkt. Abhängig von der Größe des Campingplatzes und der Anzahl der Besucher konnte dieser Vorgang fünf Minuten oder eine Stunde in Anspruch nehmen. Unsere Wahl entschied über Erfolg oder Misserfolg unseres Abenteuers. Zuerst fuhren wir über das Gelände und hielten an jedem einzelnen unbesetzten Platz an, um einzuschätzen, ob er vor unerwünschten Blicken geschützt war, was für gewöhnlich durch Bäume gewährleistet wurde. In der Nähe eines Wasserhahns sollte unser Lager schon liegen, aber nicht so nahe, dass die anderen Camper uns störten. In Lauf- aber nicht in Riechweite der Toiletten und Müllcontainer. Eine ebene Fläche mit weichem Boden für die mitgebrachten Zelte, deren Anzahl zwischen einem und vier schwankte.

So weit wie nur möglich entfernt von anderen Campern, die Radios oder Fernseher dabeihatten. Wir betrachteten diese Geräte als größte Beleidigung des Campingerlebnisses und schämten uns für die Besitzer, die anscheinend nicht erkannten, was für eine Sünde sie begingen.

Bei der Auswahl des Lagerplatzes, den ich die nächsten vierzig Tage mein Eigen nennen werde, spielt keines dieser Kritierien eine Rolle. Nach einer kurzen Erkundung des Gebiets entscheide ich mich für eine Stelle am Fuß der östlichen Felswand. Sie befindet sich nicht in einer der Rinnen, sondern in einer Art Mulde, die tiefer liegt als der sie umgebende Grund. Ich möchte so unauffällig wie möglich sein. Eine Gruppe Wacholderbäume wird dazu beitragen, mich vor dem Wind zu schützen. An der Ostseite der Felswand lehnt sich eine mindestens vier Stockwerke hohe gigantische Felssäule Angst einflößend nach außen. Das Ganze wirkt, sowohl von der Größe als auch der Stabilität, als hätte jemand den Schiefen Turm von Pisa ungefähr hundert Meter über meinem Kopf an eine Klippe gepappt.

»Der hängt schon seit einer Million Jahre hier«, meint Bret kopfschüttelnd, als ich ihn darauf hinweise. »Wird wahrscheinlich auch die nächste Million nicht herunterfallen.«

Eine halbe Stunde später sind meine Vorräte unter einem Wacholderbaum zu einem kleinen kunterbunten Berg gestapelt. Ich baue mein Zelt auf, ein rotes Zweipersonen-Kuppelzelt, während Bret und Dana Holz und abgestorbene Wermutzweige für ein Feuer sammeln.

»Im Moment werden Sie noch jede Menge trockener Zweige auf dem Boden finden«, erklärt Bret, »aber ein ordentlicher Schneeschauer würde das alles begraben.«

»Schnee?« Ich schlage einen Hering in den harten Wüstenboden und sehe den Ranger an. »Ich dachte, es schneit nicht vor Januar.«

»Viel wird es nicht«, pflichtet Bret mir bei. »Es ist nicht ungewöhnlich, vor Weihnachten ein nettes Schneegestöber zu bekommen, aber Sorgen würde ich mir darum nicht machen.«

»Ich habe meine Lederjacke«, gebe ich zurück. »Und Skihosen. Ich komme schon zurecht.«

»Hier draußen würde ich verrückt«, meint Dana. »Zu Hause kann ich wenigstens fernsehen, und trotzdem langweile ich mich.«

»Ich habe ein paar leere Tagebücher und ein paar Sachen zum Basteln mitgebracht«, sage ich. »Hauptsächlich Farben und einen Tonklumpen. Wenn ich zu unruhig werde, kann ich immer noch eine Schüssel töpfern.« Um die Gesellschaft hinter mir zu lassen, habe ich in voller Absicht auch auf die meisten Arten von Zerstreuung verzichtet. Zwar habe ich so etwas noch nie ausprobiert, aber ich vermute, ein Mensch, der sich bei der angenehmen Beschäftigung des Lesens unterhält, kann seine Isolation leicht vergessen. Ich bin hierher gekommen, um allein zu sein. Ich bin hergekommen, um zu erfahren, was die Wüste für mich bereithält. Ich will, ich darf mir keine Fluchtmöglichkeiten offen halten.

»Nicht mal ein Buch?«, fragt Dana und reibt sich die Nase.

»Nur ein Wüstenhandbuch.« Das Exemplar von *Walden* mit dem völlig abgegriffenen Einband, das in meinem Schlafsack steckt, erwähne ich nicht. Ich habe das Buch so oft gelesen, dass ich es nicht länger als Unterhaltung zähle.

»Ich würde durchdrehen«, wiederholt Dana, »aber Sie wissen bestimmt, was Sie tun.«

Bis jetzt wusste ich das nicht so genau, aber so langsam wird es mir klar.

»Ich schätze, das war's«, erklärt Bret und hebt seinen Spaten auf. »Den behalten Sie besser.«

»Ich kann Ihnen gar nicht genug danken …« Die Worte bleiben mir in der Kehle stecken, als ich ein seltsames Geräusch höre, wie das Rauschen eines Wasserfalls. Es beginnt als feines Heulen hoch in den Wänden des Canyons und wird dann lauter, als käme es auf uns zu. Immer näher, und dann – wumm – schlägt es auf wie eine Flutwelle. Dana hält sich an Bret fest, um stehen zu bleiben, und mich wirft es beinahe von den Füßen. Und dann ist es fort.

»Was zum …«

»Ich sagte ja, dass Sie merken, wenn Wind aufkommt«, sagt Bret.

»Wind? Das war eher ein Weltuntergang.« Ich übertreibe, aber Brets Gesicht ist ernst geworden.

»Die Wüste ist ein komischer Ort«, meint er. »Sie kann merkwürdige Dinge mit Ihrem Verstand anstellen.« Seine Stimme macht mich nervös. Ich suche in seinen Augen nach einem Zeichen, dass er scherzt, aber ich finde nichts, was mich beruhigt. Nach und nach dämmert mir, dass ich hier in wenigen Minuten allein sein werde.

»Die längste Zeit, die ich je draußen geblieben bin, waren drei Wochen, zusammen mit jemand anderem«, fährt Bret fort. »Das werde ich nie vergessen. Und Sie sind allein. Die Erfahrung wird Sie verändern, kein Zweifel. Bleibt abzuwarten, ob zum Besseren oder Schlechteren. Die Wüste ist ein eigenartiger Ort. Wenn es heikel wird, fällt es schwer, einen klaren Kopf zu behalten, und die Wahrscheinlichkeit, dass es einmal eng wird, ist groß. Wenn Sie in die Klemme geraten, versuchen Sie sich an eines zu erinnern: einen Punkt. Das ist der Schlüssel. Solange Sie eine einzige Stelle haben, an der Sie sich sicher fühlen, halten Sie durch.«

Ich bin mir nicht sicher, was er meint, aber ich nicke. »Sorgen mache ich mir vor allem wegen der Berglöwen. Wie groß ist die Möglichkeit, dass in dieser Gegend welche leben?«

»Mein Dad und ich haben hier oben immer welche gefunden, ehe die Jagd auf sie gesetzlich verboten wurde. Da sie jetzt nicht mehr bejagt werden, sind es wahrscheinlich ein paar mehr geworden. Würde mir deswegen aber keine Sorgen machen. Die Tiere haben mehr Angst vor Ihnen als umgekehrt.«

Er kennt mich nicht gut, sonst wüsste er, dass das unmöglich ist.

Bret lässt den Motor des Toyota aufheulen und winkt aus dem Fenster, als verabschiede er sich von den Teilnehmern eines Sonntagspicknicks und nicht von einer Frau, die er in der Wüste abgeladen hat.

»Tschüs, machen Sie's gut!«

»Wiedersehen!«

»Bis demnächst!«

Der Truck macht einen Satz nach vorn, und gleichzeitig hüpft auch mein Magen.

Allein.

4. Kapitel

Ich bleibe in der tiefsten Stille zurück, die ich je erlebt habe, einem so überwältigenden Schweigen, dass ich innerhalb von drei Sekunden begreife, warum man die Abwesenheit von Schall als ohrenbetäubend empfinden kann. Einige lange Augenblicke lausche ich angestrengt auf das Motorengeräusch des Toyota, nicht bereit zu akzeptieren, dass ich es nicht mehr hören kann. Vielleicht hat Bret sich die Sache mit dem Spaten anders überlegt. Bestimmt sind die beiden gleich zurück. Ich stelle mich auf die Zehenspitzen, um sie gleich zu erspähen. Aber nach einer Zeit, die mir wie eine Ewigkeit vorkommt, wird mir klar, dass sie nicht wiederkommen.

Und jetzt bin ich wirklich allein.

Ohne die Füße zu bewegen, drehe ich mich zum Schiefen Fels von Pisa um. Er ist noch da, aber mir scheint, dass er nur auf Grund eines völlig unwahrscheinlichen Zufalls dort an der Felswand hält. Ich drehe mich weiter, zum Eingang des Canyons. Ungehindert schweift mein Blick meilenweit, bis zu den Bergen im Westen. Zwischen mir und dort ist nichts. Nichts.

Ich fühle mich, als wäre ich durch einen Tunnel in eine andere Zeit gefallen. Als wir in die Grundschule gingen, pflegten meine Schwestern und ich eilig nach Hause zu laufen, um im Fernsehen *Land der Verlorenen* anzusehen. Denn genau das war den Helden geschehen: Ein Vater und seine zwei Kinder waren in einen Tunnel gestürzt und saßen in einer prähistorischen Zeit gefangen. Auf unserer sicheren Couch aßen meine Schwestern und ich Sandwiches mit Erdnussbutter und Banane, tranken Kool-Aid-Limonade und sahen zu, wie Vater und Kinder ein ums andere Mal mit knapper Not den grimmigen Dinosauriern entkamen. Schon damals kam mir das Szenario vollkommen glaubwürdig vor, aber hier in diesem Wüstencanyon kann ich mir den Grauen einflößenden Schrei eines Tyrannosaurus Rex noch exakter vorstellen.

Tatsächlich, meine Knie zittern.

Warum hört man kein Vogelgezwitscher? Dieses Schweigen ist unnatürlich. Kein Wesen kann so still sein, außer es legt es darauf an. Die Kreaturen der Wüste müssen überall um mich herum sein, zwischen den Felsen und den Wermutbüschen lauern. Ich spüre, wie sie mich mit ihren Blicken aufspießen und mir zu verstehen geben, dass ich nicht hierher gehöre. Das weiß ich. Alles ist still, weil alles den Atem anhält und darauf wartet, dass ich als Erste das Schweigen breche. Und dann wird die Luft widerhallen von dem Gebrüll der Berglöwen, dem Kreischen der Adler und dem Donnern der Felsen, die herabstürzen und mich zermalmen, und dem Röhren der Dinosaurier, die durch den Canyon trampeln …

Mitten in diesem Gedanken rufe ich mich zur Ordnung. Das ist lächerlich. Schließlich bin ich nicht zum ersten Mal allein.

An den ersten Monat nach Denver habe ich kaum noch genaue Erinnerungen. Möglich, dass der Geist übermäßig schmerzhafte Ereignisse einkapselt und tief ins Unbewusste hinabzieht – wie ein Hai, der die Zähne in den Hals eines Seehunds geschlagen hat – und die Emotionen nicht zurück an die Oberfläche lässt, wo sie außer Kontrolle geraten könnten. Der Großteil dieses Monats ist verschwommen, ausgenommen der Moment, in dem ich in Kalifornien angekommen war und an die Tür des Hauses klopfte, das ich neun Jahre lang mein Heim genannt hatte.

Ich hatte Tony sechs Wochen nicht gesehen. Er stürzte in meine Arme und ich übersäte ihn mit Küssen, aber dann machte er sich los. »Warum hast du angeklopft, Mommy?«, fragte er. Über seinen Kopf hinweg sah ich Gina, die mich anstarrte und blinzelte, um die Tränen zu unterdrücken. Sie war vierzehn, und ich hatte ihr das Herz gebrochen. James hatte ihr gesagt, dass wir uns scheiden lassen wollten, aber wir waren uns einig, dass ich Tony einweihen sollte.

Ich ging mit ihm in den Garten. So nannten wir dieses Stück Land immer noch, aber jetzt sah ich zum ersten Mal, was daraus geworden war. Mir wurde klar, dass die äußeren Anzeichen für den Verfall meiner Ehe erkennbarer gewesen waren, als ich mir eingestanden hatte. Als wir in das Haus zogen, war der Garten ein kleines Paradies gewesen. Die Vorbesitzer hatten Pflanzkästen gebaut, Einzelsprinkler installiert und alle Wege mit Ziegelplatten belegt. Sie hatten Blumen, Gemüse, Avocados und Zitronen gezogen, aber der fruchtbare Boden war schon lange zu Sand geworden. Die Beete waren eine Masse von Unkraut und die Bäume halb zu Boden gesunken. So etwas richtet Apathie in einem Paradies an.

Ich erinnere mich, dass ich Tony an diesem Nachmittag auf meinen Schoß setzte, und ich weiß noch, dass ich die warme Sonne Kaliforniens auf den Schultern spürte. Ich höre das leise Geräusch der Wellen, die in einer Meile Entfernung an den Strand schlugen, und ich erinnere mich, dass irgendwo in der Ferne ein Zug pfiff. Ich weiß, dass ich meinen Sohn an mich zog und ihn unverwandt anschaute, und ich sehe vor mir, wie seine Augen immer größer wurden und sich nach und nach absolutes Entsetzen auf seinen Zügen malte, bis er auf einmal zu schluchzen begann. Am ganzen Leibe zitternd weinte er, bis mein Hemd durchweicht war.

Aber ich erinnere mich nicht, was ich gesagt habe. An kein Wort.

Die Nacht verbrachten Tony und Gina mit mir in einem Motel 6. Sie schwammen im Pool, und wir aßen im benachbarten Denny's-Restaurant. Am nächsten Tag brachte ich Tony zu einem Babysitter, und Gina ging eine Freundin besuchen. Ich wollte nicht, dass sie zu Hause waren, wenn ich meine Sachen packte.

Die Vereinbarungen über meinen Abzug – denn einem solchen ähnelte der Vorgang zum Verwechseln – hatten wir praktisch ohne Diskussionen getroffen. Es war fast, als hätten James und ich immer geahnt, dass dieser Moment früher oder später kommen würde. Und beide hatten wir gewusst, dass ich den Schritt tun würde. Wir stritten nicht über das Haus. Er sollte es behalten. Wir stritten nicht über die Kinder. Während des Schuljahrs würden sie bei ihm leben, und die Ferien und den Sommer sollten sie bei ihren jeweiligen Müttern verbringen. Wir stritten nicht um Geld oder darüber, wer Recht oder Unrecht hatte.

Unsere einzige wirkliche Auseinandersetzung entzündete sich an Jerry.

»Du kannst mir nicht erzählen, dass dieser Mann nichts damit zu tun hat«, warf James mir vor.

»Ich habe dir doch alles erzählt. Wir haben zusammen zu Abend gegessen. Dann ist er nach Alabama zurückgefahren. Ich dachte, ich würde nie wieder etwas von ihm hören.«

»Aber das hast du.«

»Ja, aber erst, nachdem ich beschlossen hatte, dich anzurufen. Nachdem ich mit dir gesprochen hatte.«

»Und jetzt glaubst du wahrscheinlich, dass du dich verliebt hast.«

»Gott, James, ich kenne ihn erst seit zwei Wochen«, rief ich. »Er ist einfach ein guter Freund.«

Genau das hatte Jerry mir auch versichert, als er mich ein paar Tage vor meiner Abreise in meinem Wohnheim in Denver anrief. Er hatte den perfekten Zeitpunkt gewählt. Als ich an jenem Nachmittag vom Haareschneiden zurückkehrte, hatte das Telefon geklingelt.

»Ich wollte dir nur sagen«, erklärte die Stimme, die zu den meergrünen Augen gehörte, »wenn du jemals einen Menschen zum Reden brauchst, dann kannst du auf mich zählen.«

Meine Worte waren in den Hörer gesprudelt wie Wasser aus einem geborstenen Damm. Ohne mich zu unterbrechen, hörte Jerry mir fast eine Stunde zu, bis die Flut verebbt war.

»Was hast du jetzt vor?«, fragte er.

»So weit habe ich noch gar nicht gedacht«, gestand ich. »Ich habe es noch nicht einmal meinem Sohn gesagt.«

»Ich würde dich ja hierher einladen, aber du klingst, als müsstest du eine Zeit lang allein sein.«

Die Zeit nahm ich mir. Nachdem ich mit Tony gesprochen hatte, fuhr ich in die Sierra Nevada und mietete mir für zwei Wochen eine kleine Hütte. Es war Zeit, meiner Seele zu lauschen.

Hier in der Wüste ist die Stille beinahe überwältigend. Schlimmer noch ist die Leere. Ich zwinge mich, ein paar Schritte vorwärts zu tun. Jetzt weiß ich, wie sich ein Bär fühlt, ein böser Bär, der einmal zu oft die Mülltonnen am Campingplatz durchwühlt hat. Endlich haben die Ranger genug. Das Letzte, woran der Bär sich erinnert, ist ein Pieks im Hinterteil, und als er aufwacht, befindet er sich an einem Ort, wo er nichts wieder erkennt. Benommen wandert er umher und sucht nach irgendetwas Vertrautem. Nach einer Weile findet er sich damit ab, dass es keine Hoffnung gibt. Seine Instinkte schalten sich ein und veranlassen ihn, dort, wo er sich befindet, ein neues Revier abzustecken.

Auch ich verspüre diesen Drang.

Auf beinahe unbewusste Weise nehmen meine Augen die genauen Grenzen meines Grundstücks wahr. Die Nordseite wird von meinem roten Kuppelzelt bezeichnet. Im Osten ist es die senkrechte Felswand, an der sich der Pisa-Fels klammert. Im Westen ist die Grenze die leichte Bodenerhebung, die den Rand der dahinter liegenden Rinne bildet. Insgesamt umfasst mein Reich ungefähr dreihundert Quadratmeter, und ich bin mir bewusst, dass ich diesen Platz wenn nötig mit meinem Leben verteidigen würde.

Bis ich meine Schutzhütte bauen kann, ist das Zelt meine Zuflucht. Ich blase die Luftmatratze auf, lege sie hinein und breite die Schlafsäcke darauf aus. Auch alles andere – der Karton mit den Haushaltswaren und Bastelutensilien, die Kiste mit den Propangaskartuschen, meine Kleidung und Toilettenartikel, Bratpfanne, Kaffeetopf, Zeitungen zum Feuermachen – schiebe ich in das Zelt. Für die Segeltuchplanen und das Holz ist kein Platz, daher lasse ich sie zusammen mit den Wasserflaschen unter dem Wacholderbaum liegen.

Als die Dämmerung einbricht, überzieht sich der weiße Sandgrund der Wüste weit unter meinem Canyon mit den sich meilenweit erstreckenden blauen Schatten der hohen Bergen im Westen. Die Sonne nähert sich dem Horizont, und die Felsen glühen zu einem rosigen Braun auf, das in stumpfes Grau umschlägt, als die rote Scheibe hinter den Bergen versinkt. Ich wünschte, ich wüsste die Uhrzeit, denn ich finde, die Sonne ist irgendwie ziemlich spät dran. Im November geht sie gegen fünf Uhr nachmittags unter, aber ich kann unmöglich erst vier Stunden hier sein. Es kommt mir vor wie eine Ewigkeit – und was werde ich tun, wenn die Sonne weg ist?

Ich verdränge die Angst und konzentriere mich darauf, einen Topf mit Wasser auf den Propankocher zu setzen. Unwillkürlich überlege ich, ob es doch unklug war, mich auf eine Diät aus Kichererbsen und Reis zu beschränken, vielleicht hätte ich beim Einfachen bleiben sollen, statt völligen Verzicht zu üben. Aber ihre Zubereitung erfordert nur einen Topf, und Reis und Hülsenfrüchte bieten eine ausgewogene Zusammensetzung von Protein und Kohlehydraten. Fleisch werde ich nicht vermissen, da ich seit drei Jahren Vegetarierin bin, und zusätzlich werde ich ein Vitaminpräparat nehmen. Kaffee, Mehl, Öl und Salz wollte ich eigentlich nicht mitnehmen, aber ein innerer Teil von mir muss es besser gewusst haben. In letzter Minute habe ich sogar eine Dose mit Kürbis und eine Büchse Oliven für mein Thanksgiving-Essen eingesteckt.

Alle Nahrungsmittel habe ich in eine Kühlbox gepackt, um sie vor Tieren zu schützen. Als ich sie öffne, fällt mir die Maus wieder ein, die mich im Laden so erschreckt hat. Langsam öffne ich den Deckel, als könnte durch Zufall die Maus als blinder Passagier drinnen sitzen, aber ich finde nur ordentliche Reihen Gefrierbeutel mit Reis und Kichererbsen.

Während das Wasser heiß wird, werfe ich den Rest des Holzes, das Bret und Dana für mich gesammelt haben, ins Feuer. Lange wird es nicht reichen. Vielleicht habe ich zu viele Filme gesehen, in denen Eingeborene mit brennenden Fackeln Tiger abwehren oder ein verirrter Wanderer sich an seinem Lagerfeuer zusammenkauert, während im Dunkel die gelben Augen des Löwen glühen, aber in diesem Moment glaube ich sämtliche Geschichten. Das Feuer ist meine einzige Verteidigung gegen die Nacht, gar nicht zu reden von der Kälte, denn die Temperatur im Canyon fällt inzwischen erstaunlich rasch. Ich mache mich auf, um noch mehr Holz zu sammeln.

Bis ich mit einem Arm voll zurück bin – Bret hatte Recht, das Holz liegt reichlich auf dem Boden verstreut –, dampft das Wasser. Als ich mit der dritten Ladung komme, trifft ein so erschreckend lautes Geräusch auf meine Ohren, dass ich ein paar Augenblicke brauche, um es als das Brodeln des Wassers zu identifizieren. Dampf schießt in die Luft und erinnert mich an all die Autos, die ich in der Mojave an der Bundesautobahn gesehen habe, Motorhauben aufgeklappt und die Besitzer eilig zu den Notrufsäulen unterwegs. Hier gibt es keine Notrufsäulen, und wir haben auch keine vierzig Grad. Bret hat mich vor den kalten Winternächten gewarnt, aber irgendwie war die Vorstellung von fünf Grad über null nicht so kalt, wie sich die Wirklichkeit jetzt anfühlt.

Der Fels von Pisa ist mit der Finsternis verschmolzen und

eins mit der Felswand geworden, und ich werfe noch ein paar Holzstücke ins Feuer, bevor ich mich mit meiner Kreation aus Kichererbsen und Reis so nahe wie möglich daran niederlasse. An der frischen Luft schmeckt selbst das gewöhnlichste Essen gut. Wenn ich als Kind mit den Pfadfinderinnen im Freien übernachtete, pflegten wir *Brownie Stew* zu kochen, einen Eintopf, dessen Name darauf beruhte, dass ihn selbst der jüngste Pfadfinder – ein *Brownie* eben – zubereiten konnte. Das Gericht bestand aus ein paar Pfund angebratenem Hackfleisch und ein paar Dosen unverdünnter Gemüsesuppe, die man in einem Topf mischte und zusammen heiß machte. Ein Mahl für Könige, dachten wir.

Während ich immer wieder einen Bissen von meiner Kichererbsen-Mischung nehme – viel nussiger und schmackhafter, als ich für möglich gehalten habe –, lasse ich den Blick durch den Canyon schweifen, um nur ja jede Bewegung mitzubekommen. Die Felswände scheinen noch höher aufzuragen, noch massiver zu sein, und sie erinnern mich daran, wie leicht ein fallender Felsbrocken mir den Kopf zerschmettern könnte. In meinen Pfadfinderzeiten hätten solche Gedanken mir nicht den Appetit verdorben, aber jetzt stelle ich meine Schale beiseite.

Der Mond späht in den Canyon und übergießt die Wände mit Silber. Aus der Finsternis tritt der Fels von Pisa hervor wie ein gewaltiger erigierter Penis vor einem steinernen Unterleib. Vielleicht stellt die Wüste bereits jetzt etwas mit meinem Verstand an, denn meine Fantasie überschlägt sich, um Erklärungen für die Existenz dieser Formation zu finden – Hypothesen, die in keinem Lehrbuch der Welt, die ich erst heute Morgen verlassen habe, erscheinen würden. Ich stelle mir vor, dass der gewaltige Stein der Überrest eines uralten, bösen Riesen ist, der einst eine wunderschöne Jungfrau durch genau diese Wüste verfolgte. Gerade als er sie beim Schopf packte, drehte sie sich zu ihm um und war nicht länger ein hübsches Mädchen, sondern die abscheulichste Hexe, die er je gesehen hatte. Er ließ sie los, aber da war es schon zu spät. Hexen gewinnen immer. Mit einem mächtigen Schwinger schlug sie ihn nieder, so dass er auf dem Rücken zu liegen kam. Und der Phallus des Riesen, in der Zeit erstarrt für mindestens noch eine weitere Million Jahre, bleibt als Beweis für sein verhängnisvolles Unterfangen zurück.

Als Kind versetzten mich in meinen Träumen Hexen mit unheimlichen langen Nasen in Angst und Schrecken. Unter meckerndem Gelächter flogen sie über den Himmel, wo sie sich als Silhouette vor dem Mond abhoben. Ich war überzeugt, dass Hexen wirklich existierten, und fürchtete mich vor dem Schlafengehen. Alle paar Nächte kroch ich ins Bett meiner Eltern, nachdem ich in meinen Träumen einmal mehr einer Hexe begegnet war.

»Wenn du das nächste Mal eine siehst«, riet mir Mom, als ich die dritte Nacht hintereinander zu ihr krabbelte, »sag ihr, dass sie nur ein Traum ist und weggehen soll.« Ich versuchte es, aber die Hexe lachte mich nur aus. Ein paar Jahre später verschwanden die Alpträume endlich, aber manchmal fühle ich mich immer noch unwohl, wenn ich nachts zum Himmel sehe, denn ganz kann ich die Hexen nicht vergessen.

Ich werfe noch einen Zweig auf das Lagerfeuer, und die Flammen schlagen in einem Funkenregen zum Himmel hoch. Als Sitz dient mir nur eine zusammengefaltete Zeitung, und die Bodenkälte dringt in meine Hosen wie Eiswasser. Ich ziehe meine Lederjacke enger um meine Brust. Erinnerungen an andere Lagerfeuer ziehen vor meinem inneren Auge vorüber: lachende Gesichter, lauter Gesang, Feste. Ich sehe meinen Dad, wie er im tiefen Winter eine Ladung Holz aus unserer Garage ins Wohnzimmer schleppt. Ich sehe meine Mom, die meiner Pfadfindertruppe demonstriert, wie man aus einem Zedernzweig ein Reibholz zum Feueranzünden schnitzt. Und dann verblassen die Erinnerungen, als wollten sie mir klarmachen, dass sie wirklich vergangen sind, anders als das Feuer, vor dem ich jetzt sitze.

Ich lege den Kopf in den Nacken und schaue zum Mond auf. Das breite Band dicht stehender Sterne, das sich quer über den Horizont erstreckt, ist die Milchstraße, und dahinter liegt der Kosmos mit seinen unzähligen Galaxien. Noch nie habe ich einen Himmel so voll glitzernder Lichter gesehen, nicht einmal in Alabama, wo die Leuchtkäfer im Takt zu den Gesängen der Grillen und Baumfrösche wie tanzende Sterne flattern.

Die zwei Wochen in der gemieteten Hütte, nachdem ich Tony von der Scheidung erzählt und meine Besitztümer gepackt hatte, ließen mich verstehen, warum Thoreau sich für zwei Jahre in die Wälder zurückgezogen hatte. In vierzehn Tagen hatte ich nicht einmal annähernd herausgefunden, was ich mit dem Rest meines Lebens anfangen wollte. Aber ich begriff zumindest besser, warum es mir als Teenager leichter fiel, auf die Stimme meiner Seele zu hören. Als junges Mädchen brauchte ich mich nicht um Rechnungen zu sorgen.

Mein Haushaltseinkommen war von sechzigtausend Dollar jährlich auf praktisch null gefallen. Ganz gleich, ob meine Seele sich danach sehnte, stumpfsinniger Routine zu entgehen, ich würde mir einen Job suchen müssen, um mir eine Wohnung leisten zu können. Von der Tätigkeit als freie Lektorin würde ich nie die Miete zahlen können, und egal, was meine Seele über ihre einzigartige Bestimmung sagte – und trotz eines Collegeabschlusses –, war ich für wenig anderes qualifiziert. Ich würde als Verkäuferin arbeiten müssen, etwas in der Art, um dann in ein paar Jahren in eine leitende Stellung mit anständigem Gehalt plus Sozialleistungen aufzusteigen. Dann konnte ich alles tun, wonach sich meine Seele sehnte.

Das Problem war, dass ich einfach nicht einsah, warum ich keine andere Wahl haben sollte. Erwachsensein konnte doch nicht bedeuten, dass man vollständig in Langeweile versank. Das Leben musste doch aus mehr bestehen als zu arbeiten, um die Kreditkartenrechnung für die zwei

Wochen Urlaub im letzten Jahr abzuzahlen. Ich wusste, dass das möglich war, denn ich hatte einen Mann getroffen, der es erreicht hatte. Also suchte ich seinen Rat. Nach zwei Wochen in der Sierra packte ich von neuem mein Auto und fuhr nach Alabama.

»Den kriegst du nie«, meinte Jerry, der von der Veranda seiner Hütte aus zusah, wie ich versuchte, einen Leuchtkäfer in der hohlen Hand zu fangen. Ich konnte der Herausforderung nicht widerstehen. Diese blinkenden Käfer hatte ich noch nie gesehen, und ich fand sie so magisch wie alles andere an dieser Hütte in den südlichen Appalachen.

Die Fotos waren dem Häuschen nicht annähernd gerecht geworden. Darauf war die Leiter nicht zu sehen gewesen, die zu dem Schlafraum in der ersten Etage führte. Dort hing Spitzenstoff in weichen Falten von der Decke, da waren der Beistelltisch, aus dem Kasten einer alten Malzmühle gefertigt, die persischen Puppen und die Sammlung von Pfeilspitzen, der Kamin und der Herd, die aus Steinen des Hauses von Jerrys Großvater errichtet waren. Mir war nie klar gewesen, dass vier Wände nicht nur ein Zimmer, sondern auch eine Persönlichkeit umschließen können. Das Häuschen, das als Baumhütte begonnen hatte, erschien mir wie die physische Manifestation der Seele dieses Mannes, der neunhundert Meilen gewandert war.

Noch nie hatte ich mich so zu einem Menschen hingezogen gefühlt. In Jerry sah ich das, was ich werden wollte. In seinem Leben erkannte ich, was ich mir von meinem wünschte. Das Ziel und der Sinn, die ich mir für mich vorgestellt hatte, schienen zum Greifen nahe, gleich hinter der nächsten Ecke, zu warten.

»Du wirst schon darauf kommen«, sagte Jerry. »Du darfst dich nur nicht einengen. An einen Job und eine Wohnung zu kommen ist leichter, als sie wieder loszuwerden. Lass dir noch ein wenig Zeit.«

Das tat ich. Ich campte, übernachtete in Jugendherbergen und billigen Motels, und der Saldo auf meinen Kreditkartenabrechnungen schoss steil in die Höhe. In diesem

Sommer arbeitete ich als Köchin in einem Feriencamp für Kinder. Der Lohn wirkte sich kaum auf meinen Kontostand aus, aber zumindest hatten Tony und ich eine Hütte für uns. Das nächste Thanksgiving verbrachte ich mit Tony in einem Hotelzimmer, Weihnachten bei Jerry in Alabama und Silvester mit Tony in einem weiteren Hotelzimmer. Den Valentinstag verlebte ich in Alabama und Ostern in Kalifornien. Dazwischen brachte ich es fertig, den größten Teil der Vereinigten Staaten zu sehen – und zwar mehr als einmal. Oft machte ich Umwege von Hunderten von Meilen, weil ich nicht die geringste Ahnung hatte, wo ich sonst hinfahren sollte.

»Warum habt ihr euch adoptieren lassen, du und Dad?«, fragte Tony, als ich ihn dieses Jahr an Halloween in sein Monster-Kostüm schnürte, damit er mit den anderen Kindern um die Häuser ziehen konnte, um Süßigkeiten zu erbetteln.

»Scheiden lassen«, verbesserte Gina ihn behutsam.

»Yeah, meine ich doch.« Tony nickte. »Warum kann ich dich nicht in deinem Haus besuchen?«

»Weil ich noch keins habe, Liebling.«

»Und wann kriegst du eins?«

Mit jedem Tag lastete diese Frage schwerer auf mir, und die Geheimnisse meiner Seele hatte ich immer noch nicht ergründet. Außerdem wusste ich weder was ich mit meinem Leben anfangen sollte noch wo ich sonst nach Antworten auf meine Fragen suchen konnte. Ich hatte keine Ahnung, wie weit ich meine Kreditkarten noch überziehen durfte. Wie lange würde ich es noch ertragen, aus dem Kofferraum zu leben?

»Ich mag gar nicht daran denken, dass ich wieder fahren muss«, erklärte ich Jerry, während ich Betsy packte, um einmal mehr in aller Frühe Alabama zu verlassen.

»Dann bleib.« Jerry legte die Finger an meine Wange wie bei jenem ersten Abendessen in Denver. »Ich habe mir immer gewünscht, die Hütte könnte mehr sein als ein Sommerhäuschen. Schon vor Jahren, als hier nur ein Baumhaus war, hoffte ich, einmal würde eine Frau kommen, die es so lieben würde wie ich. Du hattest Recht. Sie war da draußen.«

»Das kann ich mir nicht leisten …«

»Ich unterstütze dich, bis du auf eigenen Beinen stehst.«

Ich dachte an meinen Sohn. »Aber Tony …«

»Er kann in seinen Ferien herkommen. Das ist ja das Großartige an einer Hütte. Wenn du mehr Platz brauchst, baust du einfach noch ein Zimmer an. Ich baue uns ein Schlafzimmer, und Tony kann oben auf dem Dachboden schlafen. Bis Weihnachten kann ich damit fertig sein.«

Im Lauf der nächsten Wochen begann der Raum Form anzunehmen, und als Tony zu Weihnachten kam, strahlten seine Augen wie Christbaumkerzen.

»Das ist dein Haus?«, fragte er lachend und kletterte die Leiter hinauf zu seinem Dachboden.

Doch irgendwo in einem Winkel meines Bewusstseins erkannte ich, dass das nicht stimmte. Das Haus gehörte Jerry, und dies war nicht wirklich mein Leben. Ich hatte immer noch keine Antwort auf meine Fragen gefunden. Noch immer wusste ich nicht, womit ich mein Geld verdienen sollte. Aber als ich sah, wie die beiden wichtigsten Menschen in meinem Leben vor einem hellen Kaminfeuer ihre Geschenke auspackten, sagte ich mir, dass ich möglicherweise meine Antworten schon gefunden hatte, ohne es zu wissen. Vielleicht hatte sich alles von selbst geregelt, denn ich war noch nie so vollkommen glücklich gewesen.

Ein plötzlicher Windstoß, der durch den Wüstencanyon fährt, holt mich abrupt in die Gegenwart zurück. Regentropfen platschen auf mein Kopftuch. Regen? Nur ein paar Tropfen, aber sie bedeuten mir, dass ich nicht länger am Lagerfeuer sitzen bleiben kann. Ich schalte die Taschenlampe ein, um mir auf dem Weg ins Bett zu leuchten. Als ich den Reißverschluss der Zeltklappe aufziehe, sehe ich noch einmal zum Mond, aber am Himmel sind jetzt Wolken aufgezogen, die sein Licht fast völlig verschlucken.

Das Zelt ist voll gestopft mit meinen Vorräten, deren Schatten die Taschenlampe an die Nylonwände wirft. Ich habe ein Dutzend Male oder öfter in diesem Zelt geschlafen, aber heute Abend kommt es mir dürftig vor, als böte es nicht den geringsten Schutz vor dem, was dort draußen lauern mag. Vielleicht hatte Bret Recht, und es ist nicht sicher, unbewaffnet in die Wildnis auszuziehen. Aber worauf sollte ich schießen? Die Luft? Meine Ängste kann ich nicht mit einer Pistole erledigen.

Ich habe einen Schlafsack in den anderen gesteckt, um es wärmer zu haben. Angezogen krieche ich hinein und schalte das Licht aus. Die Schatten an den Wänden wirken jetzt noch gespenstischer und wabern im Widerschein des Lagerfeuers. Das Prasseln der Regentropfen untermalt ihren Tanz wie ein Trommelwirbel. Ich weiß, dass ich keinen Schlaf finden werde, daher schalte ich die Lampe wieder ein und schlage eins der leeren Tagebücher auf. Meine Hand zittert leicht, als ich den Stift nehme, und hält noch einmal inne, bevor ich ihn aufs Papier setze. Als widerstrebe es ihr, die Vergangenheit heraufzubeschwören. Auch ich zögere, mich ihr zu stellen.

Die Probleme begannen, als Jerry beschloss, ein neues Buch anzufangen. In den sechs Monaten, die wir jetzt zusammenlebten, hatte ich ihn zu Dutzenden von Lesungen und Signierstunden begleitet. Ich hatte neben ihm gesessen und gelächelt, wenn er mit den Lesern über seine Reisen sprach, Reisen, die er unternommen hatte, bevor wir uns kennen lernten, und die nichts mit mir zu tun hatten. Zuerst hatte ich das Gefühl beiseite schieben können, das jeder empfindet, der nicht wirklich dazugehört – das subtile Gefühl der Herabsetzung, das leise Bewusstsein, überflüssig zu sein. Unwillkürlich hasste ich die Vorstellung, dass das neue Buch mich auf weitere Jahre zu dieser Rolle verdammen würde.

Es dauerte nicht lange, bis ich eine Veränderung bemerkte. Während Jerry und ich früher fast jede Minute zusammen verbracht hatten, saß er jetzt den ganzen Tag an seinem Computer. Selbst wenn er bei mir war, spürte ich, dass er sich in einer anderen Welt aufhielt. Bis dahin war ich zufrieden damit gewesen, zu kochen, im Garten zu arbeiten und stundenlang in meinem Tagebuch zu schreiben, aber jetzt beschlich mich das Gefühl, dass ich im Grunde nichts tat. Nichts von Belang.

»Nur weil du noch nicht den richtigen Beruf gefunden hast, kann ich meinen nicht aufgeben«, erwiderte Jerry, als ich mich beklagte, weil ich so viele Stunden allein verbrachte. »Vielleicht solltest du dir einen Job suchen.«

»Na, großartig«, gab ich zurück. »Die ganze Zeit erzählst du mir, ich sollte das nicht, und jetzt sagst du das Gegenteil.«

»Ich habe nie behauptet, du solltest gar nichts tun.«

»Dann schauen wir uns doch mal die Alternativen an. In diesem Bezirk gibt es hundert Sockenfabriken. Ich könnte acht Stunden am Tag damit verbringen, Socken zu Paaren zu sortieren. Ich glaube, ich habe gehört, dass man sich beim Schnellimbiss bewerben kann, oder vielleicht könnte ich bei Wal-Mart arbeiten. Stumpfsinn, genau das, was ich vermeiden wollte.«

»Okay, okay«, meinte Jerry. »Dann geh eben nicht arbeiten. Du quälst dich nur selbst.«

»Ich wäre besser dran, wenn ich nie hierher gekommen wäre. In Kalifornien gibt es wenigstens bessere Jobs.«

»Aber von denen wolltest du auch keinen.«

Dagegen konnte ich nichts einwenden.

»Schau mal«, sagte Jerry. »Du machst eine schwierige Phase durch. Was du empfindest, ist vollkommen natürlich. Du hast ein Jahr nach der Highschool geheiratet, bevor du entscheiden konntest, was du – abgesehen von der Ehe – anfangen wolltest. Du hast das College abgeschlossen, ohne eine genaue Vorstellung davon, was du – außer Mutter – werden wolltest. Du musst einfach herausfinden, was du aus deinem Leben machen möchtest.«

»Zumindest weiß ich, was ich nicht will«, entgegnete ich.

»Ich will nicht für den Rest meines Lebens das Gefühl haben, nur dein Anhängsel zu sein, und mehr gibt es hier für mich nicht.« Ich hielt inne und holte tief Luft. »Es tut mir Leid. Du bedeutest mir alles. Ich weiß nicht, was aus mir geworden wäre, wenn ich dich nicht getroffen hätte. Vielleicht hast du Recht. Die Scheidung ist jetzt drei Jahre her, und ich habe immer noch nicht herausgefunden, was ich wirklich will. Vielleicht sollte ich mir einfach einen Job suchen und sehen, dass ich darin weiterkomme.

Aber ich kann das einfach nicht. Ich weiß nicht, was dieses Etwas in meinem Inneren ist, das mich nicht aufgeben lässt. Aber so lange ich denken kann, habe ich immer geglaubt, dass ich für mehr bestimmt bin. Du hast mir einmal versichert, das, was ich suche, existiere wirklich. Vielleicht kommt es immer noch darauf an, was ich zu tun bereit bin, um es zu finden. Ich … ich habe nur nicht das Gefühl, dass ich es hier finde. Nicht bei dir.«

»Du gehst fort?«, fragte er.

Ich konnte nur mit einem Nicken antworten.

»Kommst du zurück?«

»Ich weiß es nicht.«

Jerry wischte sich einen Schweißtropfen von der Stirn. »Was wird aus Tony? Wie kannst du ihm das hier wegnehmen? Ich habe mein ganzes Leben darauf gewartet, dich zu finden, und jetzt gehst du einfach.«

»Ich liebe dich, Jerry. Das ist nicht das Problem.«

»Ich liebe dich auch. Ich liebe dich so sehr, dass ich dich eher anderswo glücklich sehen möchte als unglücklich hier bei mir. Vielleicht findest du, was du suchst, vielleicht auch nicht. Oder du findest jemand anderen, und … ich auch.«

Am liebsten hätte ich gesagt, dass ich mich geirrt hatte, dass ich bleiben würde, dass wir irgendwie unsere Probleme lösen würden. Aber in Wahrheit gab es nichts in Ordnung zu bringen. Entweder ich hatte Recht, und das Leben, das meine Seele mir vor so vielen Jahren im Spiegel gezeigt hatte, war möglich. Oder ich hatte Unrecht.

Ich verließ Alabama, weil ich nicht glauben konnte, dass

ich mich irrte. Abgesehen von meinem Leben hätte ich keinen höheren Preis für diese Überzeugung zahlen können.

*

Schließlich lege ich mein Tagebuch beiseite und knipse die Taschenlampe aus. Während ich auf den Schlaf warte, denke ich an Wanda aus dem Lebensmittelladen. *Manchmal können wir die Antwort auf unsere Fragen – wo immer sie herkommen mögen – nur an einem ruhigen Ort hören.*

Dieser Ort ist so ruhig, dass ich fast den Verstand verliere. *Wenn Sie da draußen sind, versuchen Sie sich daran zu erinnern, dass Sie nicht allein sind.*

O doch, ich bin allein.

Stunden später, in pechschwarzer Finsternis, kämpfe ich mich in den Wachzustand. Ich weiß genau, wo ich bin, und ich weiß auch, dass mir eiskalt ist. Ich bin nass. Endlich registriere ich das Trommeln auf dem Nylon über meinem Kopf. Es regnet. Und zwar heftig. Ich bin durchweicht.

Ich taste nach meiner Taschenlampe und schalte sie ein. Rot glüht das Zelt auf, und ich kneife in der plötzlichen Helligkeit die Augen zusammen. Das Stöhnen, das darauf folgt, kommt so tief aus meinem Inneren, dass ich einen Moment lang nicht glauben kann, dass ich selbst es ausgestoßen habe. Das Zelt steht nicht weniger als einen Zentimeter tief unter Wasser, an manchen Stellen bis zu fünf. Und dann höre ich es, zuerst weit fort wie ein schwaches Seufzen, dann immer näher, die Art von Brausen, das einer Flutwelle vorausgeht …

Wuuusch!

Das Zelt knickt halb zusammen, Wasser klatscht über den Boden und schwemmt mich in eine Welt, die fremdartiger ist als alles, wo ich je gewesen bin.

5. Kapitel

Tag 2, 12. November, Morgendämmerung

Als ich aus tiefem traumlosen Schlaf erwache, hat das Trommeln des Regens aufgehört. Die Wissenschaftler haben meilenweit danebengelegen mit ihrer Voraussage, in Millionen von Jahren würde das Meer in die Wüste zurückkehren. Es ist schon zurückgekehrt, gleich hier in meinem Zelt.

Nur mit dem schmalen Lichtstrahl meiner Taschenlampe war es nachts hoffnungslos, das Geheimnis der Flut zu lüften, die sich um mich herum erhoben hat. Aber als ich mich jetzt auf den Rücken lege und das rote Nylon über meinem Kopf anstarre, sehe ich, dass das Wasser nicht durchs Dach eingedrungen ist. Das Außenzelt ist noch an seinem Platz. Sicher, der Regen ist in wahren Sturzbächen niedergegangen, aber ich habe schon früher im Sturm kampiert, ohne dass ein einziger Tropfen durchgesickert wäre. Offensichtlich ist letzte Nacht weit mehr hineingelaufen, obwohl mir noch nicht klar ist, wie.

Ich schiebe mich halb aus meinen Schlafsäcken, und die schneidende Kälte trifft auf meine Haut. Ich ziehe den Reißverschluss des Zelteingangs auf, stecke den Kopf nach draußen und sehe zum Himmel auf. Die Sonne schickt silbriggelbe Strahlen über einen blassblauen Himmel. Keine Wolke kündet mehr davon, dass es geregnet hat.

Ich muss unweigerlich daran denken, dass man das Phänomen bedrohlicher Wassermassen einst mit Gottes Missfallen an der Menschheit in Zusammenhang gebracht hat. Dass diese spezielle Überschwemmung sich anscheinend auf mein Zelt beschränkt hat und ich nicht erklären kann, wie und wo das Wasser eindringen konnte, trägt nicht dazu bei, mein Selbstvertrauen zu stärken. Ebenso wenig die zweite Entdeckung dieses Morgens: Der Gegenstand, der mich vor dem Wasser hätte schützen sollen, die Luftmatratze, die ich extra neu gekauft habe, um sicherzugehen, dass kein Loch mich dazu verdammen würde, vierzig Nächte auf dem harten Boden zu schlafen, liegt vollkommen platt unter mir. Ich sitze in einem See.

Für eine Tasse Kaffee könnte ich jetzt sterben, aber das Bedürfnis nach trockenen Sachen ist noch dringlicher. Durch irgendein Wunder ist die Tasche mit meiner Kleidung auf dem Pappkarton gelandet, der die Propankartuschen enthält – und sich prompt auflöst, als ich ihn zu mir ziehe. Ich trete nach draußen und ziehe lange Unterwäsche, Leggins und ein Flanellhemd an. Meine Turnschuhe treiben im Zelt wie zwei kleine Boote. Ich krame nach den Cowboystiefeln.

Mir bleibt nichts anderes übrig, als das Zelt komplett auszuräumen und trocken zu wischen. Die Schlafsäcke hinterlassen eine nasse Spur, als ich sie an Land schleppe. Als ich den äußeren vom inneren trenne, stelle ich erleichtert fest, dass nur der äußere gänzlich vollgesogen ist. Der innere ist nur feucht, abgesehen von den unteren sechzig Zentimetern. Vielleicht ist meine Annahme nicht allzu optimistisch, sie könnten über Tag trocknen. Ich breite beide über dem Zelt aus und zerre die übrigen Kartons und Tüten nach draußen.

»Okay, wer hat die Handtücher versteckt?«, frage ich laut und durchwühle den nächstbesten Karton. Der Klang einer menschlichen Stimme, selbst wenn es nur meine eigene ist, heitert mich auf. Ein bisschen Regen hat schließlich noch niemandem geschadet. Nur ein kleiner Verkehrsunfall, das ist alles. Auf jeder Reise geht einmal etwas schief – das ist zu erwarten – und das habe ich nun hinter mir. Von jetzt an …

Ich schiebe einen Pullover und ein Flanellhemd beiseite und erspähe das blauweiße Karomuster der Geschirrtücher. Etwas anderes zum Aufwischen habe ich nicht mitgebracht. Duschen kann ich ja nicht, und ich hatte nicht damit gerechnet, einen See trockenlegen zu müssen. Ich packe den Zipfel des Handtuchs und ziehe es aus dem Karton, wobei ich versuche, nicht alles andere mitzuzerren. Nachdem ich nur ein einziges herausgeholt habe, greife ich wieder in den Karton, fast bis zum Boden, und meine Hand stößt auf etwas, das in weichen Stoff gehüllt ist.

Dieses Mal schnappe ich nicht nach einer Ecke und ziehe. Jetzt leere ich den Karton und hebe den mit Tüchern umwickelten Gegenstand behutsam an die Oberfläche. Vorsichtig streifen meine Finger den Stoff zurück, und ein rotes Gesicht blickt zu mir auf. Eine lebensgroße Maske, nach jahrhundertealter Cherokee-Tradition aus der Hälfte eines ausgehöhlten Flaschenkürbisses geschnitzt. Der geöffnete Mund bildet einen fast perfekten Kreis, der durch schwarze, gelbe und weiße Ringe noch größer erscheint. Die Ringe wiederholen sich um die offenen Augen herum. Über jede der roten Wangen und in der Mitte der Stirn zuckt ein gelber Blitz. Drei Stränge grober Schnur, jeder zwei Fuß lang, hängen vom Kinn herab. Der einzige Kopfschmuck besteht aus einer Feder.

»Sie soll über dich wachen«, hatte Jerry gesagt, als er mir die Maske an dem Morgen, an dem ich Alabama verließ, in die Hände legte. »Ich hoffe, wenn du deine Antworten findest, dann findest du auch welche für uns beide.«

Jerry hatte nie ein Wort gegen meine Entscheidung, in die Wüste zu gehen, eingewandt, aber mein Sohn hatte mich weniger bestärkt. »Warum, Mom?«, fragte der neunjährige Tony, als ich ihm von meinem Plan erzählte. »Du könntest dabei sterben.«

Und meine Eltern. »Bist du dir ganz sicher?«, meinte Dad, als ich Mom und ihn in Taiwan anrief. Er sprach es nicht aus, aber ich wusste, was er dachte. Das ist das Kind, das sich vor Mäusen fürchtet. Das Kind, das Angst vor den

Sternen hat. Das ist das Mädchen, das in unserem Bett schlief, weil es Hexen für real gehalten hat.

Meine Blicke umreißen die Grenzen des dreihundert Quadratmeter großen Gebiets, das ich erst gestern Abend zu meinem Revier erklärt habe und das jetzt mit meinen durchweichten Besitztümern übersät ist, als wollte ich mir nachdrücklich vor Augen führen, wie schnell sich sowohl die Realität als auch die Wahrnehmung ändern können. Gut, dass Jerry, Tony oder meine Eltern jetzt nicht hier sind. Es macht mir Angst, dass ich mich vielleicht zum ersten Mal so wahrnehme, wie sie mich sehen würden.

Nach drei Tassen Kaffee bin ich bereit, mich dem Rest des Tages zu stellen. Die vergangene Nacht hat mich gelehrt, dass ich so rasch wie möglich den Unterstand aus Planen bauen muss. Ich will mich nicht noch einmal so überrumpeln lassen.

Ich werde einen Platz für meine Hütte einebnen müssen, denn der Boden des Canyons weist ein stetiges Gefälle auf. Ich schätze, dass ich eine Fläche von ungefähr neun Quadratmetern benötigen werde. Das obere Ende liegt dreißig Zentimeter über dem unteren, was heißt, dass ich eine Menge Erde bewegen muss, nur um einen flachen Untergrund zum Schlafen zu schaffen. Zumindest ist der Boden nach dem Regen weich.

Ich bitte innerlich um Vergebung, als ich einen Wermutbusch ausgrabe. Zwanzig Jahre geduldigen Wachstums, zunichte gemacht in einem Augenblick. Aber wahrscheinlich hätte ich sowieso einige Büsche ausreißen müssen, da alles Feuerholz, das auf dem Boden liegt, durchweicht ist. Der Wermut brennt sofort, und ich bin erstaunt über das Lachen, das über meine Lippen kommt. »Ahhhh«, rufe ich, während ich den zweiten Strauch hinterherwerfe, »ein brennender Busch.«

Meine Kartons, die Taschen und die Turnschuhe stelle ich um das Feuer herum auf, meinem besten Alliierten in diesem Kampf um trockene Sachen. Das Feuerknistern ist eine angenehme Gesellschaft in der Stille, die ansonsten nur durch das Knirschen unterbrochen wird, mit dem meine geborgte Schaufel in die Erde eindringt.

Als die Sonne halb durch den Canyon gezogen ist – nach drei Stunden vielleicht –, bin ich des Schippens überdrüssig. Meine Füße sind eiskalt. Die Cowboystiefel sind jetzt mit einer Schlammschicht überzogen, und meine Socken sind nicht dick genug, um die Kälte abzuhalten. Vielleicht erklärt das ja den Stiefel, der gestern auf dem Zaunpfahl steckte. Möglicherweise hat sein Eigentümer das Stück Müll auf die in diesem Moment praktischste Weise entsorgt. Denn für mich ist jetzt mehr als offensichtlich, dass Cowboystiefel keine angemessene Fußbekleidung sind, wenn es in der Wüste geregnet hat.

Ich mache eine Pause, setze mich ans Feuer und wünsche mir wieder, ich hätte einen Stuhl mitgebracht. Der Zeitungsstapel hält die Nässe ungefähr vier Minuten ab, gerade so lange, bis die Flammen die Cowboystiefel an meinen Füßen so erhitzt haben, dass sie zu dampfen beginnen. Einen Moment später rollt sich die Sohle des linken Stiefels auf und enthüllt die Spitze meines grünen Sockens.

»Großartig«, murmle ich. »Einfach klasse.«

In dem Bemühen, meine Lage wenigstens um ein Geringes zu verbessern, fällt mir ein, dass der Mann im Baumarkt die Zwei-mal-vier-Zoll-Latten für die Hütte abgesägt hat, damit sie in Betsys Kofferraum passten. Die Reste habe ich mitgebracht. Sie haben genau die richtige Länge, um einen Regiestuhl zu bauen – die Sorte mit einem Kreuzrahmen, einer Sitzfläche aus Leinwand und dem Namen des Stars in großen Buchstaben auf der Lehne. Wohl meine einzige Möglichkeit, jemals ein Star zu sein.

Eine schnelle Überprüfung des durchweichten Kartons mit dem Werkzeug bringt die Tüte mit den Nägeln zutage. Ich habe nur eine Größe gekauft, die richtig großen, vielleicht sechs Zentimeter lang.

Ich sehe sofort, was zu tun ist: zwei Hölzer kreuzweise übereinander legen und einen Nagel durch den Schnittpunkt treiben. Mit den Händen allerdings stelle ich mich weniger geschickt an als mit den Augen. *Doiiing*, der Nagel fliegt durch die Luft. *Krach*, ich verfehle den Nagel, und die Bretter fallen auseinander. *Peng, peng, peng*, so weit, so gut. *Peng, peng, peng. Plunk* – der Nagel knickt um. Ich probiere acht Nägel aus, bevor es mir gelingt, drei einzuschlagen. Ich bin mir nicht sicher, ob drei genug sind, aber besser bringe ich es nicht fertig. Ein paar Querlatten später bin ich so weit, dass ich den Rahmen mit Leinwand überziehen kann, die ich mit Heftklammern antackern werde. Ein zweiter Ausflug zur Werkzeugkiste, um die Tackerpistole zu holen, ein weiteres Teil, das ich neu erstanden habe.

Für gewöhnlich werden Tackerpistolen mit einer kleinen Menge Heftklammern als Grundausrüstung geliefert. Diese jedoch nicht, daher habe ich noch eine Schachtel Heftklammern gekauft. Ich öffne die Schachtel, lasse eine Reihe Klammern herausgleiten und will sie in das Magazin der Heftpistole schieben.

Aber sie lassen sich nicht einfüllen. Sie sind breiter als der Schlitz der Tackerpistole.

Ich mache etwas falsch. Nein, das ist es nicht. Sie passen nicht. Aber sie müssen. Der Verkäufer hat gesagt, das wären die Richtigen. Sie passen nicht.

Das ist nicht möglich. Ohne einen Stuhl komme ich aus, aber nicht ohne Heftklammern. Eine andere Möglichkeit gibt es nicht, die Plane am Rahmen der Hütte zu befestigen – vorausgesetzt, ich schaffe es, sie zu bauen. Die Hütte, von der mir nach der letzten Nacht klar ist, dass ich sie dringender denn je brauche. Diese riesigen Nägel dafür zu benutzen, selbst wenn ich sie einschlagen könnte, wäre, als verpackte man ein Weihnachtsgeschenk mit Reißnägeln. Meine erste Kostprobe von diesem Wind hat mir klargemacht, dass er ein angenageltes Stück Leinwand binnen Minuten in Stücke reißen würde.

Ich bin wütend auf den Verkäufer, weil er so unachtsam war, und auf mich selbst, weil ich ihm vertraut habe. Ich weiß nicht, ob ich neununddreißig weitere Nächte in einem Zelt verbringen kann, besonders in einem, das ein Leck hat. Meine einzige andere Möglichkeit besteht darin, fünf Meilen zu dem Busch zu wandern, den Bret für die Verständigung im Notfall genannt hat, aber nach dem Stand der Sonne zu urteilen, ist es heute ohnehin zu spät, um einen Marsch von zehn Meilen anzutreten. Als ich meinen Blick über den Himmel schweifen lasse, bin ich erstaunt, über der Bergkette im Westen Wolken zu entdecken. Sie sehen nicht aus wie normale Wolken. Nicht dass ich Wolkenformen besser beurteilen könnte als den Stand der Sonne zu bestimmen, aber diese kommen mir dunkler vor als normale Wolken; sogar noch düsterer als Gewitterwolken. Zuerst erscheinen sie mir einfach als Kuriosität, aber als ich noch einmal hinsehe, um den Stand der Sonne festzustellen, scheinen die Wolken näher gerückt zu sein. Und nun verschwindet die Sonne. Ich glaube nicht, dass sie ihre Reise zum Horizont beschleunigt hat. Eher ziehen die Wolken schneller auf mich zu.

Sie kommen direkt auf meinen Canyon zu, stürmen wie wilde Pferde über den Himmel. Vor zehn Minuten hat die Sonne noch hell geschienen. Nun kann ich den Himmel nicht einmal mehr sehen, und es wird jede Sekunde kälter. Meine Familie hat selten im Hochgebirge gecampt, aber ich bin häufig genug in den niedrigeren Ausläufern des Mount Rainier in Washington gewandert, um zu wissen, dass manche Berge ihr eigenes Wetter erzeugen. Wenn der Himmel sich nicht von einem Moment auf den anderen ändern könnte, würden sich niemals Wanderer in plötzlich aufgekommenen Unwettern verirren. Und nun wird mir schmerzhaft deutlich, dass dieser Effekt auch in der Wüste auftreten kann.

Mit halsbrecherischer Geschwindigkeit verdunkeln die Wolken die Wüste. Hunderte von Metern über meinem Canyon werden sie jeden Moment schneller. Kalter, weißer Nebel rollt vor ihnen her, und der Canyon füllt sich mit dickem weißlichem Dunst.

Das ist kein normaler Nebel. Es ist zu kalt. Ich muss aus dem Nebel hinaus. Hier stimmt etwas nicht. Absolut nicht.

Überstürzt schleppe ich die Kisten mit meinen Vorräten zurück ins Zelt. Ich schnappe mir meine nassen Schlafsäcke, schiebe sie nach drinnen und habe kaum den Reißverschluss hinter mir zugezogen, als das Zelt von einer Bö getroffen wird, die viel heftiger ist als alle anderen in der vergangenen Nacht. Augenblicklich geht der Regen in Sturzbächen nieder. Aber dann merkte ich, dass das Trommeln auf dem Nylon zu laut für Regen ist. Ich spähe aus der Öffnung, und Hunderte Hagelkörner prasseln auf meine Nase. Das Lagerfeuer ist bis auf den letzten Funken erloschen.

Eine neue Bö zerrt an dem Stoff. Das Außenzelt bläht sich auf wie eine Seifenblase. An den Ecken wird es von Haken gehalten, die durch Schlaufen gezogen sind. Letzte Nacht hat das Zelt dem brutalen Wind widerstanden. Den Hagel hat es bis jetzt überlebt, aber als ich wieder aus dem Eingang sehe, hat es zu schneien begonnen – und zwar keine weichen, zarten Flocken, sondern eine strudelnde Masse, durch die der Himmel nicht mehr zu erkennen ist. Der schlimmste Alptraum eines jeden Wanderers. Ich sitze in einem Blizzard fest und habe keine Möglichkeit, mich in Sicherheit zu bringen.

Als plötzlich eine Sturmbö das Überdach vom Zelt reißt, stecke ich in größeren Schwierigkeiten als je zuvor.

6. Kapitel

Vier Stunden später wage ich mich immer noch nicht nach draußen, obwohl mir das Zelt kaum mehr Schutz bietet. Gestern Abend hat das Überdach nicht einmal die fünf Zentimeter Wasser abhalten können, und jetzt ist es weg. Ich muss das Außenzelt finden. Es ist mein einziger Schutz gegen den Schnee. So oft habe ich es beim Zelten absichtlich nicht aufgebaut, damit ich durch den dünnen Nylonstoff die Sterne sehen konnte. Aber das war, als ich in Naturparks zeltete, umgeben von anderen Campern. Damals dachte ich, ich sei allein. Da wusste ich noch nicht, was »allein« wirklich bedeutet. Jetzt erfahre ich es.

Ich muss das Außenzelt finden. Nur durch meine Lederjacke vor der Kälte geschützt, muss ich in den Sturm. Sie ist nicht warm genug, obwohl sie hätte reichen müssen. Selbst Bret Layman war dieser Meinung.

Meine Finger kämpfen mit dem Reißverschluss des Fliegennetzes und dann mit der Zeltklappe. Taschenlampe in der Hand, husche ich nach draußen. Eiskörner schlagen mir ins Gesicht. Der Wind treibt mir den Atem zurück in die Lungen, und ich schnappe nach Luft. Ich schalte die Lampe an, aber in dem wirbelnden Eischaos sehe ich nichts. Mein Außenzelt könnte wie ein Drachen davongeflogen und mit einem Aufwind in die Wüste hinausgesegelt sein. Wenn ich nur hinterhergesprungen wäre und die Ecken mit den Händen gepackt hätte! Dann hätte es sich aufgebläht wie ein Fallschirm, und ich hätte damit entkommen können.

Ohne das Überdach kehre ich ins Zelt zurück. Ich muss aufgeben. Jetzt bin ich so müde, dass ich mich nur noch nach Schlaf sehne. Und ich fürchte, dass ich nie mehr aufwachen werde. Mir ist zu kalt. Jeder Atemzug schmerzt. Noch vor dem Morgen werde ich tot sein. Sie werden meinen Körper finden, steif gefroren, eingewickelt in den Schlafsack, der mich hätte warm halten müssen, bestattet in dem Zelt, das mich trocken halten sollte. Man wird den Bericht in den Abendnachrichten senden. »Eine Frau, die entschlossen war, vierzig Tage und Nächte allein in der Great Salt Lake Desert zu verbringen, wurde tot aufgefunden. Die Rettungsmannschaften konnten sie während des für die Jahreszeit ungewöhnlichen Sturms, der Samstagnacht durch das Gebiet raste, nicht erreichen. Die Behörden haben die Untersuchung noch nicht abgeschlossen, aber man vermutet, dass das Außenzelt der Unbekannten sich losriss, als der Wind mit sechzig Meilen pro Stunde durch den Canyon tobte.«

Es ist stockdunkel. Noch Stunden bis zur Morgendämmerung, die ich nicht mehr erleben werde. Ich habe zu große Angst, um mich zu fürchten.

Wenn nur der Wind aufhören würde, könnte ich noch einmal versuchen, das Außenzelt zu finden. Aber er weht stärker denn je, heult noch lauter. Ich kann nicht zurück in den Sturm gehen. Ich kann einfach nicht, aber ich muss. Ich greife nach meinen Reeboks, die von dem Regen gestern Nacht immer noch durchweicht sind. Entweder sie sind eingelaufen, oder meine Füße sind geschwollen. Ich fürchte, Letzteres. Meine Füße fühlen sich an wie Eisblöcke. Ich mache mir nicht die Mühe, die Schuhbänder zu schnüren.

Ich knie vor dem Eingang und wappne mich innerlich gegen die Eiskörner. Meine Finger packen den Reißverschluss und ziehen. Er rührt sich nicht. Ich wackle an der metallenen Zunge. Die Nylonwände blähen sich heftig im

Wind, als kämpften sie um ihre Freiheit. Sie schlagen um mich herum und scheinen meckernd wie eine Hexe über meine Bemühungen zu lachen.

Adrenalin schießt durch meine Adern, und ich zerre mit beiden Händen an dem Reißverschluss. Er gibt ein wenig nach, und ich ziehe noch einmal und dann ein weiteres Mal. Der Reißverschluss ruckt ein Stück nach oben und klemmt im Stoff fest. Auf dem Bauch quetsche ich mich durch die kleine Öffnung. Wirbelndes Eis schneidet in meine Wangen, und ich schiebe die Taschenlampe vor mir her und schütze meine Augen mit dem Arm. Das Licht wird von dem wirbelnden Schnee zurückgeworfen und verwischt sich im Dunkel. Die eisige Luft lässt meine Lungen brennen. Der Wind scheint entschlossen, mich von den Füßen zu blasen, hochzuheben wie eine Stoffpuppe und meinen Körper gegen die Felsen zu schleudern.

Eine dunkle, schwankende Gestalt ragt drohend vor mir auf, und ich will schon hastig zurückfahren, als ich den Wacholderbaum erkenne. Seine Zweige biegen sich fast bis zum Boden und schnellen in der nächsten Sekunde bis hoch über meinen Kopf. Ein Ast baumelt herunter, als wäre er abgebrochen und hinge nur noch an einem Faden. Er flattert heftig wie eine Flagge an einem Fahnenmast. Eine leuchtend rote Nylonfahne. Das Außenzelt! Drei Meter hoch schwebt es in der Luft, berührt kurz den Boden, um gleich wieder himmelwärts zu schnellen.

Bis zu dem Baum sind es fast zehn Meter. Den Blick auf den Wacholder geheftet, zwinge ich mich, einen Fuß vor den anderen zu setzen. Ich bekomme keine Luft. Meine Nasenlöcher sind zugefroren. Ein Windstoß treibt mir eine neue Welle wirbelndes Eis ins Gesicht. Als der Baum verschwindet, gerate ich in Panik. Ich schaue mich um, und auch das Zelt ist fort, durch den Schnee nicht mehr zu sehen. Blind kämpfe ich mich weiter vor.

Als der Wind einen Moment nachlässt, sehe ich den Baum lange genug, um zu erkennen, dass ich nach links abgekommen bin, bevor er wieder verschwindet. Eigentlich müsste ich ihn jetzt erreicht haben. Eine Eisschicht überzieht meine Lederjacke. Ich ringe um jeden Atemzug. Meine Füße brennen. Mein Gesicht fühlt sich wie erstarrt an, und mein ganzer Körper schmerzt.

Vor Erleichterung schreie ich beinahe auf, als der Wind einen Augenblick lang erstirbt und der Baum in Reichweite meiner Hand auftaucht. Ich richte den Lichtstrahl in die oberen Äste und entdecke das Außenzelt. Aber es hängt zu hoch. Ein Windstoß treibt es auf mich zu. Ich bekomme nur eine Ecke zu fassen, bevor der nächste Windstoß es wie in einem grausamen Katz-und-Maus-Spiel wieder wegreißt.

Wieder leuchte ich mit der Taschenlampe in die Äste. Vorsicht … Vorsicht … warte … warte … jetzt. Ich kann eine Ecke packen, nicht mehr, aber das muss reichen. Beim nächsten Windstoß zerre ich mit aller Macht, und das Außenzelt löst sich.

Ich lasse mich auf Hände und Knie fallen und halte den Nylonstoff zwischen den Zähnen fest. Die zehn Meter bis zum Zelt kommen mir wie eine Meile vor. Der Sturm tobt, und als ich nach Luft schnappe, reißt er mir das Nylon aus dem Mund. Aber ich werfe mich darüber und weigere mich, es loszulassen.

Vor mir flattert mein Zelt wie ein Heißluftballon, der in einem Tornado an seiner Halteleine zerrt. Nur meine Vorräte, die darin aufgestapelt sind, hindern es am Davonsegeln. Das Zelt ist mein einziger Unterschlupf, meine einzige Chance, und es ist kaum besser als nichts.

Meine Handschuhe sind zu dick und steif gefroren, um die Knoten zu knüpfen, die notwendig sind, um das Außenzelt wieder zu befestigen. Ich ziehe den einen aus, kann aber meine Finger kaum bewegen. Die Taschenlampe klemme ich zwischen die Ellbogen, damit ich die Hände freihabe. Alle vier Ecken müssen festgezurrt werden. Eine. Zwei. Bei der dritten rutscht die Taschenlampe weg, fällt auf den Boden und geht aus. Ich sitze in vollständiger Dunkelheit in einem Schneesturm allein in der Wüste. Mein Gott, was habe ich mir nur dabei gedacht?

Ich taste ohne Handschuhe nach der Lampe. Meine Finger berühren etwas Hartes, aber als ich den Gegenstand vor mein Gesicht halte, ist es nur ein Stein. Ich bewege die ausgestreckten Hände im Kreis und krieche vorwärts, aber ich finde nichts, nichts. Und dann stößt meine linke Hand auf etwas Hartes, Längliches. Mit den Fingern taste ich nach dem Knopf, und plötzlich lässt ein Lichtkegel den Schnee aufleuchten. Ich kämpfe mich auf die Füße und klemme mir die Taschenlampe unters Kinn, um mir für die letzten beiden Knoten zu leuchten, und endlich mache ich mich tastend auf den Rückweg durch den halb zugezogenen Zelteingang.

Der Reißverschluss will sich nicht rühren, er sitzt im Stoff fest. Meine Finger sind zu taub, um ihn loszumachen. Ich beuge mich hinunter und zerre mit den Zähnen daran. Schließlich gibt der Reißverschluss nach, und ich kann den Schnee aussperren.

Ich wühle mich in die Schlafsäcke, aber mir ist immer noch eiskalt. Ich kann nicht aufhören zu zittern. Der Wind bläst heftig, donnert wie eine Lawine. Über dem Zelt bläht sich das Überdach wie ein Fallschirm und wird in den nächsten Sekunde davongerissen.

Es ist fort. Ungehindert fällt mir Eis auf die Mütze und Wangen.

Ich kann nicht zurück in den Sturm. Ich will nicht sterben.

Seit Stunden tobt um mich der Sturm. Er hämmert auf mich ein, durchfährt mich, als hätte er einen Weg gefunden, in meinen Blutkreislauf einzudringen und sich bis in meine Knochen auszubreiten. Ohne das Außenzelt bin ich verloren, aber noch einmal halte ich dem Sturm nicht stand.

Mir wird klar, dass ich nie gewusst habe, was Kälte wirklich heißt, was Kälte anrichten kann. Wenn ich als Kind mit meinen Schwestern im Puget-Sund herumwatete, schmerzten unsere Füße fast unerträglich, bis sie sich an das kalte Wasser gewöhnt hatten. Wenn sie einmal taub sind, versicherten wir uns gegenseitig, dann ist es gar nicht mehr so schlimm. Aber die Gefühllosigkeit stoppt den Schmerz nicht. Die Taubheit unterbindet nicht das Gefühl von Nadelstichen, als ob ein eingeschlafener Fuß aufwacht. Das taube Gefühl verlagert den unerträglichen Schmerz nur von der Haut bis ins Mark. Die äußere Schicht empfindet überhaupt nichts mehr, aber jede Gewebefaser darunter fleht darum, die Qual zu beenden.

Der Wind tost immer weiter. Ich muss das Außenzelt holen gehen, aber ich kann mich nicht dazu durchringen, mich noch einmal dem Sturm auszusetzen. Ich fürchte mich vor dem Wind. Ich weiß nicht, wie ich gegen einen Feind kämpfen soll, den ich nicht sehen kann.

Ich erinnere mich daran, was Bret sagte, bevor er mich hier allein ließ. »Einen Punkt. Das ist der Schlüssel. Solange Sie eine Stelle haben, an der Sie sich sicher fühlen, halten Sie durch.« Ich hätte ihn fragen sollen, was er damit meinte. Es gibt keinen einen Punkt. Ich bin mir nicht sicher. Ich werde es nicht schaffen. Meine Hände, die ich unter die Achseln gesteckt habe, fühlen sich wie Eisblöcke an. Ich kann die Finger noch bewegen, aber ich kann nicht aufhören zu zittern, trotz meiner Lederjacke, obwohl ich in meinen Schlafsäcken liege.

Über meinem Kopf kracht es, als wäre etwas explodiert. Die Zeltwände flattern noch heftiger als zuvor.

Ich fürchte, ich weiß, was passiert ist, aber es gibt nur eine Möglichkeit, das festzustellen. Ich winde mich aus den Schlafsäcken, schiebe meine angeschwollenen Füße in die Reeboks und greife mit angehaltenem Atem nach der metallenen Zunge des Reißverschlusses. Er lässt sich leicht aufziehen, da ich wieder etwas Gefühl in den Fingern habe, aber ich befürchte, dass dieser Zustand draußen in der Kälte nicht lange anhalten wird.

Als ich mich durch den Zelteingang schiebe, stürzt sich der Wind auf mich wie ein Sumoringer und zwingt mich zu Boden. Meine Wange brennt, wo ich auf den Schnee aufgeschlagen bin. Ich kämpfe mich auf die Knie und krieche halb um das Zelt herum, wobei ich die Taschenlampe vor mich halte – ein winziges Flackern in einem Meer aus wirbelndem Schnee und Finsternis.

Ich beuge mich über die Nylonwände und suche nach den bleistiftdünnen Zeltstangen aus Fiberglas. Prüfend gleiten meine Finger, die schon wieder kribbeln, an der Stange hinauf. Die Zeltstange besteht aus einer Reihe hohler Stäbe, die an den Fugen durch Aluminiumverbindungen zusammengehalten und durch eine elastische Schnur im Inneren gespannt werden. Meine Finger tasten sich über das erste Gelenk und dann das zweite. Und dann fühle ich es: die Stange ist gebrochen. Ich richte das Licht darauf, um den Schaden abzuschätzen. Nur die Schnur hält die Stange noch zusammen. Ohne die andere Stange würde das Zelt selbst zusammenbrechen.

Ich muss dringend das Außenzelt finden, aber ich ängstige mich zu sehr vor dem Wind. Ich humple zum Zelteingang, krieche hinein und schließe die Klappe mit dem Reißverschluss, um den Sturm draußen zu halten. Dann fahre ich die Wand mit der Taschenlampe ab, um den Umriss der gebrochenen Zeltstange nachzuzeichnen, und frage mich, wie lange sie wohl halten wird.

Ich kann nicht glauben, dass Gott mich bloß hergeführt hat, um mich sterben zu lassen. Ach was, Gott hat nichts damit zu tun. Herzukommen war meine eigene Entscheidung. Ich bin es, die Betsy zurückgelassen hat. Wenn sie hier wäre, könnte ich hineinkriechen. Ich könnte den Motor starten, die Heizung aufdrehen und im Warmen sitzen …

Ich krabble unter die Schlafsäcke. Ich muss einen klaren Kopf bewahren. Ich muss die Nacht überstehen. Schließlich habe ich Tony versprochen, zu Weihnachten zurückzukommen. Und ich werde zurückkommen. Ich habe es versprochen.

Eine zweite Explosion ertönt über meinem Kopf, als die andere Zeltstange bricht. Um mich herum sackt das Zelt zusammen. Das Nylon schlägt mir ins Gesicht, ich bekomme keine Luft. Ich setze mich auf und hebe mit aller Kraft die Arme über den Kopf, um atmen zu können. Ich richte mich auf den Knien auf und schiebe das Nylon hoch, hoch. Jetzt bin ich die Zeltstange. Innerhalb von Minuten schmerzen meine Schultern. Es ist zu kalt, sogar kälter als zuvor. Der äußere meiner beiden Schlafsäcke ist steif gefroren. Ich bin erschöpft.

Mit Unterkühlung kenne ich mich aus. Wenn die Körpertemperatur unter den Normalwert von 36,9 Grad fällt, treten gewisse Veränderungen ein. Bei 36 Grad alarmiert das Zentrum im Hypothalamus, das die Temperatur kontrolliert, die Oberflächen-Kapillaren, diese winzigen Äderchen, die der Kälte am stärksten ausgesetzt sind. Zusammenziehen, befiehlt es den Kapillaren, daher beginnen die Extremitäten – Hände und Füße – zu schmerzen. Andere Muskeln bereiten sich auf das vor, was bei 35 Grad geschehen wird, und spannen sich an. Dann kontrahieren sie abrupt. In einem allerletzten Versuch, sich aufzuwärmen, verfällt der Körper in heftiges Zittern. Nun ist das Stadium einer leichten Unterkühlung erreicht. Das Urteilsvermögen lässt nach. Leichter bis mittlerer Gedächtnisverlust bei unter 34 Grad, unter 33 Grad tritt stumpfe Gleichgültigkeit ein. Bei 32 Grad vollständige Apathie. Wird keine Wärme zugeführt, geht es von hier an nur noch bergab.

Ich bin ausgepumpt. Ich weiß nicht, wie niedrig meine Körpertemperatur bereits ist oder wie weit sie noch fallen wird.

»Schöne Zähne«, werden die Leute sagen, wenn sie meine Leiche finden. »Hübsch und gepflegt. Und gerade.«

»Was für eine Schande, dass eine Frau mit so schönen Zähnen so jung sterben musste«, werden sie bemerken. »Sie muss früher eine Zahnspange getragen haben.«

Das stimmt, aber ich werde nicht mehr am Leben sein, um es ihnen zu bestätigen. Meine Arme sind nicht stark genug, um ein Zelt zu kontrollieren, dem Flügel gewachsen sind, einen Spatz, der sich mitten in einem Hurrikan auf See verirrt hat. Der Wind ist zu stark für mich. Die Kälte ist zu viel für mich. Wenn ich nur meine Augen schließen könnte, bloß für einen Moment …

Bilder wirbeln umher, und ich sitze auf einem leuchtend blauen Karussellpferd. Wir fahren im Kreis, schneller, schneller. Immer rund geht es, schneller, schneller. Ich bin fünf Jahre alt. Ich sause durch die Luft, und der Wind weht durch mein Haar. So gut, so lebendig, so frei fühle ich mich, und dann verschwindet das blaue Pferd unter mir und ich fliege richtig.

Jetzt sehe ich meinen Daddy und springe in seine Arme. Ich schlinge die Arme um seinen Hals, und er wirbelt mich durch die Luft. Ich sehe sein Gesicht, aber es verwandelt sich in das meines Sohnes. Ich bin diejenige, die auf dem Boden steht, und er fliegt durch die Luft. Fest schlingt er seine Arme um mich, als ich ihn schneller und schneller herumwirble. Er lacht und lacht, und plötzlich ist es nicht mehr sein Lachen, das ich höre, sondern Jerrys. Ich nehme seine Hand, und wir rennen durch den Wald, springen über Baumstümpfe und lachen. Ich fühle mich wieder so frei, so gut, so lebendig.

Aber dann verdunkelt sich der Wald. Ich drehe mich zu Jerry um, und er ist fort. Die Baumstümpfe wachsen zu gigantischen Felsen, die so hoch über meinen Kopf ragen, dass ich nicht sehen kann, wo sie enden. Während sie zum Himmel hinaufschießen, werden sie breiter. Ich versuche wegzulaufen, aber meine Beine sind bleischwer. Die Steine rücken näher und schließen mich in einem Kreis ein. Ich spüre ihr Gewicht auf Brust und Armen, das alle Luft, alles Leben aus mir herauspresst. Ich kann nicht atmen.

Ich bin nicht hergekommen, um zu sterben. Ich werde nicht aufgeben – das ist nicht die Person, die ich bin. Ich bin eine Kämpfernatur, und ich werde kämpfen. Aber jetzt ist es zu spät. Ich bin tot.

7. Kapitel

Tag 3, 13. November, Morgen

Als ich die Augen öffne, sehe ich nicht Finsternis, sondern einen schwachen Lichtschimmer, und ich weiß nicht, wo ich mich befinde. Ich versuche das eiskalte Gewicht einzuordnen, das meinen Körper unter sich zerdrückt. Das Gewicht ist schrecklich. Meine letzte Erinnerung sind die Felsen, die mich in ihrem Würgegriff ersticken, und dann fällt mir wieder ein, dass ich tot bin. Aber das kann nicht sein. Empfindet eine Tote solche Schmerzen?

Ich liege unter Schnee begraben, und begraben zu sein tut weh. Ich kann mich nicht erinnern, ob ich schon einmal begraben war. Ich glaube, eines Tages wollte Tony mich am Strand einbuddeln, aber ich weigerte mich. Oder ich wollte ihn mit Sand bedecken, und er wollte nicht. Oder vielleicht doch. Meine Erinnerungen sind verschwommen.

Langsam fällt mir alles wieder ein. Irgendwann während der Nacht haben meine Arme versagt, und ich konnte das Zelt nicht länger halten. Keine Ahnung, wann der Wind nachgelassen hat. Ich weiß nicht, wann der Schnee aufgehört hat zu fallen, jetzt merke ich, dass er mich vorher unter sich begraben hat, entschlossen, sein Werk zu vollenden.

Ich setze mich auf die Knie, und über mir gleitet Schnee vom Zelt. Ich taste nach dem Reißverschluss am Zelteingang und robbe nach draußen. In dem grellen Licht ziehen sich meine Augen zusammen, als hätten sie vergessen, wie man sieht. Zuerst ist alles weiß. Keine Umrisse, keine Schatten, nichts außer einem so gleißenden Weiß, dass es in Wirklichkeit nicht weiß ist, sondern golden, silbern und irisierend violett. Sterne in allen Farben schießen auf mich zu.

Taumelnd komme ich auf die Füße, und nach und nach erscheinen Umrisse, die langsam genauere Gestalt annehmen. Verschwommene Kleckse verwandeln sich in eisglitzernde Wacholderbäume; graue, kniehohe Hügel entpuppen sich als struppige, von Schnee überhauchte Wermutbüsche. Felsen von der Größe eines Ölfasses ragen aus dem Boden wie Eisberge, die auf einem arktischen Meer treiben.

Jeder Muskel in meinem Körper schmerzt. Mein Mund schmeckt modrig. Meine Hände brennen wie Feuer, als ich den Schnee bei dem Wacholderbaum aufgrabe, wo mein Wasser lagert. Die dreiundsechzig verbleibenden Gallonen sind sämtlich steinhart gefroren. Ich schnappe mir zwei der kürzeren Hölzer wie die, aus denen ich den Rahmen des Regiestuhls gebaut habe, zerre sie zurück ins Zelt, krieche hinterher und stütze die Zeltwände mit den Brettern ab. Kein besonders guter Unterschlupf, aber zumindest brauche ich nicht länger die Zeltstange zu spielen. Ich sacke auf meinen Schlafsäcken zusammen. Mein Atem geht kurz und schnell und entlässt weiße Wolken in die Luft.

Könnte ich mir nur die Zähne putzen und dafür sorgen, dass sie zu klappern aufhören! Ich ertrage den Geschmack in meinem Mund nicht, aber selbst wenn ich mich erinnern könnte, wohin ich die Zahnbürste gesteckt habe, hätte ich trotzdem nur Eis zum Putzen. Alles, was der Regen durchnässt hatte, ist jetzt gefroren – auch die Geschirrtücher, meine Kleider, die Schuhe, Handschuhe und Strickmütze.

Ich zittere am ganzen Körper und fürchte, meine Füße haben Erfrierungen davongetragen. Ich muss mich aufwärmen, bevor es zu spät ist. Ich brauche Kaffee, aber das Wasser im Topf ist gefroren. Es wird nur schmelzen, wenn mir wieder einfällt, wohin ich die Streichhölzer gepackt habe. Ich finde sie in einer Plastiktüte mit Druckverschluss, zusammen mit der Zahnbürste. Meine Finger sind so taub, dass ich drei Versuche brauche, um ein Streichholz anzureißen, aber schließlich fängt der Gasbrenner einen Funken auf und erwacht flackernd zum Leben. Ich reibe meine Hände über der Flamme, aber ich spüre die Wärme kaum. Der Kocher kommt nicht gegen die Kälte an. Ich entzünde die zweite Gasflamme und dann die Laterne – alles, was Wärme erzeugt –, aber es reicht nicht. Die Hitze, die ich brauche, kann nur ein Feuer spenden. Ein Feuer oder warme, trockene Decken. Aber beides ist gleichermaßen unmöglich.

Bestimmt haben Bret und Dana die Behörden benachrichtigt. Ich brauche nur zu warten. Außerdem bin ich nicht in der Lage, fünf Meilen zu laufen, und wenn ich in eine Schneewehe stolpere und die Straße nicht finden kann, werde ich die Nacht nicht überleben. Aber wenn sie nicht bald kommen, werde ich zu Stein und Bein frieren wie die Wasserflaschen. Ich brauche ein Feuer, koste es, was es wolle. Ich muss um jeden Preis trockenes Holz finden.

Meine Füße sind so angeschwollen, dass sie sich kaum in die Reeboks quetschen lassen, oder die Schuhe sind steif gefroren, ich weiß es nicht. Selbst gefroren sind sie eine bessere Wahl als die Cowboystiefel, deren glatte Sohlen im Schnee rutschen. Meine Füße schreien bei jedem Schritt auf, als ich die Wand des Canyons zum Pisa-Felsen hinaufsteige. Dort sehe ich vier abgestorbene Wacholderbäume, die sich wie Vogelscheuchen vor dem Schnee abheben. Die werden brennen, wenn ich es schaffe, sie zu holen.

Je höher ich den Hang zu den Wacholderbäumen hinaufklettere, je kleiner und flacher kommt mir das Häuflein roten Nylons hinter mir vor. Mein Körper hätte leblos darin liegen können, und einen Moment überkommt mich das eigenartige Gefühl, dass dem tatsächlich so ist. Meine Leiche liegt unter dem Nylon, nutzlos und tot, und ich schwebe hoch darüber und schaue mir die Person an, die ich einmal gewesen bin. Ich stelle mir vor, wie ich aussehe, zusammengerollt in der Fötusstellung, in der ich während der letzten Minuten meines Lebens Frieden gesucht habe; meine Augen sind geschlossen, die Finger entspannt, und meine Ponyfransen hängen über meine Stirn wie gefrorenes Heu. Sie tut mir Leid, die Frau, die im Sturm gestorben ist. Aber ihre Zeit war gekommen.

Als ich in den Canyon hinunterblicke, in dem sie ihre letzten Atemzüge getan hat, überfällt mich plötzlich eine Erkenntnis mit solcher Klarheit wie nie zuvor. Eine Erkenntnis, die ich sogar heute nicht wirklich begreife, sondern nur registriere: Eines Tages wird es nichts ausmachen, wie hart ich kämpfe. Einmal werde ich sterben.

Ich starre meine Finger ebenso eingehend an, wie ich am Tag von Tonys Geburt seine Hände untersucht habe: überwältigt von Dankbarkeit, dass alle zehn Finger funktionierten, und voller Ehrfurcht vor der Schöpfung solch winziger Wunderwerke aus Fleisch und Blut. Ich lehne mich mit meinem ganzen Gewicht auf einen Ast an dem ersten toten Wacholderbaum und staune darüber, dass etwas, das nicht mehr lebt, mir dennoch Leben schenken wird, so wie lang entschwundene Urwälder eine ganze Welt mit Öl versorgen. Der Ast rührt sich kaum. Ich schlinge die Arme darum, hebe die Füße vom Boden und springe so heftig ich kann. Es kommt mir wie ein Wunder vor, dass ich am Leben bin und meine Kraft gegen die eines Baumes setzen kann. Als der Ast endlich bricht und ich ihn auf die Schulter hebe, um ihn in mein Lager zurückzuschleppen, brennen meine Lungen vor Erschöpfung. Aber der Schmerz macht mir nur bewusst, dass ich Schmerz fühlen kann. Ich bin am Leben und in der Lage, ihn zu empfinden.

Durch einen Glücksfall ist der Beutel mit den Zeitungen im Regen nicht durchweicht worden, und die in der Mitte des Stapels sind nicht gefroren. Ich schüttle den Schnee von ein paar abgestorbenen Wermutbüschen, und sie knacken in den Flammen des Papierfeuers. Endlich spenden mir die toten Wacholderzweige die Wärme, die mein Körper braucht. Meine Füße allerdings bleiben vollständig gefühllos, obwohl ich sie direkt übers Feuer halte.

Ich verstehe nicht, wo die Rettungsmannschaften bleiben. Der Himmel ist vollkommen klar und still. Es dürfte keinen Hinderungsgrund geben, einen Hubschrauber in das Gebiet zu schicken. Aber als ich meine Blicke durch den Canyon schweifen lasse und mir überlege, wo der Riesenvogel landen könnte, geht mir auf, dass der Sturm in Wirklichkeit nur wenig Spuren hinterlassen hat. Der meiste Schnee scheint auf das dreihundert Quadratmeter große Gebiet gefallen zu sein, das ich mein Eigen nenne – einen Umstand, den ich im selben Winkel meines Gedächtnisses registriere wie die gestrige Überschwemmung, die sich ausschließlich auf mein Zelt beschränkt hat. Überall sonst überzieht nur eine dünne Schneeschicht den Boden, und die Felsen sind nackter Stein. Der Pisa-Fels ist nur ein wenig bestäubt.

Bret und Dana wohnen fünfundzwanzig Meilen entfernt, auf einer Anhöhe, die siebenhundert Meter tiefer liegt. Gut möglich, dass der Sturm dort nicht annähernd so heftig getobt hat wie hier. Die beiden haben möglicherweise gar keine Ahnung, dass ich Hilfe brauche. Angesichts der Tatsache, dass in dem stillen Canyon keine ratternden Helikopterflügel zu hören sind, ist das sogar wahrscheinlich. Vielleicht werde ich nicht gerettet, sondern muss mir selbst helfen.

Diese Realität geht mir nur langsam auf, zum Teil, weil ich noch nie darüber nachdenken musste, was es tatsächlich heißt, mich selbst zu retten. In der dritten Klasse lernte ich die wichtigsten Elemente fürs Überleben auswendig, so wie ich mir die Vokale des Alphabets einprägte: Nahrung, Obdach, Kleidung, Liebe, a, e, i, o, u, manchmal y und gelegentlich auch w. Meine Lehrerin, Mrs. Darling, bestand darauf, das W aufzunehmen, obwohl mir noch nie ein Wort begegnet ist, in dem das W als Vokal vorkommt. Sie beharrte auch darauf, Liebe als einen Grundpfeiler des Lebens zu betrachten, und erklärte, sie sei das Element, ohne das am schwierigsten auszukommen sei.

Ihre Theorie ist sicherlich noch nie von jemandem überprüft worden, der mit nichts als einem zusammengesunkenen Zelt als Schutz eine Nacht in der Wüste überleben musste. Wahrscheinlich hat sie auch noch keine verbesserte Version aus Holz, Leinwand und sechs Zentimeter langen Nägeln bauen müssen.

Mein Plan sieht vor, aus den Zwei-mal-vier-Latten einen A-förmigen Rahmen zu bauen und das Vier-mal-vier-Holz als Mittelbalken zu benutzen. Ich schaufle den Schnee von dem Areal, mit dessen Einebnung ich gestern begonnen habe. Die Sonne scheint jetzt hell – nicht genug, um die Luft zu erwärmen, aber ausreichend, um mein Baugelände in sehr kalten Morast zu verwandeln. Der Schlamm ist zu viel für meine Reeboks, so dass ich sie gegen die Cowboystiefel austausche. Lange bevor ich den Boden eingeebnet habe, löst sich die Sohle des rechten Stiefels vom Oberleder, so dass er jetzt nicht besser aussieht als der linke. Der eiskalte Matsch dringt zwischen meine Zehen, und ich schimpfe mit mir, weil ich in der Abteilung Fußbekleidung geknausert habe. Ich hätte es besser wissen sollen. Eigentlich hatte ich es besser gewusst. Gute Schuhe sind kein Schummeln.

Als die Sonne die Hälfte ihres Wegs über den Himmel zurückgelegt hat, habe ich den Rahmen gebaut. Er sieht aus wie ein Miniatur-Schaukelgestell ohne Schaukeln. Sollte ich jemals eine Schaukel als Geschenk einpacken müssen, werde ich dieselbe Methode anwenden, mittels der ich jetzt den Rahmen mit Leinwand beziehe. Ich breite den Stoff auf dem Boden aus, hebe den Rahmen auf meine Schulter – ich werde kaum mit dem Gewicht fertig –, setze ihn auf die Zeltleinwand und ziehe den Stoff über den First hoch.

Wie ich befürchtet habe, sind die Nägel einfach zu groß, und wo ich sie einschlage, reißt die Plane. Wenn Wind weht, flattert der Stoff so heftig, dass das Gestell aussieht wie ein wilder Truthahn, der zum Flug ansetzt. Keine Ahnung, wie lange die Konstruktion zusammenhalten wird. Das andere Problem ist die Tür. Aus der einzigen verbleibenden Plane fabriziere ich ein Dreieck, das ungefähr die Größe der vorderen Öffnung hat, und nagele die Spitze und den oberen Teil an den Rahmen. Auch dieses Stück flattert in der Brise, was wäre während des Blizzards letzte Nacht daraus geworden? Ich kann es mir denken.

Als ich die fertige Hütte inspiziere, bin ich nicht sicher, ob ich meine Lebensumstände signifikant verbessert habe. Mein Unterschlupf erinnert mich vage an die Bilder von Behausungen der Gosiute-Indianer, die ich einmal gesehen habe. Als die ersten weißen Siedler die Rocky Mountains überquerten, um in die Great Salt Lake Desert zu strömen, trafen sie die Gosiute an, die in kleinen Familiengruppen über die ganze Region verstreut lebten. Die Gosiute errichteten einfache Hütten, die sie Wickiups nannten. Sie bestanden aus Ästen, die ähnlich einem Tipi zusammengefügt waren, aber niedriger, und da sie weder über Büffelnoch Hirschfelle verfügten nur mit Buschwerk gedeckt. Die Weißen erklärten sie zu den ärmsten und erbärmlichsten aller nordamerikanischen Indianer.

Ich sitze auf einem Stapel zusammengelegter Zeitungen und blicke in die Flammen meines Lagerfeuers in dem Wissen, dass sich in alter Zeit die Bewohner derselben Wüste auch um diese Leben spendende Kraft versammelten. Meine Lehrerin in der dritten Klasse hat niemals das Feuer als Lebensnotwendigkeit erwähnt, wohl, weil sich außerhalb der Wüste die Bedeutung des Feuers seit der Vorzeit verändert hat. Selbst in der dritten Klasse wusste ich, dass man nur einen Schalter zu bedienen brauchte, um es sofort warm zu haben – nicht nötig, sich um ein Feuer zu versammeln. Meine Mom kochte, indem sie einen Knopf drehte; sie brauchte nicht sorgfältig die Glut für die Mahlzeiten am nächsten Tag zu hüten. Meine Familie liebte es, gelegentlich ein Feuer im Kamin anzuzünden. Wir kauften sogar jeden Herbst gehacktes Holz, das ein Mann mit einem Tieflader anlieferte. Wie habe ich genörgelt, weil ich Dad helfen musste, es in der Garage zu stapeln! Aber ich habe nie verstanden, dass ein Feuer zum reinen Vergnügen auch in modernen Zeiten puren Luxus darstellt.

Die Flammen werden kräftiger und beginnen die Feuchtigkeit aus dem nassen Holz zu ziehen. Winzige Bläschen bilden sich, bersten und verdampfen im Rauch. Ihr leises melodisches Zischen klingt seltsam wie ein Hallo. Hallo, scheint das Feuer zu wispern, hallooo, und ich verstehe, warum alte Völker glaubten, tief in der Mitte des Feuers wohne ein Geist.

Hallooo …

Werden meine Ohren sich jemals an die Stille in der Wüste gewöhnen? Nein, dieses Geräusch bilde ich mir nicht ein. Es klingt wirklich wie »Hallo«. Es klingt wirklich nach menschlichen Stimmen. Aus dem Feuer. Hallooo. Es ist lauter geworden.

Ich drehe mich um und lasse den Blick über die Wände des Canyons schweifen. Der Wind, es muss der Wind sein. Aber der Wind hat sich beruhigt, selbst das Nylonzelt bewegt sich nicht. Hallooo, höre ich noch einmal. Das ist nicht der Wind und auch nicht das Feuer.

Die Sonne, die inzwischen halb hinter den hohen Bergen im Westen versunken ist, wirft lange, breite gelbe Streifen über den dunkelnden Himmel, und der Canyon liegt teilweise im Schatten. Ich hebe die Hand über die Augen und versuche angestrengt, Wermutbüsche von Felsen zu unterscheiden. Da, diese zwei, weiter unter im Canyon, diese zwei Büsche … Einer ist größer als der andere. Ich kann mich nicht erinnern, ob sie vorher schon da waren. Ich kann nicht sagen, ob sie sich bewegen. Vielleicht – vielleicht auch nicht – ich weiß es wirklich nicht.

Hallooo … Jemand zu Hause?

Und jetzt kommen die Wermutbüsche näher, und ich erkenne zwei Bündel aus Mänteln, Schals und Mützen. Die Stimme wird deutlich. »Geht es Ihnen gut?« Die kleinere Gestalt wickelt einen Schal ab und enthüllt Danas besorgtes Gesicht. »Wir hatten keine Ahnung. Bei uns hat es schlimm gestürmt. Wir wussten nicht, ob Sie …«

»Sind so schnell wie möglich gekommen«, erklärt Bret und macht seinen Schal auf. »Der Truck ist nicht mit dem

Schnee fertig geworden. Wir sind die letzten zwei Meilen gelaufen. Bin ich froh, Sie heil wieder zu sehen!«

»Ich habe dir doch gesagt, wir hätten Hilfe holen sollen.« Dana schüttelt den Kopf und wendet sich dann an mich. »Aber er meinte, wir wären genauso schnell hier …«

»Ich habe gesagt, Sie würden nicht wollen, dass ich die Kavallerie alarmiere, solange es nicht absolut notwendig ist«, wirft Bret ein, aber der Zweifel steht deutlich in seinem Blick.

Ich muss gegen die Tränen kämpfen, die mir ohne Vorwarnung in die Augen geschossen sind. »Meine Zeltstangen sind im Wind gebrochen. Zuerst die eine, dann die andere. Ich habe das Zelt die ganze Nacht hochgehalten.«

»Mein Gott«, keucht Dana. »Sie hätten ja …«

»Alle Wasserflaschen sind zu Eisblöcken gefroren«, fahre ich fort. »Meine Schlafsäcke sind nass, meine Stiefel sind undicht, meine Füße sind taub, aber ich habe heute eine Hütte gebaut. Besser ging es nicht, weil ich die falschen Heftklammern mitgebracht habe, aber vielleicht hält sie zusammen, solange kein weiterer Sturm kommt.«

»Sie denken doch nicht ernsthaft daran …«, entfährt es Dana, und sie sieht Bret in unausgesprochener Übereinstimmung an. Schweigend schreitet Bret um den Unterstand, und zum ersten Mal wird mir klar, dass mein Lagerplatz aussieht wie eine Szene aus dem Zeichentrickfilm *Die drei kleinen Schweinchen.* Der Haufen in der einen Ecke, der früher einmal mein Zelt war, ist das Häuschen aus Stroh des ersten kleinen Schweinchens, das in Stücke fiel, als der große böse Wolf schnaufte und pustete. In der anderen Ecke steht meine neue Hütte, das Werk des zweiten kleinen Schweinchens: braune Zeltplane über einem wackligen Rahmen. Das Backsteinhaus gehört leider nach wie vor ins Reich der Märchen.

»Hören Sie«, beginnt Bret, an mich gewandt. »Ich will Ihnen keine Vorschriften machen, und die Entscheidung steht mir nicht zu. Aber ich kann Ihnen nicht raten, hier zu bleiben. So früh im Jahr hat niemand mit einem Blizzard gerechnet. Und ich will Ihnen nicht vorlügen, dass kein zweiter kommen wird. Denn passieren könnte es. Sie sind einfach nicht auf ein Unwetter eingerichtet.«

»Warum kommen Sie nicht mit zu uns?«, bietet sich Dana an. »Wenigstens für eine Nacht. Duschen Sie, so lange sie wollen. Wärmen Sie sich auf, schlafen Sie in einem schönen weichen Bett, und morgen früh entscheiden Sie, ob Sie wirklich bleiben wollen.«

Ich brauche nur das erlösende Wort auszusprechen. Ein Marsch von zwei Meilen zu einem geheizten Auto, eine Stunde Fahrt bis zu einer heißen Dusche. Ich kann die Wüste hinter mir lassen, die Hütte aus Zeltleinwand, den Haufen aus Nylon und zerbrochenen Stangen. Alles hinter mir lassen und zurückgehen.

Aber zurück wohin?

Zum zweiten Mal an diesem Tag überkommt mich ein seltsames Gefühl, und wieder komme ich mir vor, als schwebte ich über der Szene am Grund des Canyons. Noch einmal stelle ich mir eine Frau vor, die tot zwischen den Resten meines Zelts liegt. Wie eigenartig, dass ich sie so gut kenne. Hätte sie entscheiden können, sie hätte die Wüste von einer Sekunde auf die andere verlassen. Nach einer langen heißen Dusche hätte sie von der Naturschutzstation aus ihre Eltern angerufen. »Mom? Dad? Ich habe es nicht geschafft. Ich musste aufgeben.« Sie hätte sich dazu überwinden können, denn schließlich war es nichts Neues für sie aufzugeben. Sie hatte niemals etwas wirklich erfolgreich abgeschlossen. Nie hatte sie etwas wirklich Bemerkenswertes vollbracht. Warum sollte es dieses Mal anders sein?

Diese Frau hätte den Schluss gezogen, Gott wollte, dass sie aufgab. Der Regen und der darauf folgende Sturm waren bestimmt kein Zufall gewesen. Sie würde zurückkehren und versuchen, das Beste aus ihrem Leben zu machen. Vielleicht würde sie sich mit Jerry versöhnen, obwohl sie wusste, dass ihre Liebe irgendwann sterben würde, weil sie ihre Probleme nicht gelöst hatte. Vielleicht würde sie sich einen Job suchen. Vielleicht würde sie weiter von ihren Kreditkarten leben und ohne Sinn und Ziel durch die Welt fahren – weil sich für sie nichts geändert hatte.

Sie hatte niemals vorher so sehr an etwas geglaubt, dass sie ihr Leben riskiert hätte, um es zu erreichen. Sie wäre nicht hier geblieben.

Diese Frau hat aufgegeben. Sie ist im Sturm gestorben.

Ich habe überlebt. Ich bin die Frau, die sie hätte sein können.

Ich selbst bin meine zweite Chance. Warum ich sie verdient habe, weiß ich nicht, aber ich habe nicht vor, sie zu vertun.

»Eigentlich möchte ich lieber bleiben.« Ich wappne mich für eine Diskussion, aber Bret und Dana nicken nur, als hätten sie mit meiner Antwort gerechnet.

»Wenn Sie das wollen«, meint Dana, »dann nehmen Sie besser das hier.« Sie zieht ihren Parka aus. »Angeblich soll der einen bei minus dreißig Grad am Leben halten. Auf dem Rückweg zum Truck kann Bret mich wärmen.«

»Das kann ich nicht annehmen«, beginne ich, aber ich weiß, dass sie Recht hat. Ich brauche die Jacke.

»Es wäre eine Hilfe«, stimmt Bret zu. »Ich muss allerdings sagen, dass ich mir Sorgen mache, Ihnen könnte mächtig schnell das Feuerholz knapp werden.«

»Sie haben Recht«, antworte ich. »Zwei von den toten Wacholderbäumen habe ich schon verbrannt, und ich weiß nicht, was ich anfangen soll, wenn ich die anderen beiden verbraucht habe.«

»Ihre Hütte bringt mich da auf eine Idee«, erklärt Bret. »Ich habe einen Holzofen, zwar nur einen kleinen, aber er heizt gut, und das mit einem Bruchteil des Brennstoffs, den Sie für ein Lagerfeuer brauchen. Mein Dad pflegte ihn mitzunehmen, wenn er zum Fallenstellen ging. Er gibt immer noch gern damit an, dass er den Ofen anfeuerte, den Zelteingang so weit wie möglich öffnete, sich nackt auszog und den Schnee auslachte, der um ihn herum fiel. Könnte genau das Richtige für Ihre Hütte sein. Es würde zwei oder drei

Tage dauern, bis ich ihn hier heraufschaffen kann, und ich müsste irgendwie ein Ofenrohr improvisieren. Ich werde auch mal auf meiner Werkbank kramen. Vielleicht finde ich noch ein paar Heftklammern für Sie.«

Ich kann nicht anders und falle den beiden um den Hals; zuerst Bret, der mir als Antwort verlegen auf den Rücken klopft, und dann Dana, deren perlendes Lachen sich an meinem Ohr warm anfühlt.

Fünfzehn Minuten nach ihrem Eintreffen lassen die beiden mich wieder allein. Noch lange nachdem sie zwischen den Schatten verschwunden sind, höre ich den Schnee unter ihren Schritten knirschen. Wo der Schnee einst makellos lag, ist er jetzt angetaut und zeigt zwei Reihen von Fußspuren; eine führt in den Canyon herein und die andere wieder hinaus. Wie rasch sich doch die Welt verändern kann, sogar in der Wüste. Von einem Moment zum anderen ist aus Eins Drei geworden, und im nächsten Augenblick ist Drei wieder Eins.

All diese Veränderungen sind zu viel für mich. Ich bin erschöpft. Meine Füße schmerzen höllisch und schwanken zwischen Taubheit und purer Tortur. Ich ziehe einen der Turnschuhe aus, dann den anderen und stelle sie auf einen Stein neben dem Feuer. Fast sofort steigt Qualm auf und singt zischend sein eigenes Lied. Als Nächstes lege ich bei diesem Striptease die Socken ab. »Mehr kriegst du aber nicht zu sehen«, erkläre ich dem Feuer.

Auf dem Propankocher erhitze ich Wasser in der Bratpfanne. Nicht zu heiß, erinnere ich mich. Nur lauwarm. Einen nach dem anderen stelle ich meine Füße zum Aufwärmen hinein. Ich bin froh über den Schmerz, den ich fühle, als sie langsam warm werden. Schmerz ist ein gutes Zeichen. Wenn ich mir jetzt eine Nadel in die Ferse stäche, würde ich das spüren, also können die Erfrierungen nicht so schlimm sein.

Ich sehe zu, wie sich die Dunkelheit über den Canyon senkt. Am samtblauen Himmel blinkt der erste Stern, der Mond wirft einen sanften Schein auf die hoch aufragenden

Wände und lässt den Pisa-Felsen weiß wie Knochen erscheinen. Ich betrachte die zerklüfteten Felsen; mein Lagerfeuer tut sich mit dem Mondlicht zusammen und verwandelt Felssimse in Nasen und Vertiefungen in Augen. Augen, die mich beobachten, Augen, die etwas wissen, das ich nicht weiß. Gesichter in der Felswand, so alt wie die Zeit – vielleicht das Werk derselben Hexe, die vor Äonen den Riesen in Stein verwandelt hat. Vielleicht habe ich sie ja falsch beurteilt. Vielleicht war sie gar nicht böse, sondern konnte einfach den Gedanken nicht ertragen, allein zu sein.

8. Kapitel

Tag 4, 14. November, vor Sonnenaufgang

Der einzige Hinweis darauf, dass ich tatsächlich geschlafen habe, ist die Erinnerung an kurze, verzerrte Szenen aus einem Traum, aus dem ich plötzlich in kalten Schweiß gebadet aufgewacht bin. Die Einzelheiten verschwinden und hinterlassen nur vage Eindrücke davon, dass ich in dunkle Tunnel gejagt werde, in Zeitlupe renne und nicht entkommen kann. Wovor, das weiß ich nicht mehr. Ich liege im Dunkel, höre meinen eigenen Atem und spüre entsetzliche Furcht vor der Stille, die mich am Tag verunsichert. Von neuem lerne ich, was ich als Kind nur allzu gut wusste: Die Nacht lässt alle Ängste schlimmer erscheinen.

Angesichts des Unwetters und des Blizzards hatte ich keine Zeit, mich vor etwas anderem zu fürchten als dem Wetter. Aber nachdem diese unmittelbaren Gefahren vorbei sind, richtet sich meine Vorstellungskraft auf die Kreaturen der Wüste. Ich bin überzeugt, sie lauern gleich vor meiner Hütte, beobachten mich, lauschen. Bestimmt haben sie an meinem veränderten Atem, meinem beschleunigten Herzschlag erkannt, dass ich wach bin, und warten darauf, dass ich mich in dem Moment zeige, in dem ich am verletzlichsten bin. Am meisten fürchte ich mich vor Berglöwen, obwohl ich überzeugt bin, dass ich auch Füchse, Dachse und Stinktiere zum Sprung bereithalten. Mein Dad würde sagen, dass ich von Glück reden kann, wenn ich auch nur einen Blick auf eins davon erhasche – die seltene Chance, Wildtiere in ihrer natürlichen Umgebung zu beobachten –, aber ich hege nicht den Wunsch nach einer solchen Gelegenheit. Dies ist ihre Welt, und möglicherweise sind sie nicht begeistert, dass ich mich darin aufhalte. Obwohl der Druck in meiner Blase steigt, würde ich ohne den Schutz des Tageslichts meine Behausung für nichts in der Welt verlassen.

Ohne die Luftmatratze trennt nur eine Zeltplane meine Schlafsäcke vom nackten Boden, einem Grund, der so kalt und hart ist wie ein Eisklotz. Seine bittere Kälte kriecht durch jede Faser der Schlafsäcke, bis sie meinen Körper erreicht. Dass die Schlafsäcke immer noch klamm sind, ist dabei wenig hilfreich. Jede Wärme, die mein Körper aufbringt, wird gleich wieder durch die Feuchtigkeit aufgesogen. Am unteren Ende, wo auch der Innenschlafsack durchnässt ist, haben meine Füße keine Chance gegen die Kälte. Ich habe sie in Danas Parka gewickelt, aber das reicht nicht.

Im Pfadfindercamp begannen die zähesten unter uns Mädchen den Morgen mit Eisbärschwimmen, einem Hechtsprung in den Puget-Sund, bevor die Sonne auch nur die seichten Stellen erwärmt hatte. Die Kälte versetzte einem einen Schock. Unser Geschrei weckte die anderen Camper am Ufer, die so gescheit waren, lieber eine halbe Stunde länger zu schlafen. Fünf Minuten, länger hielt es keine aus. Dann hüpften wir an den Strand, wickelten unsere kältestarren Körper in Handtücher ein und rannten zu den Duschen. Fünfzehn Minuten nach dem Sprung ins Wasser war uns wieder warm, und wir konnten beim Frühstück aus Pfannkuchen und Rührei damit angeben, wie abgehärtet wir waren. Aber wir dachten nie darüber nach, was passieren würde, wenn wir nicht nach fünf Minuten aus dem eisigen Wasser hätten springen können.

Die Art Kälte, die jetzt durch meine Schlafsäcke dringt, ist beinahe noch schlimmer. Sie wird mich nicht umbringen, lässt mir aber auch keinen Augenblick Ruhe. Es hilft auch nicht, in meinen Kleidern zu schlafen, sogar mit meiner Mütze.

Das Lagerfeuer gestern Abend hätte das Blatt beinahe zu meinen Gunsten gewendet. Aber das Feuer hat auch den letzten der abgestorbenen Wacholderbäume verbraucht. Ich habe nicht die Kraft, nach Holz zu suchen, das unter den schweren Ästen lebender Bäume eventuell trocken geblieben ist. Tatsächlich habe ich fast überhaupt keinen Antrieb. Ich nehme an, Schlafmangel ist der Grund, aber andererseits habe ich schon früher zu wenig geschlafen, ohne diese Übelkeit und Schwäche zu spüren. Wäre da nicht der Druck in meiner Blase, der schmerzhaft zu werden beginnt, würde ich mich wahrscheinlich überhaupt nicht rühren. Als die ersten Sonnenstrahlen die Wände erhellen, bin ich erleichtert.

Das Dreieck aus Zeltstoff, die so genannte Tür, hängt schlaff an dem Nagel, den ich in den Mittelbalken geschlagen habe. Jetzt kommt sie mir richtig jämmerlich vor, sowohl im Hinblick darauf, Wärme zu bewahren, als auch um potenzielle Raubtiere abzuhalten. Diese so genannte Tür hat eine zentrale Rolle in meinen nächtlichen Alpträumen gespielt. Ein Berglöwe könnte einfach hereinspazieren, als wenn ihm dieser Platz gehörte, und ich wäre nicht in der Position, Einwände zu erheben.

Wäre ich gescheit gewesen, hätte ich meinen Unterstand kopfhoch gebaut. Dann könnte ich zumindest in der Mitte stehen. Das war tatsächlich mein ursprünglicher Plan gewesen, und ich hatte geglaubt, dem Mann im Baumarkt, der das Holz zuschnitt, die richtigen Maße gegeben zu haben. Aber irgendwo zwischen Rohmaterial und fertigem Ergebnis ist die Hütte auf ungefähr einen Meter fünfzig Höhe geschrumpft. Ich bin einen Meter zweiundsiebzig groß.

Ich knie mich hin, schiebe die Eingangsklappe beiseite und rutsche in geduckter Haltung hindurch, ehe ich Gelegenheit bekomme, aufrecht zu stehen. Bestimmt erklärt dieses plötzliche Stehen, warum mir schwindlig wird. Ein oder zwei Sekunden wird alles finster um mich, und meine Knie lassen mich im Stich. Ich muss mich an der Hütte festhalten, um nicht umzufallen. Eine Minute später habe ich mein Gleichgewicht wiedergewonnen. Der verschwommene rote Fleck – mein Nylonzelt, das immer noch von den Holzresten abgestützt wird – ist wieder klar zu erkennen, und ich gehe ein paar Schritte, um meine Beine zu testen. Dann stolpere ich an dem Zelt vorbei an einen bestimmten Platz dahinter, gleich hinter der nordwestlichen Grenze meines selbst gewählten Reviers, und hocke mich auf den Boden.

Unter allen Campingausflügen meiner Familie war es nur bei einem nötig, sich eines klappbaren Toilettenstuhls zu bedienen – in dem Sommer, als wir auf Lewis' und Clarkes Spuren im Kanu den Missouri hinunterfuhren, dem Sommer, in dem ich in der Angst lebte, von einer Klapperschlange ins Hinterteil gebissen zu werden, und den hilfreichen Toilettenstuhl über alles zu schätzen wusste. Keinen Moment betrachtete ich das als Schummeln. Als ich meine Ausrüstung für diese vierzig Tage zusammentrug, hatte ich daran gedacht, eine solche Vorrichtung einzupacken. Aber bis auf den Umstand, dass ich sie in einen normalen Stuhl hätte verwandeln können – was zwar nicht bequem gewesen wäre, aber zumindest hätte ich auf etwas anderem sitzen können als dem Boden –, bin ich sehr froh, dass ich sie nicht mitgenommen habe. Ich wäre mir absolut dumm damit vorgekommen.

Ich sehe das Bild vor mir, wie ich mitten in der Wüste auf einem Klostühlchen sitze, die Hosen bis auf die Füße hinuntergelassen. Tatsächlich habe ich eine ziemlich genaue Vorstellung davon, wie ich aussähe, weil ich mich einmal in einer bemerkenswert ähnlichen Lage befunden habe.

Meine Familie lebte ungefähr acht Straßen von meinem Kindergarten entfernt, und ich ging den Weg zusammen mit vier Nachbarsmädchen. Mein Problem war meine schwache Blase. Manchmal schaffte ich es nicht nach Hause, ohne mir die Hosen nass zu machen. Dann kam ich tränenüberströmt heim, denn natürlich hatten die Nachbarskinder sich über mich lustig gemacht. Debbie, Debbie, macht in die Hose!

»Wenn du mal musst«, sagte meine Mom, »dann geh in die Büsche.«

Natürlich spürte ich am nächsten Tag wieder diesen schrecklichen Druck auf die Blase, aber meine Mutter hatte nicht berücksichtigt, dass keine Büsche vorhanden sein könnten. Zufällig war auf unserem Heimweg ein offenes Rasenfeld zu überqueren, das bevölkert war von riesigen Jugendlichen aus der Junior High School, die dort Football trainierten. Meine Freundinnen und ich hatten das Feld zur Hälfte durchquert, und ich war verzweifelt. Nie würde ich es bis auf die andere Seite schaffen. Und dann schoss mir eine Idee durch den Kopf: Am Morgen hatte es geregnet, und ich hatte einen Schirm bei mir.

Also entfernte ich mich so unauffällig wie möglich von den Nachbarsmädchen und hielt auf den Spielfeldrand zu, ungefähr auf Höhe der Fünfundvierzig-Yard-Linie. Dort öffnete ich den Schirm, setzte ihn auf den Boden, hockte mich dahinter, hob den Rock, ließ die Unterhosen hinunter und schritt zur Tat. Ich muss halb fertig gewesen sein, als die Nachbarsmädchen den Schirm schnappten und davonrannten.

Das Gelächter meiner Freundinnen wäre schon schlimm genug gewesen. Aber auch die jugendlichen Footballspieler, die Cheerleaderinnen, die am anderen Ende des Feldes übten, der größte Teil meiner fünfjährigen Klassenkameraden und deren Brüder und Schwestern aus den höheren Klassen – praktisch jeder Mensch aus meiner kleinen Kindergartenwelt – hatte mich gesehen, lachte und intonierte: Debbie, Debbie, macht in die Hose!

Was machen all diese Kinder wohl heute als Erwachsene? Was wird aus Footballspielern und Cheerleadern an der Junior High School? Erinnern sie sich an diesen Tag, sehen sie mich so deutlich vor sich wie ich sie? Vielleicht wären sie erstaunt, mich jetzt zu erblicken. Ich hocke immer noch auf dem Boden. Aber ich möchte ihnen mitteilen, dass ich zumindest die Würde aufbringe, nicht mitten in der Wüste auf einem Klostühlchen zu sitzen.

Das einzige Problem ist, dass der Boden zu tief gefroren ist, um ein Loch zu graben. Zum Glück brauche ich nur Flüssigkeit abzulassen – und da fällt mir ein, dass das schon seit meiner Ankunft so ist. Eigentlich nicht überraschend, denke ich, als ich überschlage, wie viele Mahlzeiten ich seitdem zu mir genommen habe. Da war die Schüssel Reis und Kichererbsen am ersten Abend und … und …

Seit drei Tagen habe ich nichts gegessen?

Ich stehe auf, und von neuem überwältigt mich der Schwindel. Ich halte mich an einem Wacholderbaum fest und warte darauf, dass die Dunkelheit sich lichtet und meine Beine mir wieder gehorchen. Dieses Mal dauert es volle fünf Minuten, und selbst danach ist mir noch übel.

Nachdem Bret und Dana gestern fort waren, hatte ich den Propankocher zusammen mit dem Kaffeetopf in die Hütte gebracht, den Kaffee selbst aber im Zelt vergessen. Eine Tasse Kaffee wird mich vielleicht aufwärmen. Nachdem ich mein Hinterteil dem Winterwind ausgesetzt habe, zittere ich in einem fort.

Ich kauere mich vor das Zelt und öffne mit einiger Mühe den Reißverschluss. Die Kaffeebüchse – ich habe mich für die Anderthalb-Kilo-Größe entschieden – liegt direkt hinter dem Eingang. Ich nehme sie und stehe auf. Dieses Mal wird es vollständig schwarz um mich.

Ich mache mir nicht die Mühe, mich festzuhalten, sondern versuche nur, den Sturz abzufangen. Später kann ich nur erraten, dass ich länger als eine Stunde dort lag, aber ich erinnere mich nicht, wie ich in den Unterstand zurückgekommen bin. Weder wie ich zurück in meine Schlafsäcke gelangt bin noch wie lange ich dort gelegen habe.

Als ich aufwache, fällt mir wieder ein, dass ich drei Tage nichts gegessen habe. Und mir wird klar, dass ich während der ganzen Zeit in der Wüste weniger als eine halbe Gallone Wasser zu mir genommen habe. Ich bin vollkommen ausgetrocknet – der älteste Trick, den die Natur auf Lager hat. Menschen sterben weit häufiger an Dehydration als durch Blizzards.

Das Leben schenkt einem nicht jeden Tag eine zweite Chance. Dafür, dass ich mich angeblich selbst retten will, habe ich mich unsagbar dumm angestellt.

*

Tag 6, 16. November, Nachmittag

In zwei oder drei Tagen wollte Bret den Holzofen bringen, also vielleicht heute. Als ich im Dunkeln aufwache, ist der Schlafsack rund um meinen Mund steif gefroren von meinem Atem. Ebenso allgegenwärtig wie die Kälte ist der Wind; beiden kann man nicht entrinnen. Während der letzten achtundvierzig Stunden hat er unablässig durch alle Felsspalten geheult. Und schlimmer noch, mit jedem Windstoß knallt die lose an den Rahmen geheftete Leinwand wie ein Segel, das die perfekte Bö erwischt hat, und füllt sich mit Luft wie ein Ballon, so heftig, dass ich erstaunt bin, dass mein Unterstand auf dem Boden bleibt. Nach den Windstößen sinkt der Stoff nicht einfach an den Rahmen zurück, sondern implodiert mit gleicher Heftigkeit, klatscht so laut an das Holz, dass ich zusammenzucke. Wieder und wieder, Explosion, Implosion. Ich sehne mich nach der Stille, die ich einst gefürchtet habe.

Nur die Hoffnung auf Wärme – Brets Verheißung von Wärme – hält meine Stimmung über dem Gefrierpunkt, und dabei weiß ich nicht einmal, ob der Ofen mir eine größere Hilfe sein wird als eine Blechbüchse, mit der man versucht, einen sinkenden Frachter auszuschöpfen. Ich habe drei Schüsseln Reis mit Kichererbsen gegessen und mich gezwungen, ständig zu trinken. Die Schwindelanfälle sind vorbei, aber geschwächt bin ich immer noch. Ich habe meine Füße in warmem Wasser gebadet, aber sie wollen partout kalt bleiben. Von Danas Parka musste ich mich trennen. Er steckt jetzt in dem größten der zahlreichen Löcher der Hütte, ein vergeblicher Versuch, den Wind in Schach zu halten.

Ich glaube, ich hasse diesen Ort.

Zu gern würde ich einmal diese Freiluftfanatiker in die Finger bekommen, die fordern, wir sollten alle eins mit der Natur werden. Eins werden, also wirklich. Wer auch immer das Gerücht in Umlauf gebracht hat, die Natur sei nichts als Segen, Entzücken und innerer Friede, hat versäumt, so unbedeutende Bestandteile wie Skorpione, Giftschlangen, Gewitter oder Tornados in seine Liste aufzunehmen. Eine Frau, die eins ist mit einem Blizzard, ist eine tote Frau.

Diese Menschen, die von der Güte der Natur schwärmen, stellen ihre Wohnwagen auf einen fünf mal sechs Meter großen Betonplatz, neben Hunderte anderer Betonplätze – nennen sie das eins sein mit der Natur? Hundert und ein Caravan, jeder mit seiner kleinen Satellitenschüssel, hübschem kleinen Vorzelt, an dem japanische Laternen baumeln, und einem drei mal dreieinhalb Meter großen Stück Kunstrasen davor, damit der Plüschteppich des Wohnwagens nicht mit Natur verschmutzt wird – heißt das eins sein? Denn wenn dem so ist, könnte ich jetzt ein bisschen davon vertragen.

Wie konnte ich mich vor drei Jahren, als ich die Wüste zum ersten Mal durchquerte, so frei fühlen? Frei? Nie im Leben habe ich mich so eingesperrt gefühlt. Ich will den Unterstand nicht verlassen. Ich traue mich nicht. Im Inneren dieser dünnen Wände kann ich wenigstens so tun, als wäre sie nicht da draußen – sie, die Wüste. Aber ja, sie ist da und spielt mit meinem Verstand, versucht mich allem zu entfremden, was ich je gewusst habe und gewesen bin, so dass mir die Welt, aus der ich gekommen bin, immer weiter und weiter entfernt scheint, fast so fern wie die Erinnerung an meine Träume, wenn ich aufwache.

Ich bin die Wüste, wispert der Wind. Ich bin so, wie die Welt war, bevor deine Art kam. Ihr habt eure eigene Welt erfunden, um mich zu ersetzen, eine Welt aus Arbeit und Regierungen und Bürokratien und gesellschaftlichen Strukturen und moralischen Systemen und Religionen. Ihr glaubt, eure Welt sei real, aber ihr habt keine Ahnung von der Wirklichkeit, weil ihr nichts von mir wisst. Wie seid ihr nur auf die Idee verfallen, man könne Land für Geld kaufen und verkaufen – als wäre Geld etwas Reales, als wäre es möglich, ein Stück des Universums zu besitzen? Wie seid ihr darauf gekommen, dass Moral etwas Wirkliches ist – als ob es möglich wäre, das Richtige zu tun?

Ich werfe mich in meinem Schlafsack hin und her und versuche den Wind zu ignorieren.

Ihr glaubt, ihr wisst, was Recht ist?, heult er. Die Sonne scheint auf die Felder des Farmers und spendet seinen Feldfrüchten Leben. Tut die Sonne das Richtige? Sollte sie stolz auf sich sein? Aber nun brennt sie auf den Rücken des Farmers und verursacht einen Sonnenbrand. Tut die Sonne nun etwas Falsches? Müsste sie sich schuldig fühlen?

Ich versuche zu widerstehen, aber ich kann nicht. Die Sonne kann nicht im Recht oder im Unrecht sein, aber trotzdem existieren Richtig und Falsch. Ermutigt durch meine Unwissenheit, holt die Wüste zum K.-o.-Schlag aus.

Der Kojote frisst das Lamm des Farmers. Der Farmer erschießt den Kojoten. Wer hat Recht? Wer hat Unrecht?

Ich weiß es nicht.

Ist es falsch zu töten?

Ja.

Dann befindet sich der Kojote im Unrecht?

Der Kojote tötet, um zu essen.

Also ist es richtig zu töten.

Nein, es ist richtig zu essen.

Dann ist der Farmer im Unrecht.

Er tötet, damit der Kojote seine Schafe nicht frisst.

Und trotzdem ist es richtig, dass der Kojote essen will.

Ja, aber der Farmer muss auch essen.

Dann sind sowohl der Farmer als auch der Kojote im Recht, wenn sie töten, obwohl es eigentlich falsch ist zu töten, weil das Bedürfnis zu essen höher steht als die Moral?

Wenn ich die richtige Antwort gebe, wird der Wind vielleicht schweigen, wird die Wüste mich in Ruhe lassen.

Ja, das Bedürfnis nach Nahrung steht jenseits der Moral.

Woher willst du das wissen?, kreischt der Wind, und ich spüre, wie eine weitere Schicht meines Selbst von mir abfällt, als bräche alles, was ich je gewusst und akzeptiert habe, um mich herum zusammen. Aber ich werde nicht nachgeben. Dies ist nicht meine Welt. Ich bin zivilisiert.

Dennoch fühle ich mich wie eine Wilde.

Ich stinke nach Schmutz und Schweiß, denn selbst in der Kälte schwitzen gewisse Körperstellen und andere produzieren ihre Flüssigkeiten. Ich kann mich riechen und weiß, dass mein Geruch vom Wind fortgetragen wird, bis er an weiche, feuchte Nüstern dringt, die die Luft einsaugen, um Beute zu wittern. Meine Haare sind nicht kurz genug, sie sind zwischen Kopfhaut und Mütze verfilzt. Meine Kleidung ist verknittert, denn ich trage Tag und Nacht dieselbe.

Ob mein Sohn sich für mich schämen würde? Ich frage mich, ob er das, was nach nur sechs Tagen an diesem Ort aus mir geworden ist, überhaupt wieder erkennen würde.

Während meiner Ehe mit James verließ ich kaum jemals das Haus ohne vollständiges Make-up. Ich trug teure Kleider und besuchte sogar Modekurse, um professionelle Anregungen für Kombinationsmöglichkeiten zu erhalten und zu erfahren, wie man Accessoires am effektvollsten einsetzt. Dort lernte ich Grundsätze wie »niemals Strumpfhosen unter offenen Schuhen tragen, wenn die Zehennägel lackiert sind«, was ich zusammen mit anderen Tipps augenblicklich als unumstößliche Wahrheit verinnerlichte. Als ich im Supermarkt eine Frau sah, deren mit Nylon bedeckte Zehennägel wie Kirschen zwischen den Riemen ihrer Sandalen hervorleuchteten, beugte ich mich zu meinem Sohn hinunter. »Wie geschmacklos«, flüsterte ich.

Das war die Mutter, die Tony kannte, bis ich nach dem Schreibseminar aus Denver kam und mich in einer Hütte in den Sierras einmietete. In der Hütte gab es keine Dusche, daher kaufte ich ein Kopftuch und band es mir nach Zigeunerart um die Haare. Am dritten Abend fuhr ich zwanzig Meilen in die nächste Stadt, um irgendwo eine Pizza zu essen. Die Kellnerin gab mir einen Platz genau in der Mitte des überfüllten Restaurants, umgeben von kichernden Teenagern, gestressten Eltern und schreienden Babys – und alle schienen augenblicklich zu verstummen, als ich in den Raum trat. Ich habe mir ihre neugierigen Blicke nicht eingebildet, und ich konnte auch nicht leugnen, dass ich normalerweise die Erste gewesen wäre, die eine einsame, schmuddelige Frau ohne Make-up und mit einem blauen Kopftuch – in der Öffentlichkeit! – für verrückt erklärt hätte. Am liebsten wäre ich auf einen Stuhl gestiegen und hätte geschrien: »So sehe ich normalerweise nicht aus!« Stattdessen setzte ich mich schweigend und gedemütigt hin und fragte mich, was die Menschen in dem Raum wohl von mir hielten.

Am nächsten Morgen beschloss ich, unbedingt zu duschen. Ich wollte wieder wie ich selbst aussehen und mich auch so fühlen.

»Die nächste Dusche ist beim YMCA«, hatte mir der Besitzer der Hütte bei meiner Ankunft erklärt. »Kostet fünf Dollar.«

Noch nie hatte ich mich so beschämt gefühlt wie an dem Tag, an dem ich beim Christlichen Verein Junger Männer an die Rezeption trat und bat, den Waschraum benutzen zu dürfen. Nur die Obdachlosen duschen beim »Y« – falls sie die fünf Mäuse zusammenkratzen können. Ich fühlte mich nicht wie die selbstbewusste, intelligente Frau, für die ich mich hielt, sondern wie ein heimatloses Kind. Konnte ich noch tiefer sinken? In diesem Moment wusste ich, dass ich nie wieder eine Person danach beurteilen würde, ob sie ihre Zehennägel knallrot anmalte oder Nylonstrümpfe zu offenen Sandalen trug. Nur die leichtfertigste aller Mütter würde ihre Kinder mit solchem Müll indoktrinieren, und ich beschloss, meinen Sohn nicht mit solch lächerlichen »Wahrheiten« aufwachsen zu lassen.

Nach meinem Job als Köchin in einem Ferienlager fuhr ich mit Tony nach Kanada und von dort aus weiter nach Alaska. Nach einer Woche im Zelt brauchten wir dringend eine Dusche. Ich schämte mich nicht, zum YMCA zu gehen, und mein Sohn ebenso wenig.

Aber jetzt bin ich dankbar, dass er nicht hier ist, mich nicht sieht. Ich habe sogar das Maß an Sauberkeit, das das YMCA akzeptieren würde, weit hinter mir gelassen. Ich habe alle Grenzen menschlicher Würde überschritten, die ich jemals für mich oder mein Kind gesetzt habe. Wäre mein Sohn hier, könnte ich nicht für ihn sorgen, weil ich kaum in der Lage bin, mich um mich selbst zu kümmern. Was soll ich also von der unendlichen Güte der Natur halten?

Ich fürchte mich vor dem, was mit mir geschehen wird, wenn die Wüste ihren Willen bekommt.

Ich habe Angst, mich durch ihre Augen zu sehen. Der Wüste ist es egal, ob ich schmutzig oder sauber bin, wie ich mich anziehe, ob ich bedeutende Freunde habe oder in einem Herrenhaus auf einem Hügel lebe. Nur in der Außenwelt werde ich über solche Kriterien definiert. In der Wüste sind sie nur Anmaßung, Fassade, fremde Währung, die nicht angenommen wird.

Die Wüste macht sich auch nichts daraus, für wen ich mich halte. Sie weiß nur, was ich wirklich bin. Sie hat mir meinen Regenschirm weggerissen, und einmal mehr befinde ich mich in der Mitte des Footballfeldes und fühle das absolute Entsetzen, allen Blicken ausgesetzt zu sein.

Ich wünschte, Jerry wäre hier. Er würde den Unterstand in Ordnung bringen und den Canyon nach Feuerholz durchkämmen. Jerry würde sich neben mich legen, mich wärmen und meine Füße massieren, bis das Gefühl in sie zurückkehren würde. Er würde mir sagen, dass ich mich nicht vor dem Wind zu fürchten brauche, und er würde nachts Wache halten, während ich schlafe. Jerry würde für mich sorgen, weil ich selbst nicht in der Lage dazu bin. Er würde alles für mich sein, weil ich nichts bin. Denn das hat die Wüste mir bewiesen.

In nur sechs Tagen hat die Wüste mir gezeigt, dass ich ein Nichts bin.

9. Kapitel

Tag 8, 18. November, bei Sonnenuntergang

Die Stoffwände liegen flach auf dem hölzernen Rahmen, endlich ruhig. Der Wind ist abgeflaut und wieder ist es vollkommen still. Langsam dringen die immer längeren Nachmittagsschatten, die die Wacholderbäume vor meinem Unterschlupf werfen, vor wie stumme Soldaten, die mich umstellen und dann das gesamte Zelt einnehmen. Jeden Tag geht das so. Sie gewinnen, ohne einen einzigen Schuss abzufeuern.

Ich versuche nicht mehr, mich zur Wehr zu setzen. Bei Tag verbringe ich Stunden damit, meine Aufzeichnungen zu schreiben, mir zum Mittagessen Hülsenfrüchte und Reis zu kochen und das bisschen Geschirr abzuwaschen. Aber wenn die Sonne untergeht, lasse ich zu, dass die Wüste mich vollständig in ihre Dunkelheit verschluckt. Ich zünde weder die Laterne an, noch mache ich Feuer. Beides wäre in der Wüste unterhalb des Canyons meilenweit zu sehen. Von dem Moment an, als Bret und Dana mir von dem Erdhörnchenmann erzählten, habe ich mich gefragt, wer wohl noch alles in der Wüste haust und wer davon mir Böses wollen könnte. Bei Nacht werden diese Fragen zur Besessenheit.

Vielleicht fürchte ich den Tod ja mehr denn je, weil ich ihm in dem Blizzard so nahe gekommen bin. Jede Nacht sterbe ich ein Dutzend Tode, wenn meine Fantasie den Bereich des Rationalen verlässt. Ein Kieselstein, der von den Felsen fällt, wird dann zu einem Erdrutsch, der mich lebendig begräbt. Mein Magenknurren verwandelt sich in das zornige Schnauben eines Berglöwen; das Kratzen eines Zweigs an der Leinwand meines Unterschlupfs sind die Klauen, mit denen er sich Einlass zu verschaffen sucht. Das Schlimmste aber sind die Geräusche, die ich noch nicht hören kann, die Schritte des Mitternachtskillers, die sich verstohlen meiner Hütte nähern, weiter und weiter, und wenn ich sie endlich höre, wird es zu spät sein.

James sagte immer, ich leide unter Verfolgungswahn. Nachdem wir die Spätnachrichten angesehen hatten, gingen wir zu Bett, und Stille kehrte ein. Manchmal bellte dann irgendwo in der Nachbarschaft ein Hund. Sofort spitzte ich die Ohren, hielt den Atem an und horchte, ob ein anderer Hund ihm antwortete.

»James«, flüsterte ich. »James. Da draußen ist jemand.«

Der Mitternachtskiller. Jede Nacht verlieh ich ihm in meiner Fantasie ein anderes Aussehen: Manchmal verlief eine gezackte Narbe über seine linke Wange, ein andermal besaß er nur einen einzigen gelben Vorderzahn. Ab und zu hinkte er wie der Glöckner von Notre-Dame, und dann wieder glitt er lautlos wie ein Windhauch durch die Straßen. Manchmal stellte ich ihn mir in einem Trenchcoat mit tiefen, ausgebeulten Taschen vor, dann wieder trug er einen Maßanzug. Seine wahre Absicht verriet nur das scharfe Glitzern in seinem Blick. Ganz egal, wie er vor meinem inneren Auge erschien, sein Ziel war immer dasselbe: kaltblütiger Mord.

»Ich höre nichts«, pflegte James zu antworten.

Und dann schlug der Hund noch einmal an, und all die schrecklichen Bilder, die ich an diesem Abend in den Nachrichten gesehen hatte, vertrieben jeden noch verbliebenen Zweifel. Manchmal ängstigte ich mich derart, dass ich James aufstehen und einen Kontrollgang durchs Haus unternehmen ließ. Für gewöhnlich überzeugte mich das davon, dass alles in Ordnung war, und ich tadelte mich, weil ich so dumm gewesen war.

Aber eines Nachts hörten die Hunde nicht auf zu bellen.

»James«, wisperte ich und schüttelte seine Schulter. Ich

war mir so sicher, dass etwas nicht stimmte, dass ich nicht auf seine Antwort wartete. Stattdessen schlich ich über den Flur zu Ginas Zimmer und spähte durch die Tür hinein. Eine Straßenlaterne vor dem Fenster beleuchtete den Raum im ersten Stock fast taghell, aber in dieser Nacht warfen die Wände auch blaue Lichtwirbel zurück.

Auf Zehenspitzen trat ich an Gina vorbei und beugte mich zum Fenster. Am Ende unserer Einfahrt parkten drei Polizeiwagen, und in diesem Moment kam ein Krankenwagen zum Halten. Auch sein Signallicht drehte sich, aber keines der Fahrzeuge hatte die Sirenen heulen lassen.

Ich kam weder auf den Gedanken, James zu wecken, noch dachte ich daran, nach draußen zu gehen. Irgendwie spürte ich, dass etwas Schreckliches passiert war, aber ich konnte nichts anderes tun, als wie erstarrt am Fenster zu stehen und die Szene unter mir zu beobachten.

Bewaffnet mit Taschenlampen, begannen die Polizisten die dunkle Straße gegenüber der Einfahrt abzusuchen. Funkgeräte knackten und piepten, und Lichtstrahlen zuckten kreuz und quer. Die Besatzung des Krankenwagens lehnte lässig an den Motorhauben der Polizeiautos. Einer der Ärzte gähnte.

Und dann stoppte einer der Lichtstrahlen bei einer Buschgruppe. Jemand rief etwas, alle Scheinwerferbündel bewegten sich in dieselbe Richtung, und die Sanitäter sprangen auf. Von meinem Ausguck aus konnte ich nicht alles erkennen, was die Polizei sah. Ich erspähte nur die Füße, die unter den Büschen hervorragten.

Seltsam, wie der Verstand unter Schock reagiert, denn in diesem Moment konnte ich nur an die Szene aus *Der Zauberer von Oz* denken, in der Dorothys Haus auf der Bösen Hexe des Ostens landet. Alles, was von ihr übrig bleibt, sind die rubinroten Schuhe und die Beine in den rot gestreiften Strümpfen.

Dieser Mann trug Tennisschuhe. Niemand versuchte, sie ihm auszuziehen.

Inzwischen strömten die Nachbarn mit weit aufgerissenen Augen aus ihren Häusern wie die wichtigtuerischen Mümmler aus dem *Zauberer von Oz*. Unter dem Schutz von Glinda, der guten Hexe – beziehungsweise der bewaffneten Polizisten –, näherten wir uns alle vorsichtig und neugierig dem Busch, bis der Leichenwagen vorfuhr und die Beamten uns zurückscheuchten. In Dreier- oder Vierergruppen steckten wir die Köpfe zusammen, und manch einer stellte sich zum ersten Mal bei seinen Nachbarn vor.

»Wir sollten uns einmal treffen«, schlug einer vor, »ein Straßenfest oder so etwas veranstalten.«

»Also, ich ziehe weg, sobald ich das Haus verkauft kriege«, erklärte ein anderer. »Hier fühle ich mich nicht mehr sicher.«

»Sicher ist es nirgendwo«, meinte eine Frau im rosa Bademantel. »Ich weiß gar nicht, wie ich nachts noch schlafen soll nach dem, was hier in unserer Straße passiert ist. Ach ja, was ist eigentlich passiert?«

Am nächsten Morgen erfuhren wir alles aus den Nachrichten. Zwei Männer waren wegen einer Frau in Streit geraten. Der eine hatte dem anderen einen Baseballschläger über den Kopf gezogen und ihm mit einem Schlag den Schädel zerschmettert. Ich war froh, dass ich nur seine Füße gesehen hatte.

Die Femme fatale hatte daraufhin die Polizei gerufen, und die hatte den Mörder festgenommen, der ihnen sofort verriet, wo er die Leiche abgeladen hatte. Deswegen hatte die Polizei auch die Sirenen nicht eingesetzt. Reiner Zufall, dass der Unbekannte sich meine Straße ausgesucht hatte.

Noch mehrere Tage danach klebte ich vor dem Fernseher. Wenn eine Nachrichtensendung zu Ende war, schaltete ich weiter, bis ich eine andere fand. Nicht dass ich nach weiteren Informationen über unseren Mord gesucht hätte, wie ich ihn nannte. Nein, ich war wie besessen von allen Morden, jeglicher Gewalt, dem Bösen an sich. Allen Mitternachtskillern, in welcher Form sie auch auftraten.

Und dann hörte ich eines Tages plötzlich auf, überhaupt Nachrichten zu sehen, weil ich sie nicht mehr ertragen konnte. Ich las auch keine Zeitung mehr. Ich wollte nichts mehr von den schrecklichen Dingen hören oder lesen, die Menschen einander antaten. Als könnte ich vorgeben, so etwas existiere nicht, indem ich es verdrängte.

Im Großen und Ganzen funktionierte diese Vogel-Strauß-Taktik sogar. Seit dieser Zeit habe ich allein gezeltet, bin allein gewandert, allein kreuz und quer über Land gefahren, habe allein in Häusern gewohnt. Ich kann zwar nicht bestreiten, dass ich gelegentlich mit einem Beil neben dem Kopfkissen geschlafen habe, aber ich habe mich auch nicht vor Angst in eine Ecke gekauert.

Aber jetzt zittere ich.

Ich sage mir, dass ich hier viel sicherer vor Killern bin als beispielsweise an einer Straßenecke in der Bronx. Andererseits würde ich an einer Straßenecke in der Bronx auch kein Zelt aufbauen. Soweit ich weiß, könnte es in der Wüste nur so von halb verhungerten Wahnsinnigen wimmeln, die mein Feuer entdeckt haben und wissen, dass hier leichte Beute wartet. Oder vielleicht Männer, die eine Spritztour in die Wüste machen, auf der Suche nach billigem Nervenkitzel, hässlich und böse, nachdem sie zu viel Bier getrunken haben …

Bis auf meine Axt bin ich wehrlos. Nur zu leicht kann ich mir vorstellen, wie meine eigenen Füße in den Cowboystiefeln mit den abgeplatzten Sohlen unter dieser Plane hervorragen. Ich kann mir nur zu gut denken, dass der Mitternachtskiller endlich Wind von mir bekommen hat und nur auf die Stunde wartet, die ihm seinen Namen eingetragen hat, bevor er zuschlägt. Ich möchte mir einreden, dass die Gefahr nur in meinem Kopf existiert, aber ich habe den Gegenbeweis gesehen. Und so rolle ich mich jede Nacht in meinen Schlafsäcken zusammen und weigere mich, auch nur ein Streichholz anzuzünden, um die Finsternis zu vertreiben. Wütend über meine Angst und trotzdem unfähig zu glauben, sie sei unbegründet.

*

Tag 9, 19. November, Spätnachmittag

Zwei oder drei Tage, hat Bret gesagt. Inzwischen sind sechs daraus geworden, und als die Sonne zu sinken beginnt, wird mir klar, dass er auch heute nicht kommen wird. Vielleicht konnte er den Ofen nicht finden, oder er hatte Probleme damit, ein Abzugsrohr zu konstruieren. Außerdem bin ich mir sicher, dass er auch an anderes zu denken hat. Möglicherweise hat er das Ganze einfach vergessen.

Ich bemühe mich, meine Fantasie in Zaum zu halten, aber ich kann mich des Gedankens nicht erwehren, Bret könnte etwas zugestoßen sein. Vielleicht konnte er Dana auf dem Rückweg zum Truck nicht ausreichend wärmen. Sie wurde krank, todkrank, und nun sitzt er an ihrem Krankenhausbett. Selbst wenn die beiden es bis zum Wagen geschafft haben, könnten sie von der vereisten Straße gerutscht sein. Sie könnten tot sein, und ich würde es nie erfahren. Niemand anders weiß, wo ich bin. Was wird, wenn sie nie zurückkommen?

Der erste Schatten kriecht über meinen Unterschlupf, und ich zittere in kalter Angst vor der kommenden Nacht. Fünf Tage habe ich die Hütte nur verlassen, um mich zu erleichtern, ein Bedürfnis, das immer seltener auftritt, wie ich bemerkt habe. Seit mehr als einer Woche habe ich nichts als Reis und Kichererbsen gegessen, und mein Körper scheint sich an diese Diät aus puren Nährstoffen ohne überflüssige Zusätze wie raffinierten Zucker oder Fett zu gewöhnen. Wahrscheinlich ist das die Ernährung, die die Natur dem Menschen bestimmt hat. Aber nachts träume ich von Pommes frites, Zwiebelringen und gebratenem Mozzarella, als würde meine Erinnerung versuchen, die Lücke auf jede mögliche Art zu füllen.

Fast alles, was ich je als normal betrachtet habe, existiert nicht mehr. Vom Luxus ständiger Wärme und schmackhafter Nahrung bis zur relativen Sicherheit eines Lebens hinter verschließbaren Türen; von fließendem heißen und kalten Wasser bis zu Toiletten mit Wasserspülung. Helles

Licht oder Gesellschaft aus dem Fernsehen auf Knopfdruck – alles nicht mehr da. Manchmal frage ich mich, ein wie großer Teil meiner Identität durch meine Umgebung bestimmt wird. Wäre ich dieselbe Person, wenn ich immer in der Wüste gelebt und nie etwas von der Außenwelt gehört hätte? Gibt es eine Essenz meiner selbst, die in der Lage wäre, die Erfahrungen meines Lebens zu transzendieren, so dass ich »ich« wäre, unabhängig von der Umwelt, in der ich aufgewachsen bin?

Ich greife nach meinem Tagebuch, denn solch grundlegende Fragen lenken mich von meiner Angst ab, die mich bei Sonnenuntergang erwartet wie ein Henker mit seiner schwarzen Kapuze. Auf der Suche nach meiner Seele ist mein Tagebuch ein Spiegel.

Vor einigen Tagen habe ich mit meinem Namen begonnen.

Bis zur achten Klasse, dem Jahr, in dem ich erfuhr, dass unter meinen Vorfahren nicht nur Engländer, Deutsche und Waliser, sondern auch einige Franzosen waren, wurde mein Name Debbie buchstabiert. Ich dachte, Debi sähe französischer aus, und so tat ich die Neuigkeit meinen Eltern und Freunden kund. Vier Jahre später erinnerte sich niemand mehr daran, dass ich einmal Debbie geheißen hatte.

Als ich James heiratete, nahm ich seinen Namen an. Es dauerte lange, bis ich mich daran gewöhnt hatte, mich anders zu nennen – als ob der neue Name auch jemand anderen aus mir gemacht hatte, was er auf gewisse Weise auch getan hat. Nach ungefähr vier Jahren konnte ich mich kaum noch an mein Vorehedasein erinnern.

Und dann ließ ich mich scheiden.

Ich hätte meinen Ehenamen behalten können, vor allem, da mein Sohn weiter so heißen würde. Aber ich war nicht mehr verheiratet. Ich hätte meinen Mädchennamen wieder annehmen können, aber ich war nicht mehr dieselbe Person, die ich vor meiner Ehe gewesen war. Noch bevor ich die Hütte in der Sierra verließ, war mir klar, dass ich einen neuen Namen wollte, einen, der sowohl mein neues Leben als auch meine Wurzeln spiegelte. Nach langen, eingehenden Überlegungen nahm ich die Mädchennamen meiner beiden Großmütter an: *Holmes* nach der Mutter meines Dad und *Binney* nach meiner Großmutter mütterlicherseits. Die Namensänderung trat mit dem Tag meiner Scheidung in Kraft.

Das ist jetzt drei Jahre her, und die Nachwirkungen verfolgen mich noch immer.

Die meisten Mitglieder meiner Familie haben meinen Entschluss respektiert, selbst wenn sie nicht ganz einverstanden damit waren. Mein Großvater jedoch glaubte, indem ich meinen Mädchennamen ablehnte, der ja von ihm auf mich gekommen war, wolle ich ihn zurückweisen.

»Ich begreife dich nicht«, waren seine letzten Worte, bevor er ganz aufhörte, mit mir zu sprechen. Er hatte sich ohnehin furchtbar über die Scheidung aufgeregt. Meine Namensänderung war nur der Tropfen, der das Fass zum Überlaufen brachte.

Schön, antwortete ich, wenn er nicht mit mir reden wolle, dann eben nicht. Aber die Wahrheit ist, dass ich tief verletzt war und immer noch bin. Wir haben uns mein ganzes Leben lang nahe gestanden. Ich war Grandpas erstes Enkelkind, und er hat mir immer das Gefühl gegeben, sein kleiner Engel zu sein. Viele Nachmittage verbrachten wir damit, uns gegenseitig laut vorzulesen. Ich saß auf seinem Schoß, und wer gerade nicht mit Vorlesen an der Reihe war, verfolgte den Text auf der Buchseite.

Dass Großvater viel vom Vorlesen hielt, war nicht erstaunlich. Seit mehr als fünfzig Jahren versammelt sich die Familie am Heiligabend und hört zu, wie er die *Weihnachtsgeschichte* von Charles Dickens vorliest. Die Mutter meines Großvaters hat das Ritual eingeführt, und Großvater setzte es fort; die Tradition besteht inzwischen seit fast fünfundsiebzig Jahren. Als die Armee Großvater im Zweiten Weltkrieg in den Südpazifik sandte, schickte meine Großmutter ihm das Buch per Post, immer fünf oder sechs Seiten auf einmal, damit Grandpa es seinen Kameraden vorlesen konnte. Einige davon schreiben ihm noch heute jedes Jahr zu Weihnachten, wenn auch immer weniger, denn im Lauf der Zeit sind etliche von ihnen gestorben. Sie haben ihm nie vergessen, so schreiben sie, dass er ihnen geholfen hat, sich sogar mitten im Krieg an diesem besonderen Tag an den Geist von Liebe und Frieden auf Erden zu erinnern.

Vermutlich existieren in den meisten Familien Risse, die nicht zu kitten sind. Mein Großvater ist zu starrsinnig, um seine Ansichten zu ändern, und ich sehe nicht ein, warum ich mich für etwas entschuldigen soll, das ich für richtig halte. Trotzdem wünschte ich, ich hätte mit ihm über meinen Aufenthalt in der Wüste reden können. Vielleicht hätte er mein Bedürfnis besser verstanden als jeder andere. Mit Anfang zwanzig war er ein begeisterter Bergsteiger, und etliche Erstbesteigungen in den Sierras gehen auf sein Konto. Grandma erzählte, nie sei er glücklicher gewesen, als wenn er seine Kletterausrüstung anlegte; aber sie konnte es nicht ertragen. Sie erklärte ihm, sie würde keineswegs zu Hause sitzen und auf die Nachricht warten, dass er von einer Felswand gefallen sei. Er konnte weiter bergsteigen, oder er konnte sie heiraten. Das eine oder das andere.

Wahrscheinlich aus egoistischen Gründen bin ich froh, dass er sich für Grandma entschieden hat. Wenn er vor der Geburt meines Vaters abgestürzt wäre, hätte ich selbst nie existiert. Unwillkürlich frage ich mich, wie viel von meinem Großvater wohl durch meine Adern fließt, in welchem Grad er Einfluss auf die Person genommen hat, die ich bin.

Ich bin so tief in Gedanken versunken, dass ich das Geräusch zuerst kaum bemerke. Es ist leise, angenehm und so vertraut, dass ich gar nichts Merkwürdiges daran finde, bis mir plötzlich auffällt, dass dieser Klang ganz und gar nicht in die Wüste gehört. Ich lege das Tagebuch beiseite und wende den Kopf zum Eingang der Hütte. Ein Radio, das Popmusik spielt. Wenn es ein bisschen näher wäre, könne ich sogar den genauen Song hören. Ich erkenne ihn jetzt schon fast.

Mein Herz tut einen erschrockenen Satz, doch dann wird mir klar, dass das Radio nur eines bedeuten kann. Als Bret mich in die Wüste gefahren hat, hatte er das Gerät fast bis zum Anschlag aufgedreht. Endlich, er ist zurück und bringt den Ofen mit! Ich zerre Danas Parka von seinem Platz in dem größten Riss, ducke mich nach draußen und ziehe den Reißverschluss zu, während ich fast im Laufschritt die halbe Meile bis zum verborgenen, schmalen Eingang des Canyons zurücklege.

Schall wird im Freien gut übertragen. Sprecht leise, hieß die Regel Nummer eins, wenn meine Familie zum Zelten fuhr – schwer zu beherzigen, wenn man ein Kind ist, das unbeaufsichtigt im Wald spielen darf. Aber es stimmt. Spät am Abend drangen die Geräusche von den Partys der College-Studenten zu uns. Selbst quer über den Campingplatz hörten wir genau, was sie sagten, und für gewöhnlich auch, was sie taten. Manchmal hätten wir lieber nichts gehört.

Daher erstaunt es mich nicht, dass ich den Truck nicht gleich sehe. Allerdings bin ich verblüfft, weder das Motorengeräusch zu vernehmen noch das Knirschen der Reifen beim Manövrieren durch die Passage. Und das Radio hat zu spielen aufgehört. Aber dann beginnt es von neuem.

Während der nächsten zehn Minuten, in denen ich den Blick nicht vom Eingang des Canyons wende, schweigt das Radio immer mal wieder und beginnt dann von neuem, niemals lauter als zuvor, aber auch nicht leiser. Weit weg, aber nicht allzu weit. Es ist da und wieder fort. Ich stehe vor einem völligen Rätsel. Wenn das Bret wäre, dann wäre er inzwischen angekommen. Und wenn die Musik nicht aus Brets Wagen stammt, woher dann?

Ich warte noch fünf Minuten, aber die Sonne steht schon so tief, dass ich nicht wage, länger zu bleiben. Der Rückweg sieht länger aus als eine halbe Meile, denn jetzt muss ich bergauf gehen. Seit ich hergekomen bin, habe ich mich nie so weit von meinem Lagerplatz entfernt, und erst recht nicht so kurz vor Einbruch der Dunkelheit. Ich setze mich in Bewegung, und mein Herz schlägt ein wenig schneller.

Wieder höre ich die Musik und bleibe wie angewurzelt stehen. Meine Nackenhaare sträuben sich, und jedes schreckliche Bild aus den Abendnachrichten, das ich je in meinem Hirn gespeichert habe, läuft wie ein Videofilm vor meinem inneren Auge ab.

Bis zu diesem Augenblick habe ich nicht besonders auf das Terrain am Grund des Canyons geachtet. Der Boden hebt und senkt sich wie die Wogen auf einem bewegten Meer, gekrönt von einer schaumigen Gischt aus Wermutbüschen. Felsbrocken von der Größe meines Kopfes liegen in Haufen herum, die mir so lange beliebig vorkommen, bis ich bemerke, dass jeder anscheinend den Endpunkt eines lange vergangenen Erdrutsches darstellt. Während ich sie vorsichtig umgehe, verarbeitet mein Verstand die Erkenntnis, dass die fallenden Kieselsteine, die ich bei Nacht höre, doch eine reale Gefahr darstellen könnten. So wie die Person, die hinter diesem Radio steckt. Beinahe rennend durchquere ich jetzt den Canyon.

Aus hundert Metern Entfernung entdecke ich meine Hütte in einem Wellental des wermutgischtigen Meeres. Den Rest der Strecke lege ich im gestreckten Galopp zurück, stürze mich nach drinnen und ziehe die Stofftür zu, so fest ich kann.

Mein Atem geht flach und schnell, als ich mich hinknie, den Kopf schräg halte und die Ohren spitze, um zu lauschen, ob auch nur ein einziger Kieselstein den Canyon herunterhüpft. Das Radio schweigt. Im Canyon ist es still, aber meine schlimmsten Befürchtungen haben sich bewahrheitet. Ich bin hier nicht allein. Meine Gedanken überschlagen sich, während ich überlege, wer das sein könnte. Aber eigentlich gibt es nur eine Möglichkeit: der Mitternachtskiller. Dieses Mal ist er in Lumpen gekleidet und bleckt die schadhaften Zähne zu einem Grinsen, während er ein rostiges Messer aus seinem Stiefelschaft zieht. Er ist auf der Suche nach mir. Er wird mich finden und töten.

Das Beil in meiner Hand fühlt sich an wie ein Bleirohr. Ich hebe es über den Kopf und ziehe es schnell herunter, zur Übung. Der Schlag könnte ihm den Schädel zerschmettern, falls ich vor ihm zum Zuge komme, aber ich stelle mir den Kampf vor und verliere.

Debi, drängt sich eine ruhige Stimme in meine Fantasien, vielleicht gehört das Radio ja keinem Verrückten. Es gibt tausend Erklärungen dafür.

Das Bild von Tennisschuhen, die aus einem Busch ragen, will nicht weichen, und ich hebe das Beil von neuem.

Lass nicht zu, dass dieser Ort ein Tier aus dir macht.

Ein Tier. Das bin ich.

Nein, du bist viel, viel mehr. Benutze deinen Verstand, lass dich nicht von deinen Ängsten leiten.

Ich kämpfe darum zu verstehen, was das bedeutet, und kneife die Augen so fest zusammen, dass sich das ganze Gesicht verzieht und meine Lippen die Nase berühren.

»Der Canyon ist verschlossen«, befehle ich im Geiste. »Niemand kann durch die Passage kommen.« Langsam lasse ich das Beil in den Schoß sinken und konzentriere mich. Ich stelle mir einen weißen Zaun vor der Öffnung des Canyons vor, eine halbe Meile unterhalb meines Lagerplatzes. Er ist ein magischer Zaun. Nichts und niemand kann diese Barriere überqueren.

Ich schließe die Augen noch fester. Nur ungern würde ich das, was ich da tue, vor einem rational denkenden Menschen rechtfertigen, aber ich habe zu viel Angst, um aufzuhören. Und etwas anderes fällt mir nicht ein. Dieser Trick hat schon einmal funktioniert, jedenfalls glaubte ich das damals, aber bei einer ganz anderen Gelegenheit. Ich war erst sechzehn. Vielleicht hatte ich nur *geglaubt*, meine geistigen Befehle oder Vorstellungen hätten auf Miss Dindle gewirkt.

Miss Dindle hätte Privatdetektivin werden sollen, aber stattdessen leitete sie seit fast fünfundvierzig Jahren unser Schulsekretariat. Jedes Fehlen im Unterricht erforderte eine schriftliche Entschuldigung von den Eltern. Diese wurde dann bei Miss Dindle gegen eine offizielle Bestätigung ausgetauscht, die man dem Lehrer aushändigte. Miss Dindle war in der Lage, durch einen kurzen Blick auf den Zettel zu unterscheiden, ob die Unterschrift der Eltern echt war oder die Fälschung eines Schule schwänzenden Schülers. Im Zweifelsfall ging sie an ihren riesigen Aktenschrank und überprüfte die Unterschrift.

Eines Morgens stand ich im Sekretariat, nachdem ich am Vortag Staatsbürgerkunde geschwänzt und einen netten Nachmittag im Park verbracht hatte. Ich wusste, dass meine Chancen schlecht standen, die Entschuldigung mit der gefälschten Unterschrift meiner Mutter an Miss Dindle vorbeizuschmuggeln. Trotzdem musste ich es versuchen. Vor der Strafe meiner Eltern fürs Schuleschwänzen fürchtete ich mich noch mehr als vor der von Miss Dindle. Sie rückte ihre Drahtbrille auf der Nase zurecht und sah zu mir auf.

»Schon wieder beim Kieferorthopäden?«, schnaubte sie. »Warst du nicht erst letzte Woche da?«

»Ja, Miss Dindle«, antwortete ich, wobei ich mich fragte, wie sie es fertig brachte, die exakten medizinischen und zahnmedizinischen Daten von fünfzehnhundert Schülern zu speichern. »Meine Klammer soll abgenommen werden, und ich kriege eine lose Zahnspange angepasst.«

Sie kniff die Augen zusammen und musterte den Zettel. »Sag deiner Mutter, sie soll die Termine nach der Schule machen.«

»Das werde ich, Miss Dindle.«

»Hmm, hmm.« Sie stellte mir eine Bestätigung aus, und ich versuchte mir meine Erleichterung nicht anmerken zu lassen. Aber als ich mich zum Gehen wandte, sah ich, dass sie den Entschuldigungszettel beiseite legte.

Sie wusste es, daran zweifelte ich nicht. Ich wusste, dass sie es wusste. Sie würde die Unterschrift mit ihren Akten vergleichen, und ich würde in der Falle sitzen wie ein Kaninchen in seinem Bau. Meine Eltern würden mich umbringen. Dieser Streich war mit Leichtigkeit für zwei Monate Hausarrest gut.

Nein, dachte ich auf dem Weg in meine Klasse. Das lasse ich nicht zu.

Ich kniff die Augen zusammen und konzentrierte mich

so fest wie möglich: Miss Dindle, Sie werden diese Entschuldigung nicht anzweifeln. Sie werden sie nicht mit den Akten vergleichen. Vielleicht bläst ein Windstoß durchs Fenster und weht den Zettel in den Mülleimer. Oder Sie kriegen Kopfschmerzen und gehen nach Hause. Ich weiß nicht, wie, aber Sie werden diesen Zettel übersehen.

Man rief mich nicht ins Sekretariat zurück. Natürlich hätte es hundert Gründe geben können, warum Miss Dindle mich nicht erwischte, aber mit meinen sechzehn Jahren war ich ebenso bereit zu glauben, dass meine geistigen Befehle das vollbracht hatten, wie ich auch alles andere glaubte.

Geistige Befehle. Andere nennen so etwas ein Gebet. Heute Nacht bin ich mir weder sicher, ob da ein Unterschied besteht, noch ob es wirklich funktioniert, aber dennoch mache ich weiter. Verschließ den Canyon, wiederhole ich im Geist immer wieder. Es kommt nicht darauf an, wie das passiert. Ein Berglöwe reißt den Eindringling in Stücke. Oder er rutscht aus und bricht sich den Hals. Egal. Der Canyon ist gesperrt.

Ich bleibe auf den Knien, bis der Wind auffrischt und hoch oben in den Felsen heult. Ein leises Pitschpatsch auf der Leinwand klingt zuerst nach Regen, aber als ich endlich den Mut aufbringe, nach draußen zu schauen, ist die Luft voll wirbelnder weißer Flocken. Vielleicht ist es die Erschöpfung, vielleicht will ich verzweifelt daran glauben, oder es hat wirklich geklappt. Aber der Schnee kommt mir wie ein kleines Wunder vor. Niemand, ob Verbrecher oder nicht, würde sich bei diesem Wetter nach draußen wagen. Für den Moment bin ich in Sicherheit.

Ich krieche in die Schlafsäcke und ziehe sie bis zum Kinn hoch. Der Wind kommt mir vor wie ein Wiegenlied und mein Unterschlupf wie ein Mutterschoß. Zum ersten Mal, seit ich in den Canyon gekommen bin, habe ich keine Angst davor, wer oder was in der Nacht lauert. Der Canyon ist geschlossen.

*

Tag 10, 20. November, früher Morgen

Ein Geräusch, das ich bestimmt schon zehntausendmal gehört habe, reißt mich aus dem Schlaf, und augenblicklich sitze ich kerzengerade.

Irgendwo außerhalb meines Unterschlupfs klingelt ein Telefon.

Kein modernes Klingeln, kein elektronisches Surren oder monotones Tuten und auch nicht der schrille Ton oder die digitalisierte Melodie eines Handys. Es läutet wie die Art Telefon, mit der ich aufgewachsen bin und die mein Sohn noch nie gesehen hat, ein Apparat, bei dem man, wenn man die Rückwand abnimmt, tatsächlich eine Klingel sieht. Damals bestellte man seinen Apparat bei der Telefongesellschaft und hatte die Wahl zwischen zwei Modellen und ungefähr fünf Farben. Das Wandgerät in unserer Küche war beige und der Standapparat auf dem Flur im ersten Stock olivgrün – in den Siebzigern ein beliebter Farbton. Beide besaßen noch eine Wählscheibe.

Verblüfft tappe ich zur Türklappe und schlage sie zurück.

Der Schneefall der letzten Nacht hat den Canyon nur leicht mit Weiß überhaucht, aber ganz bestimmt ist das bis jetzt der kälteste Morgen. Ich vermute, dass wir ungefähr zehn Grad minus haben. Die Wermutbüsche glitzern im Sonnenlicht, als ich den Blick über die Felswände im Osten, dann über das leichte Gefälle des Canyongrunds bis zu den Bergen im Westen schweifen lasse.

Ich spüre die schneidend kalte Luft auf den Wangen, ziehe die Türklappe zu, und krame nach meinen Schuhen, das Einzige, was mir fehlt, um vollständig angezogen zu sein, denn alles andere trage ich auch zum Schlafen. Hätte Bret mir doch den Holzofen gebracht … aber ich habe mich damit abgefunden, dass er wohl niemals kommt.

Als ich die Reeboks zuschnüre, läutet das Telefon wieder. Wenn ich richtig rate, kommt das Klingeln ungefähr von derselben Stelle wie gestern die Radiomusik. Nicht so nahe, dass es ganz deutlich wäre, aber auch nicht schwach wie aus weiter Ferne. Ich kann die Richtung genau bestimmen.

»In Ordnung, los geht's.« Verblüfft und erfeut höre ich, wie kräftig meine Stimme klingt. »Auf geht's«, wiederhole ich.

Bei Tageslicht fällt es leichter, Mut aufzubringen, und ich bin es absolut leid, mich hilflos zu fühlen. Ich habe es satt, mich in meinem Unterschlupf zu verkriechen. Ich bin es überdrüssig, mich vor Radios, Telefonen und Mitternachtskillern zu Tode zu ängstigen. Ich habe die Nase voll davon, Angst zu haben. Wenn sich in diesem Canyon noch jemand aufhält, dann ...

Ich weiß es nicht, aber ich werde es herausfinden. Die dünne Schneeschicht hat mich auf eine Idee gebracht. Wer immer letzte Nacht hier war und wer immer hinter diesem Telefon steckt, muss zumindest schwache Fußspuren hinterlassen haben.

Die Versuchung ist groß, mich mit einem Topf Kaffee aufzumuntern, bevor ich zu meinem Abenteuer – wie ich es zu nennen beschließe – ausziehe. Aber das wäre nur ein Vorwand, die Sache hinauszuschieben. »Nicht trödeln«, sage ich bestimmt, während ich den Reißverschluss an Danas Parka schließe. Das Beil vervollständigt meine Garderobe, und mir geht auf, dass ich in all die Kleiderschichten gewickelt und mit einem Beil, das an meiner Seite baumelt, selbst wie der Mitternachtskiller aussehe. Allerdings bezweifle ich, dass der Mörder so zittert wie ich. Ich sage mir, dass ich vor Aufregung bibbere und nicht vor Angst. Ich will mich nicht mehr fürchten.

Trotz des Parkas und meiner unvermeidlichen Strickmütze ist mir so kalt, dass ich erschauere, als ich die Türklappe zurückschlage. Das beweist, dass es in meinem Unterschlupf zumindest ein bisschen wärmer ist als draußen, obwohl die Tasse Wasser, die ich mir vor dem Schlafengehen eingegossen hatte, während der Nacht zu einem festen Eisklumpen gefroren ist. Ich stehe auf, wobei ich sorgfältig darauf achte, nicht auf eventuelle Spuren zu treten. Außerordentlich erleichtert stelle ich fest, dass keine da sind.

Ich lege die Hand über die Augen und betrachte die fernen Berge im Westen, royalblau und bläulich purpurn mit einer pfirsichfarben schimmernden Haube. Die Wolken, die sich blassrosa gerändert von dem blauen Himmel abheben, sehen aus wie geschmolzene Marshmallows. Aber das Wort »blau« reicht nicht aus, um die vollkommene Klarheit, die kristallene Transparenz und den diamantartigen Schimmer der Luft zu beschreiben.

Langsam gleitet mein Blick von der Weite des Himmels zu dem Wüstengrund siebenhundert Meter unterhalb meines Canyons. Das Weiß dort rührt nicht vom Schnee – so tief unten ist keiner gefallen –, sondern vom Salz im Boden. Wenn die Sonne gerade hinunterscheint, ist er golden-weiß und so hell, dass ich blinzeln und schnell wegschauen muss. Aber in den Schatten ist der Boden bläulich weiß, und hier und da erscheinen Flecken, grün wie eine Frühlingswiese und so üppig wie ein Kleefeld.

Dann richte ich meinen Blick wieder in den Canyon. Auf knorrigen braunschwarzen Stämmen erheben sich schwarzgrüne Wacholderbäume, übersät von silbrigblauen Beeren. Die Nadelschicht unter den Bäumen sieht mit ihren weißen und gelbbraunen Flecken aus wie das Fell eines neugeborenen Rehkitzes. Jeder Wermutbusch weist seine eigene gedämpfte Grünschattierung auf: silbriggrün, gelbgrün, bräunlich grün, alles von glitzerndem Reif überzogen.

Trotz des Schnees zeigt selbst der Boden hundert verschiedene zarte Farbtöne. Graue Steine, graugrüne Steine, graurote Steine, weißlich gelbe Kiesel, bläulich weiße Kiesel, rotbraune Felsen mit streifenförmigen bräunlich grünen Einschlüssen ragen durch die dünne Eisschicht. So viel Schönheit raubt mir fast den Atem. Doch dann fällt mir wieder ein, wonach ich suche.

Ich ignoriere die Gänsehaut, die meine Arme überzieht, und beginne mit dem Gebiet, das mir am wichtigsten ist: dem Umkreis von zehn Metern, den ich zu meinem Revier erklärt habe. Mit angehaltenem Atem umrunde ich den Unterschlupf. Zuerst hefte ich den Blick fest auf den Boden, aber dann schaue ich zu den Felsen hinauf und sehe mich im gesamten Canyon um, denn ich werde das Gefühl nicht ganz los, dass mich jemand beobachtet. Die Schneedecke ist noch ungleichmäßiger, als ich zuerst dachte, und ich bin mir nicht sicher, ob ich Spuren erkennen könnte, selbst wenn ein Eindringling gewagt hätte, sich so weit zu nähern. Aber als mich ich umschaue, sehe ich die unverkennbaren Abdrücke meiner eigenen Schuhe.

Ich bin überglücklich, keine anderen zu entdecken. Der Unbekannte hat zumindest nicht herausgefunden, wo ich lebe.

Die weitere Suche liefert ebenso wenig Anhaltspunkte für den Standort des Telefons, belohnt mich aber mit Hinweisen auf einige Mitbewohner meines Canyons. Die Spur eines Hirsches führt mich in weitem Bogen um meinen Lagerplatz, und diese Spur wird gelegentlich gekreuzt von den länglich ovalen Abdrücken, die ich als die eines Kaninchens erkenne. Auch andere Spuren entdecke ich, aber ich bin nicht versiert genug, um zwischen den Abdrücken von Fuchs, Stinktier und Dachs zu unterschieden; vielleicht sind alle drei Tierarten hier vertreten. Schließlich bücke ich mich, um eine Spur aus winzigen, dreigezackten Abdrücken im Schnee zu untersuchen, und vor Ekel läuft mir ein Schauer über den Rücken. Die erkenne ich. Mäuse. Bis jetzt habe ich den Umstand erfolgreich ignoriert, dass auch sie die Wildnis mit mir teilen. Ich hoffe nur, dass ich außer den Spuren nichts von ihnen zu sehen bekomme.

Ich wandere bis zum Eingang des Canyons. Kein einziger menschlicher Fußabdruck, was mich vor ein Rätsel stellt, bis mir einfällt, dass dieser Jemand sich vielleicht gar nicht im Canyon aufhält. Möglich, dass die Geräusche von der anderen Seite der Felswand gekommen sind oder von der anderen Seite der schmalen Passage, die ich mir gestern Nacht »geschlossen« vorgestellt habe. Wenn ich auf die Felsen kletterte, könnte ich sehen, ob eine meiner Vermutungen zutrifft. Eine solche Aktion übersteigt allerdings das Abenteuer, auf das ich mich einzulassen bereit war, bei weitem. Ein einziger Ausrutscher auf den Kieselsteinen des Hangs, ein verstauchter Knöchel oder ein gebrochenes Bein, und ich bin so gut wie tot. Ich habe nicht die geringste Aussicht, eine Nacht im Freien zu überleben.

Mehr als reif für eine Tasse Kaffee, kehre ich in meinen Unterstand zurück, und als ich endlich das dampfende Gebräu schlürfe, überlege ich, wie es jetzt weitergehen soll.

Und da klingelt das Telefon von neuem. Unwillkürlich zuckt meine Hand, und Kaffee schwappt auf mein Handgelenk. Die Verblüffung und der sofort auftretende Schmerz treiben mir die Tränen in die Augen.

»Verdammt noch mal …« In der Stille klingt meine Stimme wie ein Schrei, und noch mehr Kaffee landet auf meiner Hand. Ich greife nach der Tasse mit dem Wasser, das letzte Nacht gefroren ist, und presse sie auf die Verbrennung, aber das Rot breitet sich dennoch aus. Zum hundertsten Mal wünsche ich mir, Jerry wäre hier. Er würde für mich sorgen. Ich sehe zu, wie sich auf meinem Handgelenk eine winzige Blase bildet. Wenn er nur hier wäre …

Ein Damm bricht niemals aus heiterem Himmel, obwohl ein Beobachter möglicherweise diesen Eindruck hat. Irgendwo tief unter der Oberfläche bekommt das Fundament den ersten Riss, ohne dass jemand etwas bemerkt. Jahre können vergehen, ohne dass Probleme auftreten, bis es einmal stark regnet, mehr als seit Menschengedenken. Wenn der Damm schließlich nachgibt, reißt er plötzlich auf. Trümmer fliegen in alle Richtungen, während das Wasser, endlich frei, donnernd kundtut, dass es sich nie wieder einsperren lassen will.

Ich hatte keine Ahnung, dass ich diese Art von Zorn in mir trage. Dies ist pure, nackte, unverfälschte Wut, so heftig, dass sie mich fast blind macht. Ich bin es leid zu wünschen, Jerry wäre hier. Ich habe die Nase voll davon, immer andere Leute zu brauchen, die für mich sorgen. Nicht dass sich jemand angeboten hätte, mit mir herzukommen. Ich habe mich blöd gescholten, weil ich drei Tage lang vergessen habe zu essen. Aber ich war nicht dumm: Ich habe mich so gut ich konnte geschlagen, nachdem der Sturm mich fast vom Antlitz der Erde gepustet hatte. Wirklich dumm ist nur, auf andere zu bauen, wenn ich mich auf mich selbst verlassen kann.

Ich habe mich ein Nichts genannt, weil ich ein bisschen Hilfe gut hätte gebrauchen können. Aber ich bin kein Nichts. Ich habe ganz allein überlebt. Niemand hat das für mich getan. Im Grunde kann kein anderer etwas für mich tun. Alles liegt an mir. So ist es immer gewesen und so wird es immer sein. So ist die Welt eben, und besser, ich lerne das jetzt. Ich habe begriffen. Nie wieder werde ich mich auf andere verlassen.

Mit einer einzigen Bewegung schlage ich die Türklappe zurück und schütte den Kaffee nach draußen. Meine Turnschuhe gleiten auf den winzigen Kieselsteinen aus, mit denen der Hang bedeckt ist, aber ich bin zu wütend, um etwas darum zu geben. Ich bin entschlossen, den gesamten Canyon zu durchkämmen, wenn das nötig ist, um das Telefon zu finden.

Mindestens eine halbe Stunde steige ich bergan, bevor ich am Fuß des Schiefen Felsens von Pisa anhalte, um zu rasten. Die Säule ist erschreckend hoch. Selbst von meinem Unterschlupf aus schien sie die Größe ihres Namensvetters zu haben, aber jetzt sehe ich, dass das wirklich der Fall ist, und auch der Umfang stimmt. Ich schaue zu meinem Lagerplatz hinunter und sehe mein rotes Zelt, ein offensichtlicher Störfaktor vor dem natürlichen Hintergrund der Wüste. Der Unterstand aus Zeltplane ist schwieriger auszumachen. Zwischen den Wacholderbäumen ist er so unauffällig wie ein Rehkitz, das sich an seine Mutter schmiegt.

Panik schnürt mir die Kehle zu, und der Pisa-Fels scheint vor meinen Augen zu schwanken. Ich bin zu hoch geklettert. Ein falscher Schritt und ich bin tot, aber ich weigere mich, Angst zu haben. Auf dem Boden entdecke ich einen Wacholderzweig, der mein Wanderstab wird. Ich steige weiter, bis ich wieder anhalten muss, um Luft zu schnappen, und lasse prüfend den Blick über die Felswände gleiten, die den oberen Rand des Canyons säumen und noch zwanzig Stockwerke hoch über mir aufragen.

Die Explosion, die über den Himmel donnert, ist so plötzlich und laut, dass ich mich instinktiv auf den Boden werfe. Mein Stock fliegt mir aus der Hand und poltert den Hang hinunter. Ich taste herum, bis das Beil wieder fest in meiner freien Hand liegt, und dann rollt eine zweite Erschütterung durch die Luft. Dieses Mal sehe ich den Urheber: ein Militärjet, der so tief über den Talboden fliegt, dass ich mich an meinem Platz in der Wand tatsächlich über ihm befinde, und jetzt erinnere ich mich wieder.

Ich habe es auf der Karte gesehen, bevor ich zum Naturschutzgebiet fuhr. Ein gewaltiges, gelb umrissenes Areal, über das quer die Worte *Zutritt für Unbefugte verboten* gedruckt standen. Der Dugway Proving Ground ist eins von drei benachbarten militärischen Testgeländen, die zusammen eine von Amerikas größten und geheimsten Militäranlagen bilden. Ihre Südgrenze verläuft nur fünfzig Meilen von meinem Canyon entfernt.

Jetzt gleitet ein weiterer Jet über den Wüstenboden, und von neuem ist die Luft von Dröhnen erfüllt. Ich beschatte meine Augen und sehe zu, wie die Maschine am Horizont verschwindet. Der Donner verhallt wie ein abziehender Sturm, während der Jet in die Welt zurückkehrt, aus der er gekommen ist, einer Welt, die so weit weg ist, dass ich sie nicht mehr sehen, berühren oder schmecken kann. Ich bleibe mit einem Gefühl bittersüßer Nostalgie zurück. In dieser fernen Welt hat die Menschheit nach den Sternen gegriffen und sie auch erreicht. Angesichts der Tatsache, dass ich während der letzten zehn Tage praktisch den Ausgangspunkt des menschlichen Fortschritts erlebt habe, erscheint mir diese Leistung fast unglaublich. Die Menschheit hat sich aus der Wüste erhoben, in der sie angefangen hat. Und doch enthüllt der Jet trotz der Wunder ihres Genies eine Seite der Menscheit, die so kalt und schwarz ist wie die dunkle Seite des Mondes. Der Jet ist eine Waffe. In der Welt jenseits der Wüste töten die Menschen, und zwar nicht nur, um zu essen.

Wenn alles Wasser hinter dem zerborstenen Damm sich Bahn gebrochen hat, bleibt nichts als das ursprüngliche Rinnsal, das einst gefangen und zu einem See aufgestaut wurde. Überall sind die Spuren der Verwüstung zu erkennen. Der Erddamm ist davongespült und existiert nur noch in Gestalt von Schlammklumpen und Holzstücken, die flußabwärts treiben. Aber die Quelle fließt weiter, sprudelnd und plätschernd, als hätte sie nie etwas anderes getan.

In der Welt jenseits der Wüste töten die Menschen, aber im besten Fall können sie auch lieben. Ich glaube, meine Lehrerin in der dritten Klasse hatte die ganze Zeit über Recht. Mrs. Darling sagte, Nahrung, Obdach und Kleidung seien die Grundbedürfnisse des Lebens, aber man dürfe die Liebe nicht auslassen, weil man ohne sie am schwersten auskomme. Ich bin nicht mehr dieselbe Person, die vor zehn Tagen die Wüste betreten hat. Diese Frau wusste weder, dass sie sich auf sich selbst verlassen kann, um zu überleben, noch hatte sie erkannt, dass das Bewusstsein den Unterschied zwischen nichts und etwas ausmacht. Trotzdem denke ich, dass Mrs. Darling Recht gehabt hat. Vielleicht ist es beruhigend, nicht auf andere angewiesen zu sein, aber ohne Liebe wäre das Leben so leer wie der ausgetrocknete See hinter dem geborstenen Damm.

10. Kapitel

Als ich die fünfzig Fuß hangabwärts geklettert bin, um meinen Stock zurückzuholen, habe ich wenig Lust, noch einmal hinaufzugehen, geschweige denn die ganze Strecke bis zum Kamm zu steigen. Seit ich losmarschiert bin, habe ich das Telefon nicht mehr gehört, und stattdessen beginnt sich die Stimme der Vernunft einzuschalten. Vielleicht bin ich aber auch nur frustriert. Im Umkreis von fünfundzwanzig Meilen existieren keine Telefonleitungen. Trotzdem weiß ich, was ich gehört habe.

Die Alternative zum Aufstieg ist allerdings auch nicht einladender. Der Gedanke macht mich fast krank, in meinen Unterstand zurückzukehren, der immer halb dunkel ist, in Kälte und Düsternis gehüllt, nur um in Schlafsäcke zu kriechen, die nach meinem seit zehn Tagen ungewaschenen Körper stinken, und ohne Unterlass in mein Tagebuch zu schreiben.

Ohne eine bewusste Entscheidung zu treffen, klettere und rutsche ich den Abhang hinunter bis zum Fuß des Pisa-Felsens. Auf der Seite der Klippe, wo der Turm auf den Abhang trifft, liegt ein ungefähr drei Fuß breites, beinahe flaches Stück festen, freien Steins. Die ideale Stelle, um sich zu setzen und eine Weile die Aussicht zu genießen, ein allein schon wegen seiner Stille bemerkenswerter Blick. Selbst die Wolken rühren sich nicht von der Stelle, als wären sie an den Himmel gemalt. Das ganze Panorama, von einem Horizont zum anderen, sieht aus wie eine Filmkulisse. Schwer zu glauben, dass so etwas Perfektes real sein kann. Halb rechne ich damit, dass die Jets zurückkehren, aber seit mindestens einer Dreiviertelstunde habe ich nichts mehr von ihnen gehört.

Jeden Tag geht die Sonne hinter den hohen Wänden des Canyons auf, denen ich jetzt gegenübersitze. Das heißt, bei Sonnenaufgang wird zwar der Himmel hell, aber die Sonne klettert erst sehr viel später endlich über die Felsen. Ich habe ausgerechnet, dass bis dahin fast ein Viertel der hellen Tagesstunden vorüber ist. Dieser Zeitpunkt ist für heute gekommen und vergangen. Die Sonne steht direkt über mir, und bis auf ein paar Stellen, die durch die Schatten der größeren Wacholderbäume geschützt werden, ist der Großteil des Schnees weggetaut. Noch sechs oder sieben Stunden bis Sonnenuntergang, und ich wünschte, mir würde ein anderer Zeitvertreib einfallen, als Geräusche zu jagen. Doch meine misslungenen Versuche, dieses Rätsel zu lösen, bedrücken mich tief. Ich weiß, dass mir nichts anderes übrig bleibt, als ein für alle Mal auf den hohen Felsenkamm zu klettern.

Ich werfe einen langen Abschiedsblick auf das Postkartenbild der Wüste, so prächtig in seiner schweigenden Ruhe, gestört nur durch eine Staubwolke. Vielleicht wirbelt auch nur der Wind den Sand auf. Ich bin mir nicht einmal sicher, worin der Unterschied zwischen Wolke und Wirbel liegt, höchstens, dass ein Staubwirbel mehr wie ein Mini-Tornado aussieht und das hier wie eine … Miniaturwolke. Und sie bewegt sich. Hätte ich sie eher gesehen, hätte ich vielleicht bemerkt, woher sie gekommen ist. Jetzt weiß ich nur, dass sie sich nicht weit vom Eingang meines Canyons befindet und mit jeder Sekunde näher kommt.

Man braucht kein Genie zu sein, um darauf zu kommen, dass irgendetwas den Staub aufwirbelt, und meine Gedanken huschen zu dem Radio und dem Telefon. Vielleicht ist das die Erklärung. Mein Herz schlägt schneller, bis ich mir vorkomme wie der Blech-Holzfäller aus dem *Zauberer von Oz*, der auf seine hohle Brust trommelt. Ich fühle mich versucht, weiter die Felsen hinaufzuklettern, aber meine Füße scheinen am Boden zu kleben.

Aber die Staubwolke steht nicht still. Sie verschwindet für einen Moment zwischen den Hügelfalten, und ich weiß, dass sie in meinem Canyon wieder auftauchen wird.

Ich erinnere mich an den magischen weißen Zaun. Schließ den Canyon, befehle ich panisch mit geschlossenen Augen, aber ich weiß bereits, dass der Trick diesmal nicht funktionieren wird. Ich weiß nicht, woher, aber ich weiß es. Vielleicht klappt ein Befehl nur einmal. Mein erster gefälschter Entschuldigungszettel war Miss Dindle entgangen, aber der zweite nicht, obwohl ich mich ebenso fest konzentrierte. Dieses Mal hatte ich Geometrie geschwänzt. Schon als ich im Geiste sagte: Nein, Miss Dindle, Sie werden meinen Zettel nicht prüfen, wusste ich, dass sie gleich an ihren riesigen Aktenschrank gegangen war und die Unterschriften verglichen hatte. Ich war nicht einmal erstaunt, als ich später am Nachmittag ins Büro gerufen wurde. Als der Rektor mit mir fertig war, stand ich mit fünf Wochen Nachsitzen da. Und bis meine Eltern mit mir fertig waren, kamen mir diese fünf Wochen Nachsitzen vor wie Ferien im ClubMed. Aber ich hatte in der Minute, in der ich Miss Dindles Büro verließ, gewusst, was kommen würde.

Daher bin ich nicht erstaunt, als ich die Augen öffne und sehe, dass die Staubwolke den Eingang des Canyons hinter sich gelassen hat und jetzt auf meinen Lagerplatz zuhält. Jetzt kann ich auch bestimmen, was den Staub aufwirbelt. Ich höre das Knirschen eines Getriebes, das Rumpeln eines Motors und ein Radio, das in voller Lautstärke plärrt, und alles gehört zu einem schmutzigen weißen Toyota, der mich mit wilden Hupsalven begrüßt.

Ich stoße einen Schrei aus, der wie ein Bumerang von den Wänden widerhallt, und rutsche den Abhang hinunter. Kieselsteine schlittern unter meinen Füßen weg wie heißes Gummi. Als der Truck anhält, habe ich ihn erreicht, und das Fenster auf der Fahrerseite wird heruntergekurbelt.

»Eilzustellung«, erklärt Bret Layman grinsend. »Ein Holzofen, per Nachnahme.«

»Wenn Sie Wüstendollars nehmen.« Ich lache viel zu laut, aber das ist nicht schlimm und liegt daran, dass ich seit langer Zeit nichts mehr zu lachen hatte. Endlich, da steht das Öfchen auf der Ladefläche des Trucks. Nicht größer als ein Brotkasten, vielleicht vierzig Zentimeter breit und fünfundzwanzig tief, und es sieht alt aus. Das Gusseisen ist nicht mehr schwarz, sondern rostrot. Die Tür, die einmal massiv gewesen ist, weist ein Loch von ungefähr zweieinhalb Zentimetern Durchmesser auf und hängt an uralten Angeln, die kaum noch am Ofen halten.

»Wie ist es Ihnen ergangen?«, fragt Bret und mustert mich von Kopf bis Fuß. Ich bin froh, dass ich nicht die Cowboystiefel trage. Ein Blick auf die abgeplatzten Sohlen, und er würde mich wahrscheinlich auf den Truck werfen und abtransportieren.

»Sie sehen aus, als hätten Sie einen Luftangriff hinter sich«, meint Dana und steigt aus der Beifahrertür.

»Es war kalt«, gestehe ich.

Aus dem Inneren des Wagens dringt ein Hmpf, was Dana zu einem Lächeln veranlasst. Sie dreht sich zu dem Toyota um. »Was hast du gesagt?«

Die Sonne steht so, dass sie sich in der Windschutzscheibe des Trucks spiegelt. Der grelle Schein hindert mich daran, ins Innere zu sehen. »Du hast mich schon verstanden. Ich sagte, es ist kälter als der Arsch einer Hexe.«

»Ach, komm schon raus und benimm dich wie ein Mensch«, ruft Dana mit einem Augenzwinkern in meine Richtung. »Wir haben dich nicht bloß wegen deiner schrägen Witze mitgenommen.«

»Na schön.« Die Stimme wird begleitet von Ächzen und Stöhnen und einem Geräusch, als gleite etwas über einen Sitz. Dann öffnet sich die Fahrertür, und ein Mann steigt aus. Er trägt einen Overall und ist ungefähr sechzig Jahre alt, sein Haar ist schlohweiß. Er trägt zwar keinen richtigen Bart, hat sich aber schon länger nicht rasiert. Er wirft mir einen kurzen Blick zu, greift dann in den Truck und zieht ein Rohr hervor. Es ist einen Meter achtzig lang und hat vielleicht fünfzehn Zentimeter Durchmesser.

»Wo willst du das hinhaben?«, fragt der Mann Bret.

»Da drüben«, weist Bret ihn an. Wir beide starren ihm nach, wie er das Rohr vorsichtig zu meinem Unterstand schleppt.

»Wer …?«, flüstere ich.

»Das ist der Erdhörnchenmann«, sagt Dana. »Er wohnt ein paar Tage bei uns.«

Meine Gedanken überschlagen sich, als ich versuche, mich an die Einzelheiten zu erinnern. Vietnam. Hat auf einen der eigenen Leute geschossen. Frau hat ihn verlassen, sobald ihr Flugzeug gelandet war, lebt nun in der Wüste und ernährt sich von Erdhörnchen, weil die Jagd auf Hirsche Wilderei wäre. Obwohl Bret und Dana unbefangen mit ihm umgehen, kann ich mich des Gedankens nicht erwehren, dass er nicht gerade die Art Mensch ist, die ich gern in meinem Canyon sehe. Instinktiv kreuze ich die Arme vor der Brust, und ich mag das flaue Gefühl nicht, das sich in meiner Magengrube breit macht.

Warum mussten sie ihn bloß mitbringen? Ich sehe zu, wie er sich langsam meinem Unterschlupf nähert, und ringe mit meinen Gefühlen. Vielleicht ist der Mann ja ganz harmlos, aber … Das ist nicht nur eine Frage der Sicherheit. Ich fühle mich überfallen, als wäre das mein Platz, mein Revier, fast wie ein Zuhause irgendwie … Jedenfalls ist es einem Heim ähnlicher als alles andere, was ich besitze. Ich habe diesen Menschen nicht eingeladen, aber er steckt bereits den Kopf in meine Hütte, als ob …

»Tschuldigung«, schreie ich. »Das ist privat.«

Der Erdhörnchenmann hätte nicht schockierter dreinschauen können, wenn ich mich angeschlichen und ihm einen Tritt versetzt hätte. Derselbe Ausdruck, der in den Augen eines Hundes steht, wenn er fest geschlafen hat und man versehentlich über ihn stolpert. Während das Tier Reißaus nimmt, sieht es einen völlig verwirrt an und weiß nicht, was es falsch gemacht hat.

»Ich dachte, hier wollten Sie den Ofen hinhaben«, murmelt der Erdhörnchenmann und weicht zurück. »Seh' keinen anderen Platz dafür.« Dana und Bret starren in meine Richtung, und sofort fühle ich mich beschämt. Er versucht nur zu helfen, und ich habe ihm praktisch den Kopf abgerissen.

»Lassen Sie mich nur ein paar Dinge wegräumen, bevor Sie hineingehen«, sage ich. »Ich möchte nicht, dass Sie sehen, wie schlampig ich in Wirklichkeit bin.«

»Macht mir nichts aus«, meint der Erdhörnchenmann, und als ich an ihm vorbei gebückt in meinen Unterschlupf trete, bin ich überzeugt, dass es ihm Ernst ist. Er scheint mir nicht die geringste Neugierde entgegenzubringen, als wäre nichts Ungewöhnliches daran, mit dem Truck fünfundzwanzig Meilen mitten in die Wüste zu fahren, nur um in der Zeltleinwandbehausung irgendeiner Frau einen Holzofen zu installieren.

Ich brauche nur einen Moment, um meine Schlafsäcke zusammenzulegen und beiseite zu schieben. Als ich die kahlen Stoffwände und den nackten Stoffboden betrachte, wird mir richtig klar, dass mein Unterschlupf ansonsten nichts Privates aufweist. Ein Haufen Schlafsäcke und ein Kocher, ein paar Töpfe und eine Kaffeetasse, die jedem gehören könnte. Nichts weist auch nur im Geringsten darauf hin, dass ich hier wohne und niemand anders. Keine Fotos, keine Andenken, obwohl ich welche mitgebracht habe. Sie liegen immer noch in einer Tüte im Nylonzelt. Ich habe mir nie die Mühe gemacht, sie auszupacken, und nun frage ich mich, warum.

»Wenn ich richtig geschätzt habe, dann müssten wir alles blitzschnell aufgebaut haben«, erklärt Bret, als ich wieder auftauche. Er rollt ein Fünfundfünfzig-Gallonen-Fass von seinem Truck. »Das hier sind Möbelreste.« Er steckt die Hand in das Fass und zieht eine Handvoll Holzklötze hervor, die genau die richtige Größe für den winzigen Ofen aufweisen. »Sie erzeugen große Hitze, brennen aber schnell ab.« Er lässt die Stücke wieder ins Fass fallen und schnappt sich seinen Werkzeugkasten. »Zu Hause benutze ich sie als Anmachholz. Sie reichen für den Anfang, aber Sie müssen den Ofen trotzdem mit etwas Soliderem füttern. Hier ...« Er wirft dem Erdhörnchenmann zwei tellergroße Aluminiumscheiben zu. »Halt das mal einen Moment.«

Bret, Dana und der Erdhörnchenmann sind ein eingespieltes Team. Zuerst lädt der Erdhörnchenmann fünf oder sechs Steinplatten von dem Truck ab, die Bret in meinen Unterschlupf trägt. Eine Platte dient dem Ofen als Fundament, und die anderen stellt Bret so auf, dass sie die Stoffwände vor der Hitze abschirmen.

Nun nimmt Bret die Aluminiumscheiben, aus deren Mitte jeweils ein Loch von fünfzehn Zentimeter Durchmesser ausgeschnitten ist. Die eine presst Dana von außen gegen die Zeltplane, während Bret nach drinnen krabbelt und die andere direkt darüber hält. So ein Manöver habe ich noch nie beobachtet. Aber Minuten später sitzt der Aluminiumschutz fest an seinem Platz, die Leinwand ist aus dem Kreis ausgeschnitten, und zwischen Boden und Rohr ist Draht zum Fixieren gespannt. Das Ofenrohr ragt aus dem Unterstand wie ein Stohhalm aus einem Schokoladenmilchshake.

»Ich kann es nicht glauben«, sage ich und lege die Hand auf Danas Arm. »Das fasse ich einfach nicht.«

»Ehe ich es vergesse ...« Sie wühlt in ihrer Tasche. »Das hier können Sie bestimmt gebrauchen.« Sie reicht mir eine Tackerpistole, eine Extrapackung Heftklammern, eine Schachtel mit Nägeln in verschiedenen Größen und den Rest der Rolle Draht, mit dem sie das Ofenrohr fixiert haben. Ich starre die Stückchen aus bearbeitetem Metall an. In der Welt außerhalb der Wüste sind sie keine zwei Dollar fünfundsiebzig wert. Hier sind sie kostbarer als Gold.

Der Erdhörnchenmann hat kein einziges Wort an mich gerichtet, seit er mit der Arbeit angefangen hat, noch habe ich ihn angesprochen, obwohl ich jeden seiner Schritte beobachtet habe. Ich habe bemerkt, dass er mir ab und zu einen Blick zuwirft, während er den Unterstand aus Zeltplanen umkreist und anscheinend mein handwerkliches Geschick beurteilt – besser gesagt, das Fehlen desselben. Als er mir direkt in die Augen sieht, bin ich erstaunt.

»Schätze, Sie können die Leinwand an den Rahmen tackern«, meint er. »Dann ist Schluss mit dem Geflatter.« Unter anderen Umständen wäre es mir vielleicht peinlich gewesen, dass er gleich auf die Mängel meiner Behausung abhebt. Aber trotz meines festen Entschlusses, mich nur auf mich selbst zu verlassen, ist offensichtlich, dass mir jegliches Talent zum Schreinern abgeht.

»Yep«, fährt er fort, »hier würde ich eine Klammer setzen.« Er weist auf die Mitte des Querbalkens. »Und hier, und hier, und vielleicht auch da. Na, da vielleicht nicht, aber ganz bestimmt hier.«

»Das mache ich.« Ich nicke.

»Hübsches Stück Zeltleinwand«, meinte er und lässt die Hand über die Plane gleiten, als streichle er eine Katze. »Was haben Sie dafür hingeblättert?«

»Hundert Dollar«, antworte ich. »Aus alten Armeebeständen. Alles in allem sind es drei Planen.«

Der Erdhörnchenmann drückt sich fast die Nase an dem Stoff platt. »Nettes Stück Plane, kein Zweifel.« Er fährt fort, den Unterstand zu umkreisen, und späht hierhin und dorthin. Schließlich beendet er seine Inspektion und sieht mir wieder in die Augen. »Hat Sie jemand belästigt, seit Sie hier sind?«

Ich weiß nicht genau, was ich antworten soll, und zögere. »Eigentlich nicht.«

»Entweder Sie sind belästigt worden oder nicht.«

»Ich habe ein paar Mal Geräusche gehört«, gestehe ich. »Vor einigen Tagen ein Radio, und heute Morgen bin ich vom Klingeln eines Telefons aufgewacht. Als Sie kamen, war ich gerade den Canyon hinaufgeklettert, um festzustellen, wo das herkam. Wissen Sie, ob hier draußen jemand lebt?«

»Hier is' niemand sonst«, sagt der Erdhörnchenmann. »Und Sie ham auch kein Telefon gehört.«

»Ich habe etwas gehört.«

»Klar«, nickt der Erdhörnchenmann.

»Das verstehe ich nicht.«

»Wissen Se, was Phantomschmerzen sind? Jemand verliert einen Arm oder ein Bein.« Er tut, als hacke er zuerst seinen Arm und dann sein Bein ab. »Sagen wir, amputiert, gerade abgeschnitten. Verdammte Sache, so was. Nachts wacht der Mann auf und schreit vor Schmerzen im Arm oder Bein, aber eigentlich kann er keine Schmerzen haben, weil er das Bein oder den Arm nicht mehr hat. Sie können ihm aber nicht erklären, dass es nicht wehtut, weil sein Hirn den verlorenen Körperteil kompensiert und glaubt, er wäre noch dran.«

Ich nicke.

»Dasselbe passiert mit Ihren Ohren. Nennen Sie's Phantomgeräusche, wenn Sie wollen. Ihre Ohren sind nicht daran gewöhnt, ›nichts‹ zu hören. Überall, wo Sie bis jetzt in Ihrem Leben gewesen sind, hat etwas Lärm gemacht, und wenn nur im Hintergrund. Fast ständig reizt irgendwas Ihr Gehör. Aber hier haben Ihre Ohren nicht viel zu tun. Wenn der Wind nicht weht und alles vollkommen still ist, wissen Ihre Ohren nicht, was sie damit anfangen sollen. Also kompensiert das Gehirn die Situation und macht genau die Geräusche, an die Ihre Ohren gewöhnt sind.«

»Sind Sie sich ganz sicher?«

Der Erdhörnchenmann schnaubt. »Wenn Sie lange genug hier bleiben, passt Ihr Hirn sich an und hört auf, Geräusche zu erfinden. Dann können Sie hören, was wirklich hier ist. Warten Sie nur, bis Sie die Musik im Feuer hören. Sie werden glauben, Sie verlieren den Verstand.«

Musik im Feuer? Ich suche in seinem Blick nach einem Hinweis, dass er scherzt.

»Vielleicht hören Sie's auch nicht«, meint er. »Wenn, dann haben Sie Glück, denn das heißt, dass ihre Ohren nicht mehr mit allem Möglichen vollgestopft sind und wieder zu hören gelernt haben.«

Ich will ihn fragen, wovon er redet, aber Bret unterbricht uns.

»Das war's dann wohl«, verkündet er und tritt unter der Türklappe hervor. »Glaube nicht, dass der Ofen Ihnen viele Probleme bereiten wird; nur mit der Vordertür müssen Sie aufpassen. Ich habe sie so gut wie möglich gelötet, aber Sie sollten vorsichtig damit umgehen, wenn Sie Holz nachlegen. Und nehmen Sie nicht zu viel auf einmal, sonst qualmt er fürchterlich. Lassen Sie ihn langsam in Schwung kommen.«

»Ich habe gerade etwas über Musik im Feuer gelernt«, sage ich in der Hoffnung, dass der Erdhörnchenmann die Sache weiter aufklärt, aber Bret lacht laut auf.

»Achten Sie gar nicht auf ihn«, rät Bret. »Er redet das Blaue vom Himmel herunter.«

»Niemand hat behauptet, dass du dran glauben musst.« Der Erdhörnchenmann zuckt die Achseln. »Nicht meine Schuld, wenn du's nicht hören kannst.«

»Wohl wahr«, meint Bret

»Aber als du die Sache mit der Land- und Forstverwaltung rausgekriegt hast, warst du ziemlich kleinlaut. Hast du ihr davon erzählt?« Bret wirft dem Erdhörnchenmann einen scharfen Blick zu, den dieser schulterzuckend erwidert.

»Was ist los?«, frage ich.

Bret räuspert sich und schaut auf seinen Fuß, mit dem er einen kleinen Kreis auf dem Boden zieht. »Na ja, nachdem ich Sie hier abgesetzt hatte, habe ich noch mal nachgedacht ...«

»Du? Blödsinn«, unterbricht der Erdhörnchenmann. »Die Idee kam von mir.«

»Okay, es war deine Idee, die Sache zu überprüfen«, gibt Bret zu.

»Unbedingt nötig«, erklärt der Erdhörnchenmann bestimmt. »Jedes Mal, wenn die Regierung einen beim allerkleinsten Schnitzer erwischen kann, dann macht sie das auch, das schwöre ich.«

»Also … ich wusste ja, dass dieser Canyon auf BML-Land liegt«, beginnt Bret.

»Das Bureau of Land Management.« Die Stimme des Erdhörnchenmannes klingt, als verlese er eine königliche Proklamation. »Eure Regierung in Aktion.«

Das weiß ich alles. Bret hatte mir ja versichert, es sei kein Problem, mich in diesem Canyon niederzulassen. Die Vorschrift über eine Langzeitgenehmigung treffe hier nicht zu.

»Aber du hast es nicht überprüft, oder?«, fragt der Erdhörnchenmann. »Erst als ich gesagt habe, du solltest es lieber tun.«

Irgendetwas sagt mir, dass das keine gute Nachricht wird.

»Anscheinend gilt diese Sache mit der Langzeitgenehmigung doch für alles öffentliche Land«, erklärt Bret. »Ich meine immer noch, dass die Behörden die Erlaubnis erst gar nicht erteilt hätten. Aber da Sie nun mal keine haben, könnten sie Sie gesetzlich dazu zwingen, den Platz nach zwei Wochen zu räumen. Aber keine Sorge, es gibt nur einen Beauftragten für den ganzen Distrikt, und wenn ich den einmal im Leben gesehen habe, ist das viel. Niemand wird ihm verraten, dass Sie hier draußen sind, und auf andere Weise kriegt er es nicht raus. Würde mir deswegen keine schlaflosen Nächte machen. Ich dachte nur, Sie sollten das wissen.«

»Ich hasse diese Bastarde«, faucht der Erdhörnchenmann und spuckt aus. »Die glauben doch alle, ihnen gehört die ganze Wildnis.«

»Da hast du ausnahmsweise mal Recht«, pflichtet Bret ihm beruhigend bei, aber der Erdhörnchenmann hat sich in Rage geredet.

»Hüter. Das sollen sie angeblich sein. Hüter, was für ein Quatsch. Am liebsten wäre denen doch, wenn niemand je den Fuß auf ihr kostbares Land setzt. Darauf können Sie wetten, kleine Lady. Wenn die rauskriegen, dass Sie hier sitzen, dann werden die Ihnen mit größtem Vergnügen einen Fußtritt verpassen – und Ihnen wahrscheinlich obendrein fünfhundert Dollar Bußgeld aufbrummen.«

»Eine Strafe?«, frage ich. »Wofür denn?«

»Unbefugtes Betreten.« Wieder spuckt der Erdhörnchenmann aus. »Unbefugtes Betreten öffentlichen Landes, jawohl, öffentlichen Landes. Ihr Land, mein Land, das Land, das sie für uns hüten. Hamstern trifft die Sache ja wohl eher. Wissen Sie, warum die niemanden länger als zwei Wochen bleiben lassen?«

Ich schüttle den Kopf.

»Sie wollen nicht, dass sich jemand auf Dauer niederlässt. Und das ist verdammt der größte Blödsinn, den ich je gehört habe. Wer will sich schon auf Dauer in der Wüste einnisten?«

»Du«, wirft Dana grinsend ein.

»Ich lebe *nicht* auf öffentlichem Land.« Der Erdhörnchenmann zieht ein gequältes Gesicht. »Lasso hat sein Land gekauft und abbezahlt und mir offiziell gestattet – juristisch wirksam wohlgemerkt –, auf dieser Parzelle am Rand seines Besitzes zu siedeln, von der er sowieso nichts hat und nichts will.«

»Lasso?«, frage ich.

»Das ist sein Spitzname«, erklärt Dana. »Mit neunzehn, zwanzig konnte er einen Stier schneller einfangen, als ich ein Ei aufschlage. Er wollte Rodeo-Reiter werden.«

»Hätte 'nen guten abgegeben«, meint der Erdhörnchenmann. »Einfach 'ne Tragödie das Ganze.«

»Die Sache war so«, erläutert Bret. »Der Junge trainierte gerade für die regionalen Ausscheidungen, als sein Pferd ihn abwarf. Bevor noch jemand den Stier aus dem Korral holen konnte, kam er direkt auf Lasso zu. Das Tier trampelte auf ihm herum und hat ihm fünfmal den Arm gebrochen. Das war das Ende seiner Rodeo-Träume.«

»Er ist ein guter Mann«, setzt der Alte hinzu. »Obwohl ich nie jemanden getroffen habe, der öfter Ärger mit seinem Auto hat. Ich schwöre, der Kerl ist verflucht. Er hat noch nie einen Wagen gekauft, der nicht innerhalb von zwei Wochen liegen geblieben ist. Ich selbst versteh' mich gut auf Motoren und versuch' ihm unter die Arme zu greifen, denn wenn er nicht wäre, wo sollte ich dann wohl wohnen? Lange könnte ich mich auf öffentlichem Land nicht breit machen, und ich will auch nix Illegales tun. Aber ich will euch allen mal was sagen. Jede Seele, die hier draußen überlebt und niemandem etwas tut – Teufel noch eins, so Leute bewundere ich.«

Er sieht mich direkt an, und ich spüre, wie sein indirektes Kompliment mir das Blut in die Wangen steigen lässt.

»Ich glaube nicht, dass Sie Probleme mit den Behörden bekommen werden«, meint Bret, während er das letzte Werkzeug auf den Truck lädt.

»Hoffentlich nicht«, gebe ich zurück, aber es fällt mir nicht leicht, das ungute Gefühl beiseite zu schieben.

»Tja«, zischt der Erdhörnchenmann, »wenn die Ihnen Ärger machen, dann richten Sie denen von mir aus, dass sie Scheiße reden. Das dürfte die Sache erledigen.«

Trotz des möglichen Problems, das Brets Information darstellt, kann ich mir ein Lächeln nicht verkneifen. Der Erdhörnchenmann hegt offenkundig keinerlei Bedenken, sich auf sich selbst zu verlassen. »Hat mich gefreut, Sie kennen zu lernen«, sage ich und strecke ihm meine Hand entgegen. Der Alte nimmt sie und schüttelt sie feierlich.

»Vergessen Sie die Musik im Feuer nicht.« Sein Blick schweift ab und richtet sich auf die Hütte hinter mir. »Hübsches Stück Zeltplane, keine Frage.«

Ich sehe zu, wie der Toyota aus dem Canyon rumpelt. Immer kleiner wird die Staubwolke, die er hinter sich herzieht, bis der Wagen schließlich mit einem letzten Hupen hinter den Bodenwellen verschwindet. Ich kann nichts dagegen tun, dass in dem Moment, in dem ich wieder vollkommen allein bin, jede Zelle in meinem Körper schmerzhaft rebelliert, und ich frage mich, ob der Erdhörnchenmann nach seinen kurzen Besuchen bei Bret und Dana dieselbe Reaktion erlebt. Als wüsste auch der Körper, dass der menschliche Geist nicht für absolute Einsamkeit geschaffen ist.

Als ich zu meinem Unterstand zurückwandere, klingelt irgendwo in der Ferne ein Telefon. Ich schüttle den Kopf und gehe weiter. Das Phantom hat wieder zugeschlagen.

11. Kapitel

Tag 11, 21. November, Vormittag

Mit der Erfindung der Tackerpistole hat die Menschheit einen gewaltigen Sprung nach vorn gemacht.

»*En garde*«, rufe ich und drücke den Abzug. Eine Heftklammer schießt durch die Luft auf meinen unsichtbaren Gegner zu. »Nimm das, Halunke.« Ich drücke noch einmal ab und kichere, bis mir einfällt, dass ich keine Heftklammern verschwenden sollte. Aber unwillkürlich fühle ich mich jedes Mal zu Späßen aufgelegt, wenn ich einen Blick auf den Rauch tue, der aus dem neuen Ofenrohr quillt. Die letzten zehn Tage haben mich gelehrt, solch unbeschwerte Momente zu genießen, solange sie währen. Die Wüste gibt sie nicht so leicht her.

Aber ich bin entschlossen, den Rat des Erdhörnchenmannes zu beherzigen, und als ich die Plane an mindestens hundert Stellen fest auf den Rahmen hefte, hallt der Canyon von dem wiederholten Ka-tschunk der Tackerpistole wider.

Ka-tschunk, ka-tschunk, jetzt flattern die Wände nicht mehr.

Ka-tschunk, ka-tschunk, und die dreieckige Klappe, die zehn Tage lang schlaff über dem Eingang gebaumelt hat, hängt ordentlich, gerade und sicher.

Nach weniger als einer Stunde Arbeit ist das Resultat sogar noch beeindruckender, als ich gehofft hatte. Einst bestand mein Unterschlupf nur aus einer über einen Rahmen geworfenen Plane, und jetzt strahlt er das Selbstvertrauen einer kleinen Hütte aus. Eingeschmiegt zwischen die Wacholderbäume und mit dem rauchenden Ofenrohr wirkt das Ganze nicht mehr wie eine Szene aus *Die drei kleinen Schweinchen*, sondern eher wie *Unsere kleine Farm*.

Ka-tschunk, ka-tschunk, wieder drücke ich den Abzug der Tackerpistole, und der Rahmen des Regiestuhls, den ich seit zehn Tagen nicht mehr angerührt habe, bekommt endlich seinen Bezug. Jetzt habe ich wirklich etwas zum Sitzen. Vor zehn Tagen hätte mich eine so simple Sache wohl nicht beeindruckt, aber da hatte ich auch noch nie zehn Tage am Stück auf gefrorenem Boden gehockt.

Alle paar Minuten trete ich mit eingezogenem Kopf in die Hütte, um noch ein paar Stücke Möbelholz nachzulegen. Bret hatte Recht, sie erzeugen große Hitze, brennen aber schnell ab, und ich habe den Verdacht, dass das Feuer ohne meine ständige Zuwendung bald ganz ausgehen würde. Mir ist das gleich. Der Ofen ist eine solche Verbesserung, dass es mir jedes Mal Auftrieb gibt, seine Tür zu öffnen und die Flammen zu sehen. Endlich ist es warm in meinem Unterschlupf.

Jetzt ist ganz bestimmt das Schlimmste vorüber. Hätte ich vor elf Tagen gewusst, worauf ich mich einließ, hätte ich keinen Fuß in die Wüste gesetzt. Das Kompliment des Erdhörnchenmannes habe ich mir ehrlich verdient. Ich habe unter Bedingungen ausgehalten, die mir im Rückblick menschenunwürdig vorkommen, und damit meine ich nicht nur die Kälte. Ein Rundblick auf meine Habe erinnert mich daran, wie primitiv meine Lebensbedingungen im Grunde sind. Der Unterstand sieht von außen vielleicht nett und behaglich aus, aber man braucht nur hineinzutreten, und bis auf die Wärme zerstreuen sich die Illusionen. Nicht einmal ein Bett oder eine Luftmatratze. Nur ein Berg stinkender Schlafsäcke auf dem Leinwandboden.

Wahrscheinlich war ich zu sehr mit Überleben beschäftigt, um viel über meine Würde nachzusinnen. Aber jetzt ist der Gedanke, mich noch eine Nacht in diese Schlafsäcke zu hüllen, mehr, als ich ertragen kann. Ich schleppe sie nach draußen, schüttle sie gründlich aus und hänge sie zum Auslüften über ein paar Wermutbüsche.

Das Zusammenbauen des Regiestuhls hat mich auf eine Idee gebracht. In der Trommel mit dem Möbelholz finde ich ein paar Fragmente von Brettern, eines knapp einen Meter lang und zwanzig Zentimeter breit und das andere ein Quadrat von gut fünfundzwanzig Zentimetern Seitenlänge.

Ich nagle ein paar Holzklötzchen unter das kürzere der Bretter und erhalte einen kleinen Nachttisch. Er ist zwar nur fünfzehn Zentimeter hoch und wackelt, wenn man ihn belastet, aber er ist besser als alles, was ich während der letzten zehn Tage hatte, nämlich nichts.

Das andere Brett passt perfekt quer an die rückwärtige Innenwand des Unterstands, und ich nagle es an den Rahmen und habe ein Regal. Darauf arrangiere ich meine Toilettenartikel – die zu benutzen ich noch keine Gelegenheit hatte – und schlage einen Nagel in die Ecke, die dem Holzofen am nächsten liegt. Dort sollen meine Handtücher hängen, die endlich wieder aufgetaut sind, nachdem ich nach dem Unwetter damit das Zelt ausgewischt hatte. Es hat etwas unglaublich Zivilisiertes an sich, seine Besitztümer anderswo als auf dem Boden aufzubewahren.

Ich krame im Zelt herum und suche den letzten Pfiff: ein Foto von Tony in seiner Juniorliga-Uniform, aufgenommen an dem Tag, als sein Baseballteam die Meisterschaft gewann. Bei dem Spiel war ich dabei, eine der wenigen Gelegenheiten, bei denen ich ihm zusehen konnte. Selbst heute schnürt mir die Erinnerung an sein stolzes Gesicht, als er über die Home Base schlitterte, noch die Kehle zu.

»Du fehlst mir«, sage ich, küsse meine Fingerspitzen und lege sie dann auf die Lippen meines Sohnes. »Keine Sorge, alles wird gut.«

Als ich rückwärts aus dem Zelt krieche, zieht ein leuchtend roter Fleck meinen Blick auf sich. Fast hatte ich die Cherokee-Maske mit den großen, von Kreisen umgebenen

Augen vergessen, die Jerry aus einem halben Flaschenkürbis für mich geschnitzt hatte – sie soll über dich wachen, hatte er gesagt –, und ich kann mich eines Seufzers nicht erwehren.

»Ich glaube, du wärst stolz auf mich«, erkläre ich der Maske, weil ich Jerry genau das sagen würde, wenn ich könnte. »Ich habe einiges erreicht.«

Aber ich habe noch einen langen Weg vor mir.

Den ganzen Nachmittag räume ich alles hin und her, sortiere die Besitztümer, die noch im Zelt lagern, und organisiere meine Vorräte. Ich übernehme auf eine Weise Kontrolle über mein Leben, wie ich das zuvor nicht getan habe. Nie mehr werde ich ein Opfer der Kälte sein. Und ich werde nicht länger im Dreck leben.

Den ganzen Tag über haben sich Sturmwolken im Westen zusammengezogen, und nun bedecken sie den gesamten Himmel. Als ich die Schlafsäcke hereinhole, fallen die ersten Schneeflocken. Ich drücke die Nase an den Stoff und atme tief ein. Der Gestank ist verflogen und hat nur einen Hauch von Wermut zurückgelassen. Nachdem ich die Schlafsäcke aufgeschüttelt und auf dem Boden ausgebreitet habe, sehen sie sogar ganz einladend aus. Eine Matratze fehlt mir natürlich immer noch, aber inzwischen habe ich mich ohnehin daran gewöhnt, auf dem Boden zu schlafen.

Eines hat die Wüste mir ohne jeden Zweifel klargemacht: Von einer Minute auf die andere kann sich eine ganze Welt verändern. Gestern Morgen bin ich in der Eiszeit aufgewacht. Heute Abend habe ich es warm, obwohl draußen Schnee fällt. Gestern Morgen war mein Unterschlupf eine kalte Gruft. Heute Abend … nun ja, zum zweiten Mal heute stelle ich fest, dass ich ihn als eine Art Zuhause betrachte. Vielleicht ist »Zuhause« ein wenig übertrieben, aber es mangelt mir an fast nichts. Außer an Gesellschaft. Nach dem Besuch von Bret, Dana und dem Erdhörnchenmann merke ich noch deutlicher, wie einsam ich bin.

Ich öffne die Tür des Öfchens, um noch mehr Möbelholz

nachzulegen, und halte – nur für alle Fälle – mein Ohr heran. Immer noch frage ich mich, was der Erdhörnchenmann mit »Musik im Feuer« gemeint hat. Ich jedenfalls höre nichts.

Aber das stimmt nicht ganz. Während ich still stehe und angestrengt lausche, knackt und knistert das Feuer, als die Flammen das frische Holz verschlingen, und manchmal stößt es ein leises Zischen aus. Jetzt vernehme ich eine Art Brizzeln und dann ein kurzes, gedämpftes Stöhnen. Ab und zu knarzt der Ofen selbst, als recke er nach einem langen Schlaf die Glieder; ich glaube, er ist seit Jahren nicht benutzt worden. All diese Laute erzeugen schon eine Art symphonischer Untermalung, aber das Musik zu nennen wäre weit hergeholt. Vielleicht hat der Erdhörnchenmann das symbolisch gemeint. Aber wenigstens habe ich keine weiteren Phantomgeräusche mehr gehört, wahrscheinlich weil meine Ohren etwas zu tun hatten. Nach dem ganzen Tackern und Hämmern ist es ein Wunder, dass ich überhaupt noch etwas höre.

Aber jede Heftklammer und jeder Nagel haben sich gelohnt.

In meinem Leben habe ich unter einer großen Anzahl von Dächern geschlafen, aber dies ist das erste Obdach, von dem ich behaupten kann, es mit eigenen Händen gebaut zu haben. Nie bin ich darauf gekommen, dass ich das wollen könnte, trotz Thoreaus Mahnung, dass »es ebenso angebracht sei, dass ein Mann sein eigenes Haus errichtet, wie dass ein Vogel sein Nest baut«. Ich dachte bloß, was ist so Besonderes daran? Außerdem sind die meisten modernen Häuser so komplex, dass normale Menschen sie nicht allein bauen können. Als ich jetzt darüber nachdenke, finde ich das ein wenig traurig..

Als der Schnee fällt und Dunkelheit das Regiment im Canyon übernimmt, geht mir auf, dass ich fast alles in und um meinen Unterschlupf verbessert habe bis auf eins: mich selbst.

Ich schiebe noch ein halbes Dutzend Stücke Möbelholz in den Ofen. Bret sagte, sie würden große Hitze erzeugen; jetzt werden wir sehen, wie heiß Hitze ist. Nur Minuten später ziehe ich die Mütze aus und fahre mit den Fingern durch mein verfilztes Haar. Die Kopfhaut ist wund, und meine Haare fühlen sich speckig an und riechen auch so. Als Nächstes folgt mein Schal.

In dem Suppentopf auf dem Holzöfchen schmilzt eine Gallone Eis, der Inhalt eines Kanisters. Das Wasser beginnt zu dampfen, und meine Hütte verwandelt sich in eine Sauna. Es ist so heiß, dass ich es in meinen Kleidern nicht aushalte, und zum ersten Mal seit elf Tagen beginne ich mich auszuziehen. Zuerst den Pullover, dann mein Flanellhemd und als nächstes die Skihosen und meine Leggins.

Ich überprüfe das Wasser im Suppentopf. Perfekt. Ich stelle die Bratpfanne auf den Boden und beuge mich darüber. Eine Tasse nach der anderen gieße ich himmlisch warmes Wasser über meinen Kopf. Mein Shampoo, das seit der zweiten Nacht gefroren war, ist am Ofen aufgetaut. Ich quetsche ein bisschen davon auf meine Handfläche, und der ganze Raum erfüllt sich mit seinem Duft. So lange habe ich keinen solchen Duft genossen, dass das Aroma mich beinahe überwältigt. Kein Harem könnte süßer, weiblicher, sinnlicher riechen als mein Unterstand in der Wüste. Er ist so exotisch wie ein türkisches Bad, und ich bin in blasse Seide gehüllt und ruhe auf einem satinüberzogenen Diwan, während drei Diener jeden Zentimeter meinen Körpers mit Öl massieren. Aufpassen, Jungs, da habt ihr eine Stelle übersehen – fangt noch mal ganz von vorn an.

Hier allerdings muss ich selbst noch einmal anfangen, denn einmal Einschäumen und Ausspülen hat nur die erste Schmutzschicht entfernt. Noch mehr Becher Wasser, noch mehr Shampoo, bis mein Haar zu meiner Zufriedenheit gesäubert ist. Ich frottiere es mit einem Geschirrtuch, und in der Hitze trocknet es innerhalb von Minuten. Das kurz geschnittene Haar fühlt sich flaumig an meiner Wange an, das zarteste Gewebe der Welt. Als ich ein Handtuch ins

Wasser tauche und meine Haut von Kopf bis Fuß wasche, verwandle ich mich in das sinnlichste Wesen, das je die Erde geziert hat. Ich bin eine Gazelle und tänzle durch ekstatische Fantasien, von denen einfache Sterbliche nur eine schwache Ahnung haben können.

Ich hatte vergessen, dass man sich so gut fühlen kann. Fast zögernd krieche ich schließlich in die Schlafsäcke und blase die Kerze auf meinem neuen Nachttisch aus. Wie immer vergewissere ich mich, dass das Beil in Reichweite meiner Hand liegt.

Wenn die vergangenen Tage mich eines gelehrt haben, dann das: Ich bin zu weit mehr in der Lage, als ich je geahnt habe. Ich kann für mich selbst sorgen, ich kann zäh wie Leder sein.

Aber heute Abend habe ich wieder entdeckt, dass es im Leben nicht nur darauf ankommt, hart zu sein. Ich bin mehr, als der eiserne Wille zu überleben. Ich bin auch sanft wie ein Kuss.

12. Kapitel

Tag 13, Thanksgiving, Morgen

Dieses Thanksgiving beginnt nicht wie die Festtage meiner Kindheit oder wie irgendein anderes Thanksgiving, das ich seither erlebt habe. Keine fröhlichen Stimmen beim Aufwachen, kein Truthahnduft, der aus der Küche heraufzieht. Ich erwache in Stille und Kälte. Der Ofen ist nicht groß genug, um die Glut über Nacht zu bewahren, daher stelle ich beim Aufwachen wieder einmal fest, dass rund um meinen Mund der Stoff meiner Schlafsäcke gefroren ist. Vom Feuer ist kein bisschen Glut mehr übrig.

Aber anders als in den Tagen vor der Ankunft des Ofens genieße ich heute den luxuriösen Gedanken, dass mein kleines Heim innerhalb von Minuten angenehm warm sein wird. Doch, es ist schon ein Zuhause, und erfreut stelle ich fest, dass sich alles, was ich brauche, in Reichweite befindet. Ohne aus dem Schlafsack zu steigen, beuge ich mich einfach zu dem Holzofen hinüber und zünde das Papier unter einer Hand voll Zunder an. Ich neige mich ein wenig nach links und bringe den Propankocher in Gang, um meinen Kaffee zu kochen. Bis er fertig ist, ist auch das Öfchen heiß, und der ganze Unterstand füllt sich mit angenehmer Wärme.

Der Wüste ist es vielleicht gleich, wie ich aussehe oder rieche, aber ich habe mich an die erste Lektion in menschlicher Würde erinnert. Sauber fühle ich mich viel wohler in meiner Haut. Zwar kann ich nicht genug Wasser erübrigen, um mich jeden Tag vollständig zu säubern, und meine Haare kann ich wohl nur alle zehn Tage waschen. Aber jetzt mache ich mir zumindest die Mühe, mir jeden Morgen als Erstes Wasser ins Gesicht zu spritzen.

Ich fühle mich auch wohler, weil der Unterstand jetzt sauber ist. Ganz kann ich den Schmutz nicht verbannen, aber es ist möglich, ihn einmal täglich mit einem Geschirrtuch hinauszufegen. Ich kann auch mein »Bett« machen, den Nachttisch abwischen und den Topf mit Wacholdernadeln auf dem Holzofen köcheln lassen, damit der kiefernähnliche Duft sich in der Luft verbreitet. Auch wenn ich für den Rest meiner Tage allein leben müsste, selbst wenn ich nie wieder einen anderen Menschen sähe, würde ich mich selbst und meine Wohnung so sauber wie möglich halten. Diese einfache Handlung, die Möglichkeit, diesen einen Faktor zu kontrollieren, gibt mir die Kraft, mich anderen Aspekten des Lebens in der Wüste zu stellen.

Einer dieser anderen Aspekte beschäftigt mich heute Morgen. Zwei Tage lang habe ich nichts anderes verbrannt als das Möbelholz, das Bret in dem Fass mitgebracht hat und das inzwischen zu einem Drittel geleert ist. Eine kluge Frau würde den Rest für einen Regentag oder Schlimmeres aufsparen. Sollte wieder ein Blizzard wie der erste zuschlagen und ich nicht zum Holzsammeln hinauskönnen, dann würde ein solcher Notvorrat darüber entscheiden, ob ich den Sturm überstehe.

Meine ersten Feuer haben die abgestorbenen Wacholderbäume in der Nähe meines Lagerplatzes aufgebraucht, und nun muss ich weiter den Canyon hinaufwandern. Erstaunt entdecke ich, dass es ein bisschen wärmer geworden ist. Die Sonne scheint von einem strahlend blauen Himmel, keine Wolke ist zu sehen, und mein Atem gefriert nicht mehr. Nur eine staubdünne Schneeschicht ist noch übrig, nicht annähernd genug, um mit einem Schlitten über den Fluss und durch die Wälder zum Festessen bei Großmutter zu fahren.

Als beste Quelle erweisen sich wieder lebende Wacholderbäume, unter deren dicken, schweren Ästen dürres Holz zu finden ist. Das einzige Problem besteht darin, dass die Wacholderbäume zwar dazu neigen, in Zweier- oder Dreiergruppen zu wachsen, diese Stellen aber mehrere hundert Meter auseinander liegen. Der Boden dazwischen ist felsig, uneben und mit Wermutbüschen bewachsen. Ich komme nur langsam vorwärts, weil ich das Holz, das ich unter einer Baumgruppe finde, bis zur nächsten mitschleppen und dabei ständig das Beil festhalten muss. Immer wieder muss ich fast zwanghaft an Berglöwen denken. Ein Beil ist sicherlich keine besonders gute Verteidigung, aber weit besser als gar keine.

Unter den meisten Bäumen finde ich einen oder zwei dünne Zweige, aber ab und zu ziehe ich einen Hauptgewinn – einen richtigen Ast, so lang und dick wie mein Bein. Die Äste lassen sich leichter zu meinem Lagerplatz zurückschleppen als die kleineren Zweige, weil ich sie ziehen kann. Aber die dürren Stöcke kann ich über dem Knie in ofengerechte Stücke brechen, während ich die Äste klein hacken muss.

Ich hege schwere Vorbehalte gegenüber dem Werkzeug, mit dem ich diese Tätigkeit angehe. Holzhacken ist noch nie meine Stärke gewesen und sollte meiner Meinung nach Fachleuten überlassen bleiben. Zu dieser Ansicht bin ich als Teenager gelangt, als ich Zeugin wurde, wie eine Axtklinge sich von ihrem Stiel löste und im hohen Bogen durch die Luft sauste, wie magnetisch angezogen von der Stirn des Zuschauers, in die sie sich grub. Die Stirn ließ sich mit zweiunddreißig Stichen nähen, aber man könnte behaupten, dass ich mich seitdem vor Äxten in Acht nehme.

Meine relativ geringen Körperkräfte verstärken meine Skepsis noch. Diese spezielle Axt habe ich wegen des Aufklebers auf ihrem Stiel aus dem Angebot im Baumarkt ausgesucht: *Die erste Axt für den Knaben.* Leider führte der Laden keine *Erste Axt für Mädchen* oder *Axt für schwache Frauen,* aber ich argwöhnte, dass manche Arbeiten zu schwer für das kleine Beil sein würden, und entschied mich daher, auf Nummer sicher zu gehen. Anscheinend habe ich eine gute Wahl getroffen, denn ich bin tatsächlich in der Lage, das Teil bis über meinen Kopf zu hieven. Ungefähr bei jedem dritten Schlag treffe ich sogar das Holz, obwohl sich die Axt bei den anderen Versuchen in den Boden gräbt – wie man mir gesagt hat, nicht unbedingt angeraten, um die Klinge scharf zu halten, aber wenn ich jemals einen Pflug benötige ...

Sobald ich mit der Axt ein paar Mal auf die Äste eingehackt habe, erledige ich den Rest mit der »Stampf-Methode«. Ich lege ein Ende des Holzes auf ein anderes, hebe es einige Zentimeter vom Boden und trete dann mit dem Fuß fest drauf. Wenn der Ast splittert, sind das Ergebnis ofengroße Stücke. Wenn nicht, dann geht der Ruck durch mein ganzes Bein.

Inzwischen schwitze ich stark und verscheuche eine Fliege von meinem Gesicht. Es dauert eine Sekunde, bis mir auffällt, dass ich gerade zum ersten Mal seit meiner Ankunft ein Insekt gesehen habe. Die Außentemperatur muss bei vier Grad liegen, eine richtige Hitzewelle. Selbst der Boden taut ein Stück weit auf und verwandelt meinen Lagerplatz in ein schlammiges Chaos. Ich bedaure, nach der Fliege geschlagen zu haben. So behandelt man seinen einzigen Gefährten nicht.

»Komm her, kleiner Bursche«, gurre ich. »Ich tue dir auch nichts.« Aber die Fliege saust davon. Ich beschließe, sie Felipe zu nennen, weil ich den Tick habe, allen Tieren Namen zu geben. Tatsächlich habe ich ganz allgemein eine Tiermanie.

Während meiner Kindheit und Jugend war unser Haus als der »Zoo« bekannt, größtenteils bedingt durch den Job meines Vaters. Nachdem er nicht mehr am College unterrichtete und bevor er nach Übersee ging, arbeitete er als pädagogischer Beauftragter im Point-Defiance-Zoo in Tacoma, Washington. Zu den üblichen Tierbabys aus dem Zoo, die von ihren Müttern nicht angenommen wurden, kam der

Ruf meines Vaters als »der Mann, den man anruft, wenn man ein verletztes Tier findet und nicht weiß, was man damit anfangen soll«, und so bot unser Haus im Lauf der Jahre einer ganzen Anzahl bepelzter Freunde Zuflucht.

Eines Freitags kam Dad mit drei Löwenjungen nach Hause, und meine Schwestern und ich schmusten das ganze Wochenende mit ihnen. Ich frage mich immer noch, ob Dad sich vorher mit Mom abgesprochen hat, denn unsere Küche diente gleichzeitig als vorübergehendes Heim für einen jungen Zwergbock. Das Ziegenböckchen ging uns allen auf die Nerven, aber ganz besonders Mom. Nicht nur, dass wir ständig über den Käfig aus Hühnerdraht stolperten, der die halbe Küche einnahm, sondern das Böckchen musste auch achtmal täglich mit der Flasche gefüttert werden, viermal davon mitten in der Nacht – Moms Aufgabe.

Der Ziegenbock war nicht das einzige Problem meiner Mutter und die Küche nicht der einzige Raum, der von einem »Gast« bewohnt wurde. Auch das Badezimmer beherbergte ein weiteres Geschöpf. Tatsächlich beherrschte das Tier das Bad. Es handelte sich um einen Flußotter, gerettet nach dem Ausbruch des Mount St. Helens, der große Mengen Asche und Schlamm in die umliegenden Flüsse gespuckt hatte. Die Frau, die ihn fand, wusste, dass es illegal war, Wildtiere zu halten, aber es war offensichtlich, dass der Otter ohne sofortige Hilfe sterben würde. Die Mischung von Asche und Schlamm in seinem Fell war hart wie Zement geworden. Die Behörden erteilten Dad eine Sondergenehmigung, damit er den Otter in unser Haus holen konnte, aber es war Mom, die das fast leblose Tier in die Badewanne steckte und jedes Bröckchen verhärteten Schlamms aus seinem Fell las. Mom beobachtete ihn während dieser ersten paar Tage rund um die Uhr, und Mom fütterte ihn auch.

Das erklärt vielleicht, warum sie die einzige Person war, die der Otter nach seiner Genesung in fünf Meter Umkreis duldete. Da unser Bad beträchtlich weniger als fünf Meter maß, ärgerte mich das Revierverhalten des Otters unglaublich. Ich schob den Gang so lange wie möglich hinaus, um einen hektischen Aufbruch zur Toilette zu unternehmen. Der Otter – wir hatten ihn Ornery getauft – wälzte sich aus der Badewanne und platschte blitzschnell über den Boden, um in alles zu beißen, was ihm in den Weg kam. Sobald ich mich gesetzt hatte, zog ich also die Füße hoch und verließ mich aufs Beten.

Tiere gehörten so selbstverständlich zu meiner Umgebung, dass ich mir nichts dabei dachte, einen toten Specht im Kühlschrank zu finden, ein Aquarium mit Spitzmäusen oder eine Garage voller Kaninchen. Meine Freunde sagten immer, ich hätte ein cooles Zuhause und echt coole Eltern, aber für mich war das einfach normal, obwohl ich meine Angst vor Schlangen und Mäusen nie überwunden habe. Und wahrscheinlich kann ich auch deswegen nicht anders, als der Fliege einen Namen zu geben. Alles die Schuld meiner Eltern.

Sie fehlen mir sehr, und ganz besonders heute.

Nicht zufällig hatte ich versucht, das erste Thanksgiving-Essen, das ich für James kochte, zu etwas ganz Besonderem zu machen. Ich war erst fünfzehn Monate verheiratet und versuchte, die Grundlagen für unsere zukünftigen Familientraditionen zu schaffen. James entstammte einer Tradition, in der man an Thanksgiving Football schaute, bis um zwei Uhr mittags das Essen serviert wurde. Dann wurde weiter Football gesehen, bis um sechs Uhr Truthahn-Sandwiches aufgetischt wurden, und dann schaute man die Höhepunkte und Wiederholungen sämtlicher Spiele des Tages an, bis jedermann – nun ja, zumindest ich – um sieben gründlich gelangweilt war.

Ganz anders waren da die Thanksgiving-Tage meiner Kindheit gewesen, obwohl ich ihnen damals ebenso begeistert entgegensah wie eine Katze einem Bad. Ich vertrat die Ansicht, man hätte Thanksgiving beträchtlich verbessern können, indem man das Fest entweder um Halloween-Süßigkeiten oder Weihnachtsgeschenke erweiterte, denn die Wertschätzung, die die meisten Menschen dem großen

Essen entgegenbringen, war mir vollkommen unverständlich. Der einzige Teil des Truthahns, den ich für genießbar hielt, war die Haut. Die Füllung verabscheute ich, und den Kürbis-Pie betrachtete ich als tragische Vergeudung eines ansonsten durchaus essbaren Kuchenteigs. Mein Thanksgiving-Essen bestand aus so vielen Sauerteigbrötchen, wie auf meinen Teller passten, so viel knuspriger Haut, wie ich in einem Stück von dem Vogel herunterbekam, und Oliven. Ich steckte mir auf jede Fingerspitze eine und saugte sie herunter, wobei ich so laut wie möglich schlürfte, bis Dad mir seinen berühmten strafenden Blick zuwarf.

Für Mom und Dad war Thanksgiving im Wesentlichen eine Gelegenheit, Gäste einzuladen – für gewöhnlich mindestens ein Dutzend Menschen, die sonst den Tag möglicherweise allein verbracht hätten. In unserem zweiten Jahr in Washington bat Dad die Laos zu uns, eine chinesische Familie, die gerade aus Shanghai gekommen war. Mr. Lao war Universitätsprofessor. »Ihre Tochter ist ungefähr im selben Alter wie die Zwillinge«, verkündete Dad, »und der Junge ist nur ein Jahr älter als Debi! Mrs. Lao bringt ein chinesisches Gericht mit. Das wird ein Spaß!«

Chinesisches Essen war das Einzige, was ich noch weniger ausstehen konnte als Truthahnfüllung. Ich sah dem Eintreffen der Laos mit Grausen entgegen. Als es läutete, trieb mein Dad uns zusammen, riss die Tür auf und schrie so begeistert »Hallo!«, dass sich die Laos – wären sie nicht zu erschrocken gewesen, um sich zu rühren – wahrscheinlich umgedreht hätten und gerannt wären. Errötend presste Mr. Lao schließlich die Hände zusammen und verneigte sich. »Ah, hallo.«

Mr. Lao sprach das Englisch eines Erstklässlers, seine Frau, sein Sohn und seine Tochter kein einziges Wort. Neben den tapferen Bemühungen meines Vaters, das fast völlige Schweigen zu brechen, steht mir von diesem Essen am deutlichsten vor Augen, was jedes Kind sich am Büffet aussuchte. Die Kinder der Gäste beluden sich die Teller mit Reis und dem Gemüsegericht ihrer Mutter. Keine Spur

Truthahn, keine Füllung, nicht einmal einen Löffel Bratensaft. Auf den Tellern meiner Schwestern dagegen häuften sich alle traditionellen Lieblingsgerichte und nichts von dem chinesischen Gemüse – und auf meinem Teller befanden sich zehn Oliven und sechs Brötchen. Mein Vater lobte natürlich Mrs. Laos Gemüse in den höchsten Tönen, und Mr. Lao nickte heftig, als er Mutters Truthahn kostete. Aber wir Kinder kannten die Wahrheit: Manche Dinge passen einfach nicht zusammen.

Nach dem Essen war es unsere alljährliche Tradition, Spiele zu spielen – Karten-, Brettspiele und eines, das möglicherweise in unserem Haushalt entstanden ist: Die Saugglocke. Dabei legen alle Spieler eine leere Garnspule, an die ein Faden gebunden ist, auf einen gemeinsamen Haufen. Der ist so groß, dass er gerade noch unter eine Saugglocke passt – dieses Ding, mit dem man verstopfte Abflüsse reinigt. Ein Spieler bekommt den Sauger zugeteilt, den er oder sie ungefähr einen halben Meter über den Stapel mit den Spulen hält. Dieser Spieler verwaltet auch den Würfel. Mit dem ersten Wurf wird »die Zahl« festgestellt. Jedes Mal, wenn danach diese Zahl fällt, müssen die Spieler ihre Garnröllchen wegziehen, bevor der Sauger heruntersausen und sie festhalten kann. Zieht ein Spieler seine Spule bei einer falschen Zahl weg, scheidet er oder sie aus. Der letzte Spieler darf in der nächsten Runde den Sauger schwingen.

Angesichts der Sprachbarriere zwischen uns und unseren Gästen waren Karten- oder Brettspiele eindeutig nicht das Richtige. Meinem Vater gelang es jedoch, Mr. Lao pantomimisch das Ziel und die Regeln der Saugglocke zu vermitteln, die dieser dann seiner Familie übersetzte.

Mein Dad hat wahrscheinlich das beste Lachen der ganzen Welt und setzt es häufig ein, um ein ganzes Zimmer damit zu erfüllen. Vaters pure Freude und vollständige Rückhaltlosigkeit unterscheiden sein Lachen von allen, die ich je gehört habe. Und wenn er lacht, versucht er zugleich schreiend mitzuteilen, was er gerade so lustig findet, und wenn nötig, überbrüllt er sein eigenes Gelächter, um sich Gehör zu verschaffen.

Dads Fähigkeit, auf Kommando zu lachen, versetzt mich immer wieder in Erstaunen. Da der Gesundheitszustand meines Großvaters sich nach und nach verschlechtert, hat jetzt mein Vater die Aufgabe, Dickens' *Weihnachtsgeschichte* vorzulesen. Im Kapitel um den Geist der gegenwärtigen Weihnacht gibt es eine Szene, in der Scrooges Neffe Fred in Gelächter ausbricht. Wenn Mr. Dickens das brüllende Lachen hören könnte, das mein Vater Fred leiht, würde er in dem Wissen, die tiefste Seele der Menschheit angerührt zu haben, beruhigt in seiner Gruft ruhen. Das Lachen entspringt tief in Dads Brust, steigt bis in seine Kehle, wo es sich in ein konvulsivisches Husten-Lachen-Keuchen verwandelt, um in einem Pfeifen auszulaufen. Wenn ihm bis dahin nicht tatsächlich Tränen über die Wangen laufen, dann sind die Zuschauer trotzdem sicher, dass Fred Tränen gelacht hat. Bis Dad sich erholt hat und mit der Geschichte fortfahren kann, dauert es so lange, wie Fred gebraucht hätte, um sich wieder zu fassen.

Ich glaube, was unsere chinesischen Gäste am meisten verdutzte, war dieses Lachen. Wenn Dad mit der Saugglocke an der Reihe war, »die Zahl« würfelte, den Sauger herunterknallen ließ und alle Spulen festnagelte, ehe auch nur eine einzige entwischen konnte, dann brach er in ein Gelächter aus, das selbst Scrooges Neffen in den Schatten gestellt hätte. Die chinesischen Kinder starrten ihn mit offenen Mündern an, ihnen war eine solch öffentliche Zurschaustellung von Frohsinn vollkommen fremd. Mr. Lao gelang es, sich von der Stimmung mitreißen zu lassen. Er lächelte breit und nickte heftig mit dem Kopf, wenn er mit dem Sauger an der Reihe war. Mrs. Lao sah nur zu, die Hand vor den Mund gelegt, um ihre Belustigung zu verbergen oder ihr Entsetzen, da war ich mir nicht sicher.

Am nächsten Thanksgiving war ich erstaunt, dass die Laos Dads Einladung von neuem annahmen. In dem Jahr dazwischen hatten wir uns nicht einmal getroffen, und auch im nächsten Jahr nicht, obwohl sie wieder auftauchten. Tatsächlich kamen sie uns während der nächsten zehn Jahre zu Thanksgiving besuchen, bis meine Eltern und Schwestern nach Übersee gingen. Jedes Jahr riss Dad die Tür auf, um in seiner überschwänglichen Art »Hallo!« zu rufen. Stets verneigte sich Mr. Lao und legte die Hände zusammen. »Ah, hallo.« Mrs. Lao brachte immer ein chinesisches Gericht mit.

Und im Lauf der Jahre wurde ihr Gericht zum Partyhit. Mit dem Erwachsenwerden veränderte sich mein Geschmack, bis ich Truthahnfüllung und Bratensauce und sogar Kürbiskuchen liebte – und chinesisches Essen. Die Lao-Kinder wuchsen zu Sino-Amerikanern heran und häuften genauso viel Truthahn wie Tofu auf ihre Teller. Ihr Englisch war inzwischen natürlich makellos, und wenn wir Saugglocke spielten, lachte sogar Mrs. Lao mit.

Während meiner ganzen Jugend war mir niemals klar, dass manche, wenn nicht die meisten, Menschen ihren Thanksgiving-Tag vor dem Fernseher verbringen und zusehen, wie andere Menschen spielen. Ich glaubte, jeder würde Leute einladen, die sonst den Tag allein verbracht hätten. Nie habe ich begriffen, welchen Einfluss die Thanksgiving-Feier meiner Eltern auf mich hatte, bis ich selbst versuchte, ein unvergessliches Thanksgiving für jemand anderen auszurichten, jemanden, der seine eigenen Traditionen und seine eigenen Erinnerungen hatte und sie nicht durch meine ersetzen wollte.

Heute nehme ich James das nicht mehr übel. Vermutlich wollte auch ich meine Traditionen nicht für seine aufgeben. Ich habe nicht erkannt, dass wir alle bis zu einem erstaunlichen Grad unsere Erinnerungen sind. Vielleicht ist es das höchste Ziel einer Partnerschaft, nicht zu sehr an das zu rühren, was wir vorher waren, nicht zu verleugnen, was jeder war, bevor wir einander begegnet sind, sondern neue Traditionen zu schmieden, die aus der noch warmen Asche unserer Vergangenheit aufsteigen.

Seltsam, dass ich ein Thanksgiving allein in diesem Wüstencanyon verbringen musste, um etwas so Einfaches zu verstehen. Trotzdem fällt mir die Vorstellung schwer, dass Mom, Dad und meine Schwestern ohne mich Saugglocke spielen.

Ich muss unwillkürlich daran denken, was wohl die Laos von meinem Thanksgiving-Mahl in der Wüste halten würden. Seit dreizehn Tagen besteht meine Ernährung nur aus Reis, Kichererbsen und Vitamintabletten. Die Aussicht auf Kürbis lässt mir bereits jetzt das Wasser im Munde zusammenlaufen. Felipe ist zurück und surrt um mich herum, als wüsste er, dass ein Leckerbissen im Anrollen ist.

Eingedenk all der Brötchen, die an vergangenen Thanksgiving-Tagen meinen Teller zierten, scheint es mir nur passend, sie zumindest durch ein Stück Brot zu ersetzen. Mehl habe ich mitgebracht, obwohl ich ohne Treibmittel, Zucker, Milch oder Eier eher Kleister als Brot erzeugen werde. Ich beschließe, dass es keinen Vorteil bringt, den Teig zu kneten. Daher mische ich ihn einfach mit den Fingern, bis die Masse zusammenhält, wenn ich sie zwischen den Händen schlage. Als ich sechs flache, handtellergroße Fladen erzeugt habe, lege ich drei zugleich in die Bratpfanne, in die ich einen Fingerbreit Öl gegossen habe.

Innerhalb weniger Augenblicke steigt ein köstlicher Duft aus der Pfanne auf, und Felipe flitzt durch die offene Tür meiner Unterkunft herein, um einen Blick darauf zu werfen.

»*Bonjour, mon ami*«, begrüße ich ihn mit meinem besten französischen Akzent. »Willkommen zu die Wüstencafé. Tisch für eine Person?« Die Fliege landet auf der Ecke des Propankochers, als warte sie auf den richtigen Moment für ihren Sturzflug. »Pass auf«, warne ich und scheuche sie weg. »Heißes Öl.« Felipe surrt einmal um den Kocher und zischt aus der Hütte.

Auf der Unterseite sind die gebratenen Brotfladen schon

goldbraun, und ich wende sie. Das Öl brutzelt, und ich staune darüber, dass die Kombination so einfacher Zutaten wie Mehl und Wasser dieses unglaubliche Aroma erzeugen kann. Ich schwöre, keine Küche im ganzen Land riecht an diesem Thanksgiving besser als meine Behausung. Wenn ich mir das oft genug sage, wird es mir helfen, die Sehnsucht nach Mrs. Laos chinesischem Essen zu vertreiben.

Als die Fladen auf beiden Seiten braun sind, nehme ich sie zum Abkühlen aus der Pfanne und öffne die Büchse mit den Oliven. Gebückt trete ich aus dem Unterstand nach draußen in der Hoffnung, Felipe zu entdecken. Mit meinem Mittagessen auf dem Schoß lasse ich mich auf dem Regiestuhl nieder. Ich tunke ein Stück Brot in die Olivenlake und stecke es mir in den Mund.

»Hmm«, seufze ich, »du verpasst was, Felipe. Komm schon, zier dich nicht. Iss auf, denn morgen gibt es vielleicht kein Brot mehr.« Ich krümle ein bisschen von dem Fladen auf den Tisch. Na schön, die Kruste ist zäh wie Schiffszwieback, aber zumindest sind es keine Kichererbsen.

Wenige Augenblicke später vernehme ich ein vertrautes Summen, und Felipe taucht in meinem Blickfeld auf. »Das wurde auch Zeit«, sage ich, als die Fliege sich auf den Brotkrumen niederlässt. »Warte, bis du das hier siehst.« Ich fasse in die Schale mit den Oliven und stecke mir übermütig auf jede Fingerspitze eine. »Je lauter du schlürfst, desto besser.«

Als die Fliege sofort heransummt und auf einer Olive landet, geht mir auf, dass Felipe höchstwahrscheinlich noch nie Brot oder Oliven gekostet hat. Wenn ich nicht ausgerechnet an diese Stelle in der Wüste gekommen wäre, wäre sein kurzes Leben ohne jede menschliche Intervention verlaufen. Soweit ich das beurteilen kann, habe ich sein ganzes Leben verändert, indem ich ihm eine Kostprobe von der Außenwelt verschafft habe. Vielleicht veranlasst ihn das eine winzige Stück Olive sogar, die Wüste zu verlassen, in dem verzweifelten Bestreben, noch einmal so etwas zu schmecken, bevor er stirbt.

Ich hole die Dose mit dem Kürbis und einen Löffel und setze mich wieder auf den Stuhl. Ein bisschen hole ich für Felipe heraus. »Genieße dein Leben«, ermutige ich die Fliege.

13. Kapitel

Felipe hat sich schon vor Stunden an den unbekannten Ort zurückgezogen, an dem die Fliegen nächtigen, und ich bin wieder allein. Ich versuche mich mit schönen Thanksgiving-Erinnerungen zu unterhalten, aber statt mich aufzuheitern, heben sie meine Isolation nur hervor. Die Einsamkeit ist ein besonders hinterlistiger Angreifer: Sie lockt ihre Opfer über hell erleuchtete Pfade voll angenehmer Erinnerungen und zarter Gefühle. Doch jeder, der diese Straße betritt, wird schließlich ins Dunkel gezogen.

Heute singt der Wind hoch in den Felsen unheimliche Klagelieder, ganz so als trauere er um eine verlorene Seele. Ich fürchte, es ist meine. Irgendwo, irgendwie muss ich weit vom Kurs abgekommen sein, um allein hier in der Wüste zu landen, und nun durchstreife ich meine Erinnerungen, um herauszufinden, wo ich mich in meinem Urteil geirrt habe. Natürlich habe ich viele Fehler gemacht, und manche hatten weitreichendere Folgen als andere. Mit siebzehn bin ich von zu Hause ausgerissen. Während meiner Teenagerjahre wussten meine Eltern die längste Zeit nicht, was sie mit mir anfangen sollten. Trotz der Verheißung einer wunderbaren Zukunft, die ich mir vorstellte, habe ich meinen alten Herrschaften ordentlich Angst eingejagt. Ich war schwierig, rebellisch, launisch und verschlossen, alles andere als der kleine Engel, der sich früher auf Vaters Schoß gesetzt und gebettelt hat, er möge ihm eine Geschichte vorlesen.

Ich war fest entschlossen, unabhängig von ihnen zu sein und für mich selbst zu entscheiden, und ungefähr ab vierzehn tat ich genau das. Wenn ich wusste, dass sie mir nicht erlauben würden, irgendwo hinzugehen oder etwas zu tun, dann erzählte ich ihnen etwas anderes.

Wenn ein Kind zu lügen beginnt, ist das eine gefährliche Sache. Nachdem man es ein paar Mal bei einer faustdicken Lüge erwischt hat, kann man nie mehr darauf vertrauen, dass es die Wahrheit sagt. Bis auf eine einzige Gelegenheit erinnere ich mich nicht mehr, wie meine Eltern mir auf die Schliche kamen. Damals sollte ich mit Mark, einem Jungen aus meiner kirchlichen Jugendgruppe, in ein Theaterstück gehen. Da wir beide noch nicht alt genug zum Autofahren waren, nahmen wir den Bus in die Stadt. Als wir ankamen, war das Theater noch geschlossen, und weil unsere Kirche direkt auf der anderen Straßenseite lag, beschlossen wir, dort auf der Treppe zu warten.

Wohl angeregt durch diesen Hintergrund, begannen wir über Gott zu reden und waren uns einig darüber, dass die Hölle ein empörend überholter Mythos sei, ausgedacht vor ein paar tausend Jahren von Menschen, die glaubten, die Erde sei eine Scheibe und das Meer von grünen Ungeheuern bewohnt. Es war sinnlos, unser Leben der Vermeidung eines ewigen Schicksals zu widmen, an dessen Existenz wir nicht glaubten. Wir mussten für mehr bestimmt sein.

Zwei junge Menschen, zwei junge Herzen, die die Geheimnisse des Lebens ausloteten … Die Welt um uns herum hörte auf zu existieren. Bevor wir wussten, wie uns geschah, öffneten sich die Türen des Theaters auf der anderen Straßenseite. Aber die Menschenmenge drängte nicht ins Theater, sondern heraus. Wir hatten das Stück verpasst.

Als ich nach Hause kam, fragten mich meine Eltern, wie mir das Drama gefallen habe. Ein merkwürdiges Gefühl machte sich in meiner Magengrube breit, als sie wissen wollten, worum es gegangen sei, und ich murmelte etwas zur Antwort. Wie sich herausstellte, hatte man meinen Eltern in letzter Minute Karten für genau dieses Stück angeboten. Sie waren schockiert gewesen, mich nicht dort anzutreffen, und waren vor Sorge fast umgekommen.

Ich bezahlte also einen der ganz besonderen Abende meiner Jugend mit einem Monat Hausarrest. Ein intelligenter Teenager hätte wahrscheinlich erkannt, dass es nützlicher gewesen wäre, von Anfang an die Wahrheit zu sagen, aber um darauf zu kommen, brauchte ich noch ungefähr fünf Jahre. In der Zwischenzeit glaubten meine Eltern mir selten, dass ich mich dort aufhielt, wo ich angeblich war, und für gewöhnlich hatten sie Recht damit.

Mir scheint, dass manche Menschen Probleme mit dem Erwachsenwerden haben. Manche vermögen sich einfach nicht an die Spielregeln ihrer Eltern zu halten. Einige dieser Leute kommen dann auch später als Erwachsene nicht im Leben zurecht, und ich glaube, davor fürchteten sich meine Eltern am meisten. Glücklicherweise habe ich meine Jugendsünden hinter mir gelassen, und meine Eltern haben sie mir verziehen, zumindest den Großteil davon. Heute versuche ich, überhaupt nicht mehr zu lügen, nicht einmal mir selbst gegenüber.

Aber ich stelle mir immer noch dieselbe Frage wie an diesem lange vergangenen Abend auf den Kirchenstufen. Was ist meine Bestimmung? Seit ich hier in der Wüste bin, habe ich manchmal gedacht, ich sei der Antwort näher gekommen, aber heute muss ich der Wahrheit ins Gesicht sehen: Ich bin mir nicht sicher, ob das wirklich stimmt.

Der Mond scheint nicht, und in meinem Unterstand ist es finster wie in einem Grab. Trotzdem gibt es keinen besonderen Grund für den Schauer, der mir über den Rücken läuft. Ich höre nichts, was ich mir nicht erklären könnte. Das gelegentliche Plop stammt von dem Feuer im Holzofen; ich habe ihn extra hoch bestückt, ehe ich ins Bett ging. Das Pfeifen in der Felswand ist der Wind, nur der Wind, und dennoch ist mir, als reite auf dieser Brise ein rastloses

Gespenst, unfähig, inneren Frieden zu finden. Die Stimmung erinnert mehr an Halloween als an Thanksgiving.

Vor fünfzehn Jahren musste ich im Englischunterricht Edgar Allen Poes *Der Rabe* auswendig lernen, und ich bin mir sicher, wenn mir seitdem jemand eine Pistole an den Kopf gehalten und befohlen hätte: »Sag es auf oder stirb«, dann wäre ich tot. Daher kommt es mir besonders komisch vor, dass mir ausgerechnet jetzt das Gedicht durch den Kopf geht, als ich in meine Schlafsäcke krieche.

»Einst, um eine Mittnacht graulich, da ich trübe sann und traulich
müde über manchem alten Folio lang vergess'ner Lehr' –
da der Schlaf schon kam gekrochen, scholl auf einmal leis ein Pochen,
gleichwie wenn ein Fingerknochen pochte, von der Türe her.
›'s ist Besuch wohl‹, murrt' ich, ›was da pocht so knöchern zu mir her –
das allein – nichts weiter mehr.‹«

Das Gedicht belohnt mich mit echtem Gruseln. Ich könnte schwören, dass ich tatsächlich ein leises Pochen an der Tür meines Unterstands höre.

»Augenblicklich schwand mein Bangen, und so sprach ich unbefangen:
›Gleich, mein Herr – gleich, meine Dame – um Vergebung bitt' ich sehr;
just ein Nickerchen ich machte, und Ihr Klopfen klang so sachte,
dass ich kaum davon erwachte, sachte von der Türe her
– doch nun tretet ein!‹ – und damit riss weit auf die Tür ich – leer!
Dunkel dort – nichts weiter mehr.«

Ich bin mir sicher, dass ich etwas gehört habe. Vielleicht hat es zu regnen begonnen. Das würde dieses Tapp-tapp-tapp auf der Zeltleinwand erklären, und plötzlich spüre ich das dringende Bedürfnis nach Aufklärung. Ich springe aus meinem Schlafsack, spähe nach draußen und halte die flache Hand hinaus. Keine Tropfen fallen darauf. Phantomgeräusche, sage ich mir. Trotzdem hätte ich schwören können, dass ich etwas wie kleine Trippelschrittchen gehört habe.

»Da ich nun zurück mich wandte und mein Herz
wie Feuer brannte,
hört' ich abermals ein Pochen, etwas lauter denn
vorher.
›Ah, gewiss‹, so sprach ich bitter, ›liegt's an meinem
Fenstergitter;
Schaden tat ihm das Gewitter jüngst – ja so ich's mir
erklär'; –
schweig denn still, mein Herze, lass mich nachsehn,
dass ich's mir erklär!: –
's ist der Wind – nichts weiter mehr!‹«

Das hier ist nicht der Wind.

Ich setzte mich in meinen Schlafsäcken auf und zünde ein Streichholz an. Spielt meine Fantasie mir einen Streich, oder huscht da wirklich ein Schatten über die Hüttenwand? Ich taste nach meiner Taschenlampe und leuchte um mich. Der Propankocher mit den zwei Töpfen darauf sieht so aus, wie ich ihn nach dem Spülen verlassen habe. Habe ich diese Plastikgabel auf den Boden fallen lassen? Wie ungeschickt von mir, aber so muss es sein. Alles andere sieht normal aus, genau wie es sollte.

Ich lege noch ein paar Zweige in den Ofen, schließe die gusseiserne Tür und knipse das Licht aus. Aber ich liege noch eine Stunde oder länger wach, und Poes Zeilen gehen mir durch den Kopf: *'s ist der Wind – nichts weiter mehr*!

Keine Ahnung, wie lange ich geschlafen habe, als ich mit einem Ruck hochfahre. Ich bin verwirrt und kann mir nicht erklären, warum ich aufgewacht bin. Vielleicht muss ich zur Toilette. Nein. Dann höre ich es – dasselbe leise Klopfen wie vorhin. Schlaf weiter, sage ich mir, das ist nur ein Phantomgeräusch. Genau wie das Telefon.

Aber dann höre ich es wieder, und meine Nackenhaare stellen sich auf. Schlaf wieder ein, dränge ich mich, denn ich fürchte mich vor der Vorstellung, stundenlang im Dunklen wach zu liegen, Stunden, in denen ich mit Sicherheit noch ein Dutzend anderer unerklärlicher Geräusche hören werde. Aber es ist zu spät, und nach einigen Sekunden kehrt das Geräusch zurück. Dieses Mal klingt es mehr wie ein Huschen, als ob sich etwas sacht über den Boden bewegt.

Phantomgeräusch, versuche ich mir einzureden, aber das glaube ich selbst nicht, und jetzt bekomme ich wirklich Angst. In diesem Zustand habe ich James früher immer gebeten, durch das Haus zu gehen, und hatte gleichzeitig schreckliche Angst, der Mitternachtskiller könnte sich schon im Schrank versteckt halten, um über mich herzufallen, ehe James zurückkam.

Ich drehe mich vom Rücken auf den Bauch, vergrabe den Kopf unter den Decken und lasse nur einen Spalt offen, durch den ich atmen kann. Und dann fühle ich es. Auf meinem Kopf. Tapp-tapp-tapp, wie ein winziges Rentier. So kleine Rentiere gibt es nicht, rufe ich mir ins Gedächtnis, während das Grauen Besitz von mir ergreift. Da ist etwas auf meinem …

Als ich in die Höhe schieße, fliegt etwas durch die Luft. Ich schnappe mir die Taschenlampe, knipse sie an und sehe gerade noch, wie ein dünner grauer Schwanz hinter dem Propankocher verschwindet. Ich kreische, als hätte ich ein Gespenst erblickt. Ich kreische wie eine Irrsinnige. Hiiiilfe, igitt, igitt, es war auf meinem Kopf!

Eine Maus ist in meinen Unterschlupf eingedrungen.

*

Tag 14, 24. November, vor Sonnenaufgang

Mehrere Stunden sitze ich stocksteif da und warte darauf, dass die Sonne aufgeht – genug Zeit, um darüber nachzudenken, warum genau ich mich nicht dazu überwinden kann, mich wieder hinzulegen und zu schlafen.

Es ist wahr, dass ich mich vor Mäusen ekle, seit ich drei Jahre alt war und mein Dad den Käfig mit den Tieren, die er für seine Doktorarbeit untersuchte, in mein winziges Kinderzimmer stellte; aber bis jetzt hat dieser Ekel niemals das Niveau einer Phobie erreicht. Eigentlich glaube ich nicht, dass ich *so* viel mehr Angst vor Mäusen habe als die meisten anderen Menschen.

Ganz anders verhält es sich mit Schlangen. Sie jagen mir Todesangst ein. Ich sehe nicht einmal gern Bilder von ihnen an, und wenn ich einen Film sehe, in dem jemand in eine Schlangengrube fällt, kneife ich die Augen zu, bis das Opfer entweder gerettet oder von den Schlangen getötet worden ist. Sollte ich jemals in eine solche Grube fallen, würde mich auf der Stelle der Schlag treffen.

Aber Mäuse fürchte ich nicht so sehr. Was mich an ihnen stört, ist ihr Überraschungsfaktor wie kürzlich in dem Lebensmittelladen, als die Maus plötzlich vor meinem Einkaufswagen vorbeisauste. Alles an Mäusen ist abrupt. Ich kann es nicht leiden, wie sie aus dem Nichts auftauchen und blitzschnell herumhuschen. Die Tiere wären gar nicht so übel, wenn sie sich ein bisschen langsamer bewegten, aber das tun sie nicht. Und sie kommen immer unerwartet. Es ist absolut unmöglich vorherzusehen, was eine Maus tun wird.

Aus diesem Grund lehne ich mich nicht zu dem Kocher hinüber, um Kaffee aufzusetzen, während ich auf den Sonnenaufgang warte. Zuletzt habe ich die Maus nämlich hinter dem Propankocher verschwinden sehen. Wenn ich ihn anrühre, schrecke ich vielleicht die Maus auf, die dann plötzlich auftaucht, an mir vorbeischießt oder im Kreis rennt. Und das würde mich ganz außerordentlich stören.

Deswegen zünde ich auch den Holzofen nicht an. Er ist schon lange ausgegangen, und ich erfriere fast. Aber möglicherweise ist die Maus unter dem Propankocher hervorgeschlichen, als ich nicht hingeschaut habe, und sitzt jetzt hinter dem Öfchen. Und wenn ich sie aufscheuche … Möglich, dass ich mich irre, aber ich glaube doch, dass es den meisten Menschen nicht behagen würde, sich zusammen mit einer aufgeschreckten Maus auf begrenztem Raum aufzuhalten. Besonders im Dunkeln.

Früher ließ sich das natürlich nicht immer vermeiden. Im Mittelalter schliefen nur die ganz Reichen nicht auf Heu, das auf dem Boden aufgeschüttet war, und in dem Heu lebten auch Mäuse. Muss ein Kunststück gewesen sein, Schlaf zu finden, während sie die ganze Nacht herumhuschten, aber anscheinend sind die Menschen damit zurechtgekommen, vermutlich, weil ihnen nichts anderes übrig blieb. Wahrscheinlich haben sie sich nicht davor geekelt.

Aber ich ekle mich. Ich kann mir nichts Abstoßenderes vorstellen als Mäuse, die auf mir herumkrabbeln, besonders wenn ich schlafe. Was, wenn eine in meinen Schlafsack kriecht? Außerdem nehme ich an, dass die Menschen im Mittelalter wenig Ahnung davon hatten, welche Rolle Nagetiere bei der Verbreitung von Krankheiten spielen. Aber ich weiß Bescheid. Eine Maus würde mich nicht mit Absicht beißen, aber wenn ich sie aus meinem Schlafsack entfernen muss, kann niemand garantieren, dass sie sich nicht erschreckt und verteidigt.

Gar nicht davon zu reden, dass sie sich so erschreckt, dass sie etwas fallen lässt. Bisse und Kot, so werden Krankheiten verbreitet. Es ist entschieden keine gute Idee, in einem Raum mit einer Maus zu nächtigen, ganz eindeutig nicht. Und deshalb kann ich auch nicht wieder einschlafen.

Als es endlich hell wird, beginne ich den Unterstand auszuräumen. Immer noch habe ich keine Spur von der Maus gesehen – ich habe sie »Kleiner Kumpel« getauft –, aber ich muss absolut sichergehen, dass sie fort ist. Während der Arbeit untersuche ich die Hütte auf Stellen, wo sie möglicherweise hereingekommen ist. Der wahrscheinlichste Punkt liegt an der Rückwand, wo sich die beiden Planenenden überlappen. Der Stoff hängt so lose, dass jede Maus, die ihren Käse wert ist, das als offene Einladung werten würde. Außerdem ist der Stoff an den Ecken nicht fest gespannt und die Eingangsklappe an der Unterseite nicht gesichert. Mit einem flauen Gefühl im Magen entdecke ich zahlreiche Stellen, an denen die Maus durchgeschlüpft sein kann.

Während die Sonne stetig über den Himmel zieht, verbringe ich Stunden damit, die Planen noch einmal anzuheften. Der Stoff sitzt jetzt so fest auf dem Rahmen, dass der Erdhörnchenmann ihn nicht heil herunterbekommen würde, falls er auf die Plane spekuliert, was ich vermute. Dennoch argwöhne ich, dass eine fest entschlossene Maus einen Weg nach drinnen finden würde. Aber zumindest nicht durch den Vordereingang. Ich nehme die letzten Zwei-mal-vier-Zoll-Leisten und tackere den unteren Rand der Plane an ein Brett, das nach Bedarf auf- und zuschwingen kann. Wenn der Eingang geschlossen ist, bleibt praktisch kein Spalt mehr offen. Obwohl ich dankbarer denn je für die Tackerpistole bin, habe ich doch meine ursprüngliche Einschätzung ihres Platzes in der Evolution revidiert. Zwar hat die Menschheit mit der Erfindung der Tackerpistole einen großen Schritt nach vorn getan, aber begonnen hat der Aufstieg mit der Mausefalle.

In der Welt jenseits der Wüste ist heute der Tag nach Thanksgiving, und Menschen strömen in die Einkaufszentren. Fast kann ich das Karamell-Popcorn riechen, dessen Duft sich mit dem von parfümierten Seifen, von Kerzen und Zimt mischt. Jeder Laden trägt seine eigene Note zu diesem Fest der Aromen bei. Ich kann beinahe die Weihnachtslieder vom Band hören, die endlos aus den Lautsprechern in dem hohen Mittelgang rieseln, während fröhliche Käufer mitsummen und im Takt gehen. Das Einkaufszentrum ist eine wundersame, bezaubernde, mäusefreie Welt voller lachender Kinder, Spielzeugsoldaten und Trommeln und glitzernder Lichter, wo auf dem Schoß des Weihnachtsmannes selbst die verrücktesten Träume Wirklichkeit werden. Ich frage mich, ob er meinen Wunsch erfüllen könnte.

Bitte, lieber Weihnachtsmann, töte die Maus. Denn ich kann es nicht. Ich kann sie nicht einmal fangen, und wenn, wie sollte ich sie umbringen? Totschlagen? Ich, die Tierfreundin? Ich, die Vegetarierin? Selbst wenn ich keine wäre, würde es mich nicht begeistern, eine Maus zu töten.

Mein Großvater ging fast an die Decke, als er herausfand, dass ich kein Fleisch mehr aß, eine der wenigen Gelegenheiten, seit ich meinen Namen geändert hatte, bei denen er sein Schweigegelübde mir gegenüber brach.

»Wahrscheinlich glaubst du, das sei gesünder«, meinte er und sah mich über seinen Brillenrand hinweg an.

»Eigentlich nicht«, antwortete ich. »Fisch ist jedenfalls gut.«

»Dann schätze ich, du bist so eine Art Tierschutzaktivistin.« Er sprach »Aktivistin« mit derselben Verachtung aus, die er normalerweise dem Wort »Umweltschützer« vorbehält – was mir immer ironisch vorgekommen ist, weil ich mir niemand Umweltbewussteren vorstellen kann als meinen Großvater, der als Waldranger arbeitete, nachdem er das Bergsteigen aufgegeben hatte. Vielleicht haben ihn ja die Antikriegsdemonstranten der sechziger Jahre – die »verdammten Hippies«, wie er sie zu nennen pflegte – gegen jede Form politischer Aktivität eingenommen.

»Ich bin keine Aktivistin«, entgegnete ich. »Was andere Leute essen, ist mir egal.«

»Aber warum dann bloß?«, donnerte Grandpa.

Ich bin schon Vegetariern begegnet, die mit Sicherheit glauben, moralisch auf einer höheren Stufe zu stehen als Fleischesser, sich als ein kleines bisschen überlegen betrachten, und vielleicht ist das ihr gerechter Lohn, weil ihnen der Genuss eines Hähnchens oder Steaks entgeht. Aber ich empfinde ganz und gar nicht so, im Gegenteil, mir ist der Grund, aus dem ich aufgehört habe, Fleisch zu essen, etwas peinlich. Ich erklärte Grandpa, ich könne es nicht rechtfertigen, dass andere Menschen Tiere für mich töten müssten, da ich selbst weder Kuh, Huhn noch Schwein umbringen könnte, außer ich wäre am Verhungern. Großvater stöhnte nur, so wie »Ekel« Archie Bunker aus der Fernsehserie.

Aber ich habe Grandpa nicht die ganze Geschichte erzählt. Die hätte er nie verstanden. In Wirklichkeit bin ich wegen einer Schlange Vegetarierin geworden.

Ich bin in einer Großstadt aufgewachsen, und diese Stadt lag in Westwashington, einer der wenigen Regionen in den Vereinigten Staaten, die keine Giftschlangen beherbergen. Daher lief ich höchstens Gefahr, einer Viper zu begegnen, wenn ich meinen Dad im Zoo bei der Arbeit besuchte. Bis auf die eine Gelegenheit, bei der ich versuchte, meine Schlangenangst zu überwinden, indem ich eine Boa meinen Arm hinaufgleiten ließ – eine Methode, die meine Wertschätzung für Schlangen nicht gesteigert hat –, habe ich immer einen Bogen um diese Reptilien gemacht.

Erst als ich nach Alabama zog, aufs Land wohlgemerkt, wuchsen die Chancen einer direkten Begegnung mit einer richtigen Schlange. Die schwarze Schlange, wie die Einheimischen die Milchschlange nennen, wird gewöhnlich bis zu einem Meter achtzig lang, und ich habe Geschichten über Rattenschlangen gehört, die drei Meter sechzig lang waren und so dick wie das Ofenrohr, das jetzt aus meiner Zeltplanenhütte ragt. Es gibt Baumschlangen, Peitschenschlangen und Schwarznattern, und die Allerschlimmsten sind die Klapperschlangen und Mokassinschlangen – besonders Letztere, da sie ohne Vorwarnung zubeißen.

Da jeder, den ich in Fort Payne, Alabama, kennen lernte, mit mindestens einer Schlangengeschichte aufzuwarten hatte, war mir klar, dass es nicht lange dauern würde, bis ich meine eigene erlebte. Ich war wie besessen von dem Gedanken, dieses Ereignis so lange wie möglich hinauszuschieben. Dass Jerry sein Cottage in den Wäldern errichtet hatte, vergrößerte meine Aussicht, auf eine Schlange zu treffen, signifikant. Die fünfzehn Zentimeter dicke Laub- und Moderschicht auf dem Waldboden stellte eine fast perfekte Tarnung für beinahe jede Schlangenart dar. So rechnete ich damit, dass ich in diesen Wäldern nicht nur auf eine Schlange treffen, sondern buchstäblich darüberstolpern würde. Auf etwas zu treten ist die erschreckendste Form des so genannten Überraschungsfaktors und erhöht sowohl das Risiko von Bissen als auch von Herzanfällen um ein Vielfaches. Daher beschloss ich, mit der Harke verschiedene, einen Meter breite Pfade durch den Wald freizuräumen. Wenn dann eine Schlange meinen Weg kreuzte, würde ich sie wenigstens sehen.

Ich band Glöckchen an meine Knöchel, stampfte mit den Füßen auf und schrie Schhh, schhh, um jedes Tier zu warnen, das an einem unerwarteten Ort schlummerte. Während Jerry an seinem Computer hockte, arbeitete ich mich zentimeterweise in die Wälder vor. Kaum ein Moment verging, in dem ich nicht über Schlangen nachgedacht hätte.

Eines Nachmittags unternahmen Jerry und ich eine Spazierfahrt durch die Landschaft. Ich saß am Steuer. Wie so häufig, wenn ich über Land fahre, schweiften meine Gedanken ab, und ich achtete nicht besonders auf die Straße. Den Stock, der vor mir mitten auf dem Asphalt lag, registrierte ich kaum, daher verstand ich nicht gleich, was Jerry meinte, als er darauf zeigte. »Hey, pass auf«, sagte er noch. Ich war schon über den Stock gefahren, ehe ich bemerkte, dass es sich um eine schwarze Schlange handelte. Im Rückspiegel sah ich die blaßgelbe Unterseite zum Himmel ragen, ein sicheres Zeichen dafür, dass das Tier die andere Seite des Highways nie erreichen würde.

»Das war Absicht, oder?«, meinte Jerry. »Bloß, weil du Schlangen nicht leiden kannst.«

»Nein«, gab ich zurück. »Ich schwöre, das war ein Unfall.« Ich fühlte mich schrecklich. Wäre die Schlange ein junger Hund gewesen, hätte ich ihr Verscheiden nicht tiefer betrauern können. Ich hatte getötet.

Als Kind hatte ich einmal Salz auf eine fünfzehn Zentimeter lange Nacktschnecke geschüttet und zugesehen, wie sie einen langsamen, grauenhaften Tod starb, als das Mineral jedes bisschen Feuchtigkeit aus ihren Zellen sog. Das war – bis auf Ungeziefer – das einzige Wesen, das ich je absichtlich umgebracht hatte. Ich war wie besessen vor Schlangen geflüchtet. Und als ich dann eine tötete – das direkte Gegenteil von Weglaufen –, war ich überzeugt, dass dieses Ereignis kein Zufall sein konnte.

Ich bin mir nicht sicher, ob Tiere eine Seele besitzen, aber ich bin auch nicht vom Gegenteil überzeugt. Wenn, dann hatte ich diese Schlange auf die schlimmstmögliche Weise gekränkt. Und dann ging mir noch etwas auf: Wenn ich mir schon solche Gedanken über den Geist einer Schlange machte, dann sollte ich vielleicht auch über die Tiere nachdenken, die nicht zufällig gestorben waren, sondern weil ich sie essen wollte. An diesem Punkt beschloss ich, kein Fleisch mehr zu essen, obwohl mir die Sache immer noch irgendwie peinlich ist.

Aber die Maus stellt ein Problem dar. Offensichtlich ist sie nicht blöd; schließlich hat sie nur drei Nächte gebraucht, um die wärmste Stelle im ganzen Canyon zu finden. Vielleicht hat sie die Witterung meines Pfannenbrots aufgenommen, oder Felipe hat die Kunde verbreitet. Ich hege den Verdacht, dass mein »Kleiner Kumpel« zurückkehren wird, und ich befürchte, dass ich große Schwierigkeiten beim Einschlafen haben werde.

Hätte ich doch nur eine Falle. Das Einzige, was mir einfällt, ist der Gabel-unter-der-Bratpfanne-Trick. Wenn ich einen Faden an eine Gabel binde, mit der Gabel die Pfanne abstütze und einen Köder darunterlege, dann kann ich an dem Faden ziehen, wenn die Maus kommt. Die Pfanne wird fallen, und die Maus wird darunter gefangen sitzen. Leider verfüge ich nur über eine einzige Plastikgabel, und ich habe nur Zahnseide als Faden. Bald entdecke ich, dass diese Gabel nicht konstruiert worden ist, um eine Bratpfanne damit abzustützen. Immer wieder rutscht sie weg, aber ich versuche es weiter, bis sie die Balance hält. Schließlich finde ich noch ein paar Krümel von meinem selbst gemachten Brot, und die Falle ist fertig. Nicht dass ich genau wüsste, was ich mit der Maus anstellen soll, falls – nein, wenn – ich sie habe. Laufen lassen kann ich sie aus offensichtlichen Gründen nicht. Wahrscheinlich werde ich sie in meiner ausgeleerten Kaffeebüchse halten, bis ich aufbreche. Genau das, was mir noch gefehlt hat. Eine Maus als Haustier.

Als es dunkel wird, bereite ich mich auf die unmittelbar bevorstehende Gefangennahme vor. Wie immer lege ich das Beil neben mein Kissen und stelle meine Taschenlampe zusammen mit einer Kerze auf meinen winzigen Nachttisch. Die Falle ist zwischen dem Propankocher und dem Holzöfchen aufgestellt, und ein Meter Zahnseide spannt sich über den Boden des Unterschlupfs. Ich knüpfe eine kleine Schlinge an meinem Ende und befestige sie am linken Daumen.

Vorsichtig, um nicht unbeabsichtigt den Faden zu ziehen, schlängle ich mich in meinen Schlafsack. Ich blase die Kerze aus, rolle mich auf den Bauch und ziehe mir den Schlafsack über den Kopf. Das Loch, das ich lasse, ist gerade so groß, dass ich Nase und Augen hinausstecken kann.

Bevor ich auch nur mein Nachtgebet gesprochen habe, höre ich ein unverkennbares Kratzen und zucke zusammen. Kein Zweifel, die Maus ist schon hier drinnen. Ich bin so schockiert, dass ich hochfahre und den Faden mitziehe. Die Falle scheppert zu Boden, und die Gabel fliegt durch den Raum. Mit der Taschenlampe leuchte ich in alle Ecken. Keine Maus. Ich leuchte hinter den Ofen. Nichts.

Und dann entdecke ich die Maus. Sie hockt in einer Ecke. Blanke schwarze Äuglein leuchten über einer winzigen Babynase. Ich schwöre, in der Sekunde, in der ich nach dem Beil greife, sieht sie mich Verständnis heischend an. Bitte, lass mich bleiben, fleht sie. Aber im nächsten Moment steigen Entsetzen und Ekel in mir auf. Ich lasse das Beil auf die Erde sausen und schreie: »Schhh, verschwinde von hier!«

Das Tier trippelt in das Halbdunkel an der Wand.

»Pfui«, schreie ich und schlage mit dem Beil gegen den Rahmen des Unterschlupfs. Wahrscheinlich hat die Maus einen Riesenspaß. Das ist ihr neues Spiel: Erschreck den Camper zu Tode. Ob sie zufrieden wäre, wenn ich ein Schälchen mit Futter draußen vor die Tür stellen würde? Klar, und morgen Abend bringt sie Zigtausende Brüder und Schwestern zur Essensausgabe mit.

Wieder höre ich das Getrippel der Maus. Ich knalle mit dem Beil auf und schreie, aber dieses Mal verstummt das Geräusch nicht, und ich erkenne, dass es nicht von der Maus stammt. Immer lauter wird das leichte Tappen auf der Zeltleinwand über meinem Kopf, und erfreut erkenne ich, dass es regnet. Vielleicht wird ein so heftiger Sturm toben, dass der Kleine Kumpel die Sicherheit seines eigenen Baus sucht. Ich richte die Falle wieder auf, und dann kann ich endlich schlafen.

Stunden später reißt mich ein metallisches Scheppern aus meinem leichten Schlummer. Ich knipse die Taschenlampe an. Die Bratpfanne liegt flach auf der Bodenplane. Ich klopfe auf die Pfanne. Merkwürdig, kein Trippeln darunter. Ich poche noch einmal. Immer noch keine Reaktion. Ich nehme meinen ganzen Mut zusammen und hebe die Pfanne einen halben Zentimeter an. Mit angehaltenem Atem warte ich darauf, dass eine winzige Pfote oder ein Näschen erscheint. Nichts. Mit viel Mut hebe ich die Pfanne ein bisschen höher und nehme sie dann ganz vom Boden.

Die Krumen scheinen unberührt zu sein. Ich muss im Schlaf an dem Faden gezogen haben, und ich bin mir nicht mehr sicher, ob ich die Maus hören würde, selbst wenn sie den Köder annimmt. Ich beschließe, ein Stück Aluminiumfolie unter die Bratpfanne zu legen und die Brotkrümel darauf zu platzieren. Wenn die Maus dann an den Köder geht, wird das metallische Tappen ihrer kleinen Füßchen mich bestimmt wecken, so dass ich an dem Faden ziehen kann.

Viermal reißt die Falle mich in dieser Nacht aus dem Schlaf. Viermal falscher Alarm. Als es Morgen wird, bin ich ärgerlich und erschöpft. Außerdem ist irgendwann während der Nacht der Regen in Schnee übergegangen. Ich stecke den Kopf aus der Türklappe und entdecke erstaunt, dass der Boden mehr als zehn Zentimeter hoch mit Schnee bedeckt ist. Die dreizehigen Abdrücke, die im Kreis um meinen Unterschlupf verlaufen, tragen nicht dazu bei, meine Laune zu verbessern.

14. Kapitel

Tag 15, 25. November, Tagesanbruch

Ich warte, bis die ersten Lichtstrahlen in meine Hütte dringen. Dann rutsche ich, noch im Schlafsack, über den Boden, um den Kocher unter dem Kaffeetopf anzuzünden. Ich öffne die Tür des Holzöfchens, verteile die Asche der letzten Nacht über den Ofenboden, zerknülle ein Stück Zeitung und lege ein paar Zweige auf, die nicht viel größer sind als Streichhölzer.

Dies ist ein ausgesprochen launischer Ofen, und heute zeigt er sich besonders stur. Der Morgen ist außerordentlich kalt, so eisig, dass mein Atem als weiße Dunstwolke aufsteigt, als ich mich in der Hoffnung, dem Öfchen Leben einzuhauchen, über den kleinen Hügel aus Papier und Zweigen beuge und puste. Das Papier brennt an, aber nicht mit der hohen Flamme, die nötig wäre, um die Zweige zu entzünden, sondern nur an den Rändern. Von dort aus kokelt es langsam bis in die Mitte, schwelt noch ein paar Sekunden und erlischt dann. Nun muss ich von vorn anfangen, die Zweige wegräumen, ein zweites Stück Zeitungspapier knüllen, die Hölzer wieder auflegen und noch ein Streichholz anreißen.

Als bei meinem erfolgreichen zweiten Versuch Rauch hervorquillt, beginnt auch der Kaffee zu blubbern. Ich strecke die Hand aus, um das Gas herunterzudrehen, ehe der Topf überkocht, was erfahrungsgemäß zwei Sekunden nach dem ersten Gurgeln eintritt. Wenn ich diese Gelegenheit verpasse, schießt Kaffee aus der Tülle, spritzt über den ganzen Kocher und löscht die Gasflamme, die dann die nächsten vier Male beim Anzünden britzelt und zischt.

Mit List und Tücke habe ich das Feuer so weit in Gang gebracht, dass es allein weiterbrennt – zumindest für die nächsten fünf Minuten. Dann muss ich ein zweites Mal nachlegen. Mit dem fertigen Kaffee rutsche ich über den Boden zurück und lehne mich an den Hinterbalken der Hütte. Als ich die Tasse an die Lippen hebe, kommt meine Hand mir unruhig vor. Vielleicht zittert sie vor Kälte. Der Kaffee dagegen ist so heiß, dass ich nicht einmal daran nippen kann. Daher beuge ich mich nach vorn und stelle ihn auf dem kleinen Nachttisch ab. Und dabei sehe ich etwas Silbernes auf dem Boden aufblitzen.

Neugierig krabble ich aus meinem Schlafsack, befeuchte die Spitze meines Zeigefingers, nehme das Silberfetzchen damit auf und halte es mir vors Gesicht. Einen Moment lang kann ich das schimmernde Material nicht einordnen. Dann weiß ich, was es ist; nur dass das keinen Sinn ergibt. Und dann habe ich eine Idee, warum es doch Sinn macht, aber diese Vorstellung gefällt mir gar nicht. Mein Blick huscht zu der Bratpfanne, die immer noch zum Zuschlagen bereit auf den Zinken der Plastikgabel lehnt. Die Zahnseide windet sich immer noch über den Boden zum oberen Ende meines Schlafsacks. Unmöglich, das hätte ich gehört. Ich war mir sicher, dass ich es hören würde, und habe mir zu glauben erlaubt, ich könnte beruhigt schlafen.

Die Aluminiumfolie, die ich unter die Pfanne gelegt hatte, die Folie, von der ich sicher war, dass mich das Trippeln der Maus darauf alarmieren würde, liegt in Fetzen da wie ein Berg Reibkäse aus Silber. Mit zitternder Hand greife ich nach der Kaffeetasse. Ich starre die aufgebockte Bratpfanne an, trinke meinen Kaffee und versuche mich zu beruhigen. Dann fällt mir das Wüstenhandbuch auf dem Regalbrett ein. Manchmal hilft einem ein bisschen Bildung weiter.

Ich bin froh, dass das Handbuch mit farbigen Abbildungen ausgestattet ist, denn die Great Salt Lake Desert wird von fünfzehn verschiedenen Mäusearten bewohnt. Der Kleine Kumpel ist weder eine dunkle Taschenmaus noch eine blasse Taschenmaus, und auch keine Meißelzahl-Taschenmaus oder westliche Zwergmaus. Ich habe das Gesicht meiner Maus gesehen, und jetzt erkenne ich sie auf dem Bild wieder. Der Kleine Kumpel ist eine Weißfußmaus, und unter dem Bild steht eine Beschreibung. Mit einem hohlen Gefühl im Magen lese ich: Vermeiden Sie jeden Kontakt zu dieser Mäuseart. Sie kann den Hanta-Virus übertragen, der unheilbar und für Menschen häufig tödlich ist.

Jetzt zittere ich am ganzen Körper. Die Maus ist über meinen Kopf gelaufen. Sie könnte ihren Kot auf meinem Kopf hinterlassen haben. Ich habe den Boden des Unterstands mit einem Geschirrtuch ausgefegt. Sind meine Hände dabei in Kontakt mit den Exkrementen der Maus gekommen? Plötzlich habe ich das Gefühl zu ersticken. Ich hantiere mit der Eingangsklappe und trete nach draußen. Vielleicht habe ich mich zu rasch aufgerichtet, denn mit einem Mal ist mir schwindlig. Ich wanke zu dem Regiestuhl. Mein Atem geht kurz und schnell, als hätte ich eben die Wand des Canyons erklommen.

Ich schreite meinen Lagerplatz ab, um frische Luft einzusaugen. Unter meinen Füßen knirscht der Schnee. Unwillkürlich suche ich die winzigen dreigeteilten Abdrücke, die meinen Unterstand umkreisen. Aber nicht nur die Spuren widern mich an, sondern vor allem, wohin sie führen. Ich habe mir angewöhnt, mich einfach irgendwo außerhalb meines Lagers hinzuhocken, wenn ich Wasser lassen muss, was mir zuerst unmanierlich erschien, mir jetzt aber ebenso natürlich vorkommt wie der Drang selbst. Was den festeren Abfall angeht, so begebe ich mich grundsätzlich in dasselbe Areal, das etwa zehn Meter hinter dem zusammengesunkenen roten Zelt liegt. Und hierhin führen die Spuren. Eis und Schnee sind weggekratzt und enthüllen ... etwas, das, wenn man es einmal losgeworden ist, unter allen

Umständen verborgen bleiben sollte, egal, wie sehr man an die sanitären Verhältnisse in der Wildnis gewöhnt ist. Die Spuren, die von der Stelle wegführen, sind tiefbraun gefärbt.

Etwas Unhygienischeres, Obszöneres kann ich mir nicht vorstellen; nur ist die Realität noch schlimmer als die Vorstellung. Diese Kreatur, diese scheußliche, mit Exkrementen behaftete Maus, ist letzte Nacht in meine Hütte geschlüpft und hat die Folie in Fetzen gerissen. Nur Gott weiß, was für Keime sie dabei hinterlassen hat. Mein Magen zieht sich zusammen, aber es kommt nichts heraus. Ich wünschte, ich könnte mich erbrechen, könnte alles aus meinem Körper ausstoßen, das die Maus vielleicht verseucht hat. Ich habe weder Clorox noch Lysol. Wie konnte ich mir nur einbilden, ich hätte den Boden der Hütte gereinigt, indem ich ihn mit einem Geschirrtuch gefegt habe? Er ist nicht sauber. Er ist dreckverkrustet; nicht mit sichtbarem Schmutz, sondern mit ekelhaften Substanzen, die durch die Haut dringen und sogar die Zellen, in denen das Blut entsteht, verpesten. Ich werde in Ammoniak baden müssen, bevor ich mich wieder sauber fühle.

Egal, ob die Maus eine Seele hat oder nicht, dies wird ein Kampf auf Leben und Tod, und ich will verdammt sein, wenn ich sie nicht umbringe. So oder so. Wenn ich sie jetzt sähe, könnte ich ihr ohne viel Federlesens den Hals umdrehen.

*

Tag 17, 27. November, bei Einbruch der Dunkelheit

Ich fürchte das Heranrücken einer weiteren Nacht, denn Nacht bedeutet nur, dass ich Stunde um Stunde auf den Sonnenaufgang warte. Seit drei Tagen habe ich kaum geschlafen. Trotzdem habe ich versucht, meine Routine beizubehalten: Ich warte bis zum Morgengrauen, dann setze ich den Kaffee auf und schreibe in meinem Tagebuch. Anschließend putze ich mir die Zähne und benetze mir das Gesicht. Bis jetzt habe ich nicht gewagt, mir noch einmal die Haare zu waschen. Über die Hälfte der Wasserkanister ist leer, und obwohl es mir vorkommt, als sei ich schon eine Ewigkeit hier, ist noch nicht die Hälfte meines selbst auferlegten Rückzugs von der Welt vorbei.

Noch dreiundzwanzig weitere Tage so zu verbringen kann ich mir nicht vorstellen. Am Nachmittag esse ich und gehe dann Feuerholz sammeln. Ich schreibe noch etwas in meinem Tagebuch, schüre das Feuer im Holzofen und spüle das Geschirr. Ich versuche nicht nachzudenken, sondern mich zu beschäftigen. Ein Nickerchen will ich mir nicht erlauben, denn dann kann ich bei Nacht ganz bestimmt nicht schlafen. Aber wenn ich am Ende des Tages meinen Kopf in den Schlafsäcken vergrabe, schlummere ich nicht ein. Ich warte und horche auf die kleinen Pfoten. So liege ich da, wartend, lauschend, bis endlich der Morgen dämmert und ich wieder Kaffee kochen kann.

Noch immer habe ich die Maus nicht gefangen.

Ich bin so müde, dass ich mich überhaupt nicht mehr wie ich selbst fühle. Dass ich jetzt, nachdem ich die von den Behörden gestattete Aufenthaltszeit überschritten habe, offiziell gegen das Gesetz verstoße, wirkt auch nicht eben beruhigend. Ich fühle mich tatsächlich wie eine Kriminelle, die sich in einem dreckigen Rattenloch versteckt – schmutzig, weil ich keine Möglichkeit habe, es zu säubern.

Vielleicht stimmt es ja, dass man seine unbewussten Probleme im Traum aufarbeitet, und ohne Träume setzt nach und nach der Verstand aus. In mir ist eine entsetzliche Dunkelheit, wie ich sie noch nie zuvor gespürt habe. Kann sein, dass bei Schlafentzug gewisse Organe nicht funktionieren und die Fähigkeit, den Blutzucker abzubauen, beeinträchtigt wird. Vielleicht fühle ich mich deswegen nicht wie ich selbst. Ich weiß nicht, ob ich je wieder ich selbst sein werde, und ich habe Angst davor, weil ich nicht weiß, was das bedeutet.

Ich liege auf meinen Schlafsäcken und versuche, nicht an

die Maus zu denken. Als der Wind vor meinem Unterstand jault, fällt mir meine selbst erfundene Geschichte über die böse Hexe ein, die den Riesen in Stein verwandelt hat. Der Wind ist ihr höhnisches Gelächter, als sie einen weiteren Zauber bewirkt und ihren Zauberstab über meinem Wüstencanyon schwenkt. »Heeheehee!«, kichert sie schrill, und – puff! – ist die Maus hundertmal größer. Sie ist so groß wie meine Hütte, und jetzt wedelt die Hexe noch einmal mit ihrem Zauberstab und – puff! – wachsen noch ein Dutzend Riesenmäuse aus dem Boden. Mit tödlichen Viren verseuchter Schleim quillt aus ihren Schnauzen.

Ich kann nicht. Ich ertrage es nicht mehr. Ich muss schlafen. Ständig geht mir die Maus durch den Kopf. Ich kann nicht aufhören, an die verbleibende Zeit zu denken. Noch dreiundzwanzig Tage. Das schaffe ich nicht. Ich werde noch verrückt.

Jeden Tag wird die Dunkelheit in mir tiefer. Mit jedem Tag erstarkt sie wie ein Strudel, der mich immer tiefer in einen gewaltigen schwarzen Schlund zieht. Ich fürchte, der Schlafentzug ist nicht das größte Problem. Wahrscheinlich lässt sich die Reaktion des Verstandes auf länger andauernde Isolation ebenso wenig kontrollieren wie die körperliche Reaktion auf große Kälte. Der Körper reagiert mit Unterkühlung, der Geist mit Ausfällen. Und wie bei Unterkühlung driftet das rationale Denken langsam ins Irrationale ab, nur dass der Isolationskrankheit eher geistige als körperliche Entbehrungen zu Grunde liegen.

Ich habe keine Ahnung, wie viel Isolation der Verstand erträgt, bis er zerbricht. Isolation bedeutet Strafe. Gefängniswächter und Folterer wissen das. Bei archaischen Völkern gab es kein schlimmeres Schicksal, als von seinem Stamm ausgestoßen zu werden. Selbst Thoreau ging ab und zu in die Stadt, vielleicht sogar fast täglich. Ohne Körperkontakt, Gespräche oder irgendeine Begegnung mit anderen beginnt der Verstand an sich zu zweifeln und wendet sich gegen sich selbst. Bin ich einfach müde, oder fange ich an, den Verstand zu verlieren?

Vielleicht geht in mir ja etwas noch Tieferes vor als die Auswirkungen der Isolation. Es ist möglicherweise noch schlimmer, ein untrennbarer Teil meines Selbst, weitergegeben von einer Generation auf die nächste.

Meine Mutter sprach selten über ihre Kindheit. Sie stammte aus einer Familie mit neun Kindern, fünf Mädchen und vier Jungen, von denen ich die meisten entweder kennen lernte, bevor ich mich erinnern konnte, oder erst, als ich erwachsen war. Sie gehörten daher nicht zu den Menschen, die ich als echte Verwandte betrachtete. Die Namen der Mädchen endeten alle auf »is«. Lois hieß meine Mutter, und dann kamen Phyllis, Janis, Alice und Corlis. Mom erzählt, ihre Mutter brauchte nur »Is!« zu rufen, und alle fünf Mädchen kamen angelaufen. Das ist aber auch schon alles, was ich über Moms Kindheit weiß; außer dass der Dad meiner Mutter starb, als sie ungefähr fünfzehn war. Ich weiß nicht mehr, wann ich erfuhr, dass er sich das Leben genommen hatte.

Erst mit sechzehn hörte ich, auf welche Weise mein Großvater sich umgebracht hatte. Möglicherweise hätte ich es nie herausgefunden, hätte meine Mom nicht eines Abends im Sommer die Nachricht bekommen, dass ihre älteste Schwester Alice Selbstmord begangen hatte. Wie ihr Vater hatte Alice einen Lappen in den Auspuff des Familienautos gestopft, die Scheiben hochgedreht und sich hineingesetzt.

Ich hatte Alice nie kennen gelernt, und ich weiß immer noch nicht, was sie dazu bewog, sich das Leben zu nehmen. Aber lange Zeit glaubte ich, wenigstens auf der Seite meines Vaters sei die Familie normal. Da hatte ich mir noch keine Gedanken über Grandpa Tony gemacht, den Großvater meines Vaters. Ich wusste nur, dass er in seinen Fünfzigern gestorben war. Dieser Mann, den ich nie kennen gelernt hatte, faszinierte mich so, dass ich meinen Sohn Tony nach ihm nannte. Erst nach dem Tod meiner Urgroßmutter, die mit vierundneunzig eines natürlichen Todes starb, hegte ich überhaupt den leisesten Verdacht. Ich begann Fragen zu stellen. Womit hatte Grandpa Tony sich seinen Lebensunterhalt verdient? Universitätsprofessor. Was waren seine Hobbys? Er las gern und hat Bücher nur so verschlungen. Er liebte es, überall seine Anmerkungen auf die Seiten zu kritzeln. Woran ist er gestorben?

Eines Tages, als Grandpa ein Schläfchen hielt und Großmutter und ich allein in ihrem Wohnzimmer saßen, enthüllte Grandma mir flüsternd die Einzelheiten. Grandpa Tony hatte sich erschossen. Meine Urgroßmutter fand ihn mit zerschmettertem Schädel. Um ihre Gefühle zu schonen, sprach niemand je darüber. Selbst mein Dad kannte nicht die ganze Wahrheit.

Ich weiß nicht, was Menschen dazu bringt, sich das Leben zu nehmen. Aber irgendwann müssen sie eine tiefe Niederlage erlitten haben. Sind meine Tante, mein Großvater oder mein Urgroßvater in dieselbe Finsternis gestürzt, die jetzt mich bedroht? Sind sie davor geflüchtet, wie ich jetzt, in dem verzweifelten Wunsch, ins Licht zurückzukehren? Gab es einen bestimmten Moment, in dem sie wussten, dass es kein Zurück gab, so dass sie losließen und sich selbst aufgaben?

Ich weiß nicht, ob meine Verwandten an ihre Seele glaubten. Und von mir weiß ich das auch nicht mehr. Vielleicht hatte ich die ganze Zeit Unrecht. Meine Seele hat nicht gerade vor Antworten auf meine Fragen gesprüht. Sie ist nicht zu meiner Rettung herbeigeeilt und hat mir den einzigartigen Sinn meines Lebens offenbart. Ich habe überlebt, aber so langsam wird mir klar, dass Überleben allein nicht genug ist. Meinen Verwandten, die sich umgebracht haben, hat es wohl nicht gereicht. Vielleicht existiert das, was ich suche, gar nicht, egal, was ich zu tun bereit bin, um es zu finden. Und selbst wenn es existiert, bin ich mir nicht mehr sicher, ob ich stark genug bin, hier zu bleiben und es aufzuspüren.

15. Kapitel

Tag 19, 29. November, früher Nachmittag

Meine Hand zittert, und das macht mir Angst. Ich tauche meinen Pinsel in die Farbdose und setze ihn auf die Plane. In der hellen Sonne muss ich die Augen zusammenkneifen. Ich trete zurück, um meinen Fortschritt zu begutachten, denn ich bin mir nicht sicher, ob das, was ein Wacholderbaum sein soll, auch so aussieht. Heute Morgen musste ich unbedingt aus dem Unterschlupf hinaus. Eine Zeit lang nicht mehr denken, nicht mehr auf die Maus warten, darauf, dass die Nacht und die Dunkelheit zurückkehren.

Die Idee, meine Hütte anzumalen, stammt nicht ausschließlich von mir. Meine Großmutter väterlicherseits hat in ihrem Badezimmer einmal einen lebensgroßen Fisch an die Wand über der Wanne gemalt. Dann bat sie alle Familienmitglieder, einen eigenen hinzuzufügen, eine Art Generationen übergreifende Collage. Wegen meines Beitrags habe ich immer ein schlechtes Gefühl gehabt, denn ich war erst fünf und bestand darauf, meinen Fisch ganz allein zu malen. Meine Mutter versuchte mich zu überreden, ich solle doch noch ein oder zwei Jahre warten, aber Grandma schlug sich auf meine Seite. Mein Entwurf geriet denn auch unbeabsichtigt zu einem roten Riesenwal mit spitzen Lippen, der die anderen Fische zu Elritzen degradierte.

Fische auf meine Hütte zu malen habe ich von vornherein ausgeschlossen, aber ich bin mir nicht klar darüber, welchen Gesichtspunkt meiner Wüstenumgebung ich wiedergeben soll. Den Umstand, dass ich in dieser Umgebung nicht schlafen kann? Die Tatsache, dass ich mir bei einer Maus, die in dieser Umgebung lebt, möglicherweise einen tödlichen Virus einfange? Daher male ich einen Wacholderbaum, aber mir gefällt nicht, wie er aussieht. Er hat nicht die richtige Farbe. Ich habe nur wenige Farben mitgebracht: Schwarz, Weiß, Purpurrot, Azurblau, Sonnengelb und Meeresbrise-Smaragdgrün, aber nicht dasselbe Grün wie ein Wacholderbaum. Ich habe ein wenig Blau dazugemischt, aber es sieht immer noch nicht richtig aus.

Das Malen hilft auch nicht. Die Dunkelheit wird zurückkehren, so sicher wie die Nacht.

Eintauchen, Pinselstrich. Eintauchen, Pinselstrich. Noch ein bisschen Blau dazu. Eintauchen, Pinselstrich. Eintauchen, Pinselstrich.

Noch einundzwanzig Tage.

Eintauchen, Pinselstrich.

Und einundzwanzig Nächte.

Mal einfach weiter, das ist jetzt das Wichtigste. Aber ich beginne zu bibbern. Mit jeder Minute zittert meine Hand heftiger. Eintauchen, Pinselstrich. Eintauchen, Pinselstrich.

Die Farbe sieht anders aus als noch gerade eben. Jetzt schwimmen irgendwelche Brösel darin. Ich tauche den Pinsel in die Büchse und streiche damit über die Leinwand. Die Farbe hält nicht wie vorhin. Sie fällt ab, als bestünde sie aus kleinen Eisstückchen. Ich werfe noch einen Blick in den Topf. Das ist Eis. Die Farbe gefriert in der Büchse.

Wenn die Farbe gefroren ist, kann ich nicht malen, aber ich muss. Ich muss malen. Ich werde malen. Ich will.

Ich stoße meinen Pinsel in die Büchse und fische kleine Stückchen gefrorener Farbe auf, die ich heftig auf die Leinwand tupfe. Die Eisstückchen fallen zu Boden. Immer wieder stoße ich auf die Plane ein, bis die Farbe auf dem Boden der Dose hart gefroren ist, aber ich mache weiter.

Ich steche auf die Leinwand ein, als könnte ich meinen Unterschlupf erdolchen. Dieser Ort hat einen Killer aus mir gemacht. Ich bin außer mir vor Zorn, wütend auf die Kälte, wütend auf die Maus, wütend auf jeden Baum, jeden Fels und jeden Wermutbusch, den ich sehe.

Plötzlich überwältigt mich die Erschöpfung, und ich lasse den Pinsel zu Boden fallen. Ich krieche ich den Unterstand und wickle mich in meine Schlafsäcke. Wenn ich nur schlafen könnte! Gott, wie sehne ich mich nach Ruhe und Frieden … Ich nehme mein Tagebuch und schreibe, kämpfe mit aller Kraft, die ich noch aufzubieten habe, gegen die Dunkelheit an, kämpfe mit einer müden Armee aus Gedanken und Gefühlen irgendwo tief aus meiner Seele.

Die Hütte beginnt sich zu drehen, und das Papier verschwimmt vor meinen Augen. Ich habe das Gefühl, zu fallen und von einer Vielzahl knorriger Umrisse umgeben zu sein. Da ich jedes Jahr in meinem Leben die *Weihnachtsgeschichte* von Dickens gehört habe, zuerst von meinem Großvater, dann von meinem Vater, weiß ich, dass es Geister sind. Sie stöhnen: unheimliche Trauer gebrochener Herzen, unerfüllter Träume, vergeudeter Leben. Und durch ihr Seufzen höre ich die Stimme meines Großvaters, der vorliest, wie Marley Scrooge ihre Anwesenheit erklärt:

»Von jedem Menschen wird gefordert, dass er im Geiste mit seinen Mitmenschen wandle und weit und breit sich betätige, und wenn er es im Leben nicht tut, wird sein Geist dazu verurteilt, es nach dem Tode zu tun. Er ist dann verdammt, durch die Welt zu wandeln – weh mir! – und Zeuge dessen zu sein, woran er nicht mehr teilhaben kann und was er nicht mehr ändern kann.«

Wie durch Scrooges Augen sehe ich jetzt, wie Marleys Geist sich zum Fenster zurückzieht; mit jedem Schritt, den Marley geht, öffnet sich das Fenster weiter, und Scrooge sieht in die Nacht hinaus.

»Die Luft war von Gespenstern erfüllt, die in ruheloser Hast seufzend hin und her wanderten. Jedes von ihnen trug Ketten wie der Geist Marleys … Ihrer aller Elend bestand offensichtlich darin, dass sie, um Gutes zu tun, sich in menschliche Angelegenheiten mischen wollten und die Macht dazu für immer verloren hatten.«

Diese Geister erfüllen mich mit Entsetzen, denn so wie Scrooge im weiteren Verlauf der Geschichte noch drei Weihnachtsgeister erscheinen, erkenne ich, dass ich bald den Gespenstern meiner drei Verwandten begegnen werde, die sich das Leben genommen haben. Nicht mit weisen Worten und liebenswürdigen Wahrheiten werden sie kommen, sondern unter Qualen, Leid und bitterer Reue. Sie werden mir erklären, dass es zu spät ist, der Dunkelheit zu entkommen. Ich fürchte mich davor, wie sie aussehen werden, wenn sie um meinen Unterschlupf schweben. Ich will sie nicht anschauen, aber ich kann meine Augen nicht verschließen, weil sie kommen werden. Und dann sehe ich sie. Sie füllen den Unterstand, der sich bläht wie ein Ballon kurz vor dem Platzen.

Kerzengerade sitze ich in meinen Schlafsäcken. Schweiß rinnt von meiner Stirn. Ein Traum … aber das glaube ich nicht ganz. Ein Traum, das ist alles. Schlaf endlich. Doch jetzt weiß ich, dass ich nicht wieder einschlafen kann. Nicht hier, denn die Geister erwarten mich. Es macht mir Angst, dass ein Teil von mir diese Geister für real hält, und noch mehr ängstigt mich, dass sie es wirklich sein könnten. Im Blizzard dem Tod ins Auge zu sehen war eine Art von Furcht. Aber ohne den Schutz der gewohnten Abwehrmechanismen meinem eigenen Ich entgegenzutreten ist der absolute Horror. Jetzt weiß ich endgültig, dass ich nicht in der Lage dazu bin.

Ich schiebe den Schlafsack beiseite und schlage die Türklappe des Unterstands zurück. Während ich geduckt nach draußen trete, schnappe ich mir meine Reeboks. Sofort schmerzen meine Füße von der Schneekälte. Ich hüpfe zu dem Regiestuhl und ziehe mir die Schuhe an. Mein Atem geht flach und schnell. Dann stehe ich einfach da und blicke in die weiße Wüste jenseits des Canyons.

Hier kann ich nicht bleiben. Ich habe mich geirrt. In allem.

Die Sonne hat ihren täglichen Lauf über den Himmel fast vollendet. In ungefähr einer Stunde wird sie hinter den Bergen im Westen versinken, und dann wird es dämmern. Nicht genug Zeit, um bis zur Straße zu gehen, bevor es dunkel wird, gar nicht zu reden von der Naturschutzstation. Selbst am Tag fürchte ich die Vorstellung, fünfundzwanzig Meilen durch die Wildnis zu wandern, aber ich kann einfach nicht mehr. Ich muss hier weg, aber ich kann nicht, nicht heute Abend. Morgen. Ich hoffe nur, dass das noch rechtzeitig ist.

In neunzehn Tagen habe ich ein ganz neues Regelwerk entdeckt, Gesetze, die der Welt jenseits der Wüste vollständig fremd sind, Regeln, die der Mensch, der in seinen elektrischen Städten lebt, vor langer Zeit vergessen hat. Die Nacht bricht herein, und die Wesen des Tages müssen den Kreaturen der Dunkelheit Platz machen, die während der hellen Stunden in ihren Höhlen aus kaltem Stein und Erde geschlummert haben. Bald werden ihre Instinkte sie wecken, und ich muss weichen, wie alle anderen Tagwesen.

Ich sehne mich verzweifelt nach einem Lagerfeuer, nach etwas mehr als den mageren Flammen, die das Feuerholz erzeugt, das ich für den Holzofen gesammelt und zerkleinert habe. Gerade heute Abend möchte ich mich nicht in meinem Unterstand zusammenkauern und auf die Maus warten. Allerdings hege ich wenig Hoffnung, Holz zu finden, das nicht vom Schnee durchnässt worden ist.

Als ich meine Axt nehme, spüre ich den Blick einer nächtlichen Kreatur auf mir ruhen, die bereits erwacht ist. Sie hat mich gewittert, lauert in den Schatten und verfolgt jede meiner Bewegungen. Wenn die Wesen mich nur noch eine

Nacht in Ruhe lassen, dann gehört dieser Canyon ihnen morgen wieder ganz allein.

Ich folge einer Erosionsrinne in den hinteren Teil des Canyons. So müde bin ich, dass ich kaum merke, wie ich einen Fuß vor den anderen setze, bis ich direkt vor mir einen Wacholderbaum entdecke. Ich bin mir sicher, dieses Exemplar noch nie gesehen zu haben. Ich drehe mich um und versuche mich zu orientieren. Ich bleibe immer in Sichtweite meines Unterstands, aber jetzt sehe ich ihn nicht mehr. So weit kann ich nicht gegangen sein, aber da ragt der Pisa-Fels hinter mir auf und hebt sich schwarz vor dem sich verdunkelnden Himmel ab. Aus diesem Winkel habe ich ihn noch nie erblickt.

Die wenigen Wacholderbäume in der Nähe meines Lagers sind spindeldürr und nicht größer als ich. Aber dieser hier ragt fünf Meter hoch in den Himmel, und seine üppigen grünen Äste hängen, schwer mit silbrigblauen Beeren beladen, fast bis zum Boden. Verglichen mit den anderen Bäumen in diesem Canyon fristet dieser kein hartes Leben, sondern gedeiht prächtig. Wenn jeder Baum im Canyon so aussähe, würde sich die Wüste in einen Wald verwandeln. Aber nur dieser Wacholderbaum schöpft sein ganzes Wachstumspotenzial aus. Warum? Alle Bäume wachsen auf demselben Boden. Alle empfangen dieselbe magere Regenmenge. Profitiert dieser Baum einfach von besseren Genen? Fühlen sich die anderen Bäume unterlegen?

Ich schiebe die Äste auseinander und trete geduckt unter die Baumkrone, wobei ich die Augen zum Schutz gegen die scharfen Nadeln schließe, die sich in meine Strickmütze bohren. Trockene Zweige schlagen gegen meine Wangen. Der Stamm ist noch kräftiger, als ich gedacht habe, mehr als einen halben Meter im Durchmesser und von langen, faserigen Rindenstreifen bedeckt. Aber nicht die Borke zieht meine Aufmerksamkeit auf sich. Auf dem Boden neben dem Stamm, unberührt vom Schnee und von oben geschützt durch ein undurchdringliches Blätterdach, liegt etwas anderes. In meiner derzeitigen Situation bin ich nicht besonders gut in der Lage, das Wundersame vom Profanen zu unterscheiden, aber für meine Augen ist dies nichts weniger als ein Wunder: Feuerholz. Trockenes Feuerholz. Genug für ein gewaltiges Feuer. Ich werde mindestens dreimal gehen müssen – zwei der abgebrochenen Äste sind einen Meter achtzig lang, mit einem Durchmesser von dreißig Zentimetern. Ich weiß nicht, ob ich sie vor dem Dunkelwerden in mein Lager schaffen kann. Könnte ich nur die Nacht hinausschieben!

Mein Arm schmerzt, als ich mir eine Ladung kleinerer Äste auf die Brust packe. Mit der Axt als Wanderstab taste ich mich vorsichtig über den schneebedeckten Grund. Wieder einmal habe ich das Gefühl, dass die Augen einer verborgenen Kreatur mich beobachten, und treibe mich zu einer schnelleren Gangart an.

Endlich erblicke ich die Rückseite meines Unterschlupfs und beschleunige meinen Schritt noch einmal. Der Himmel ist indigoblau, und ein Stern glitzert weiß. Nur der Horizont ist noch erleuchtet, die Wolken über den Bergen glühen im letzten Kampf des Tages bedrohlich orange und rot. In wenigen Minuten wird es dunkel sein. Ich werde es wohl kaum schaffen, zurückzugehen und die großen Äste zu holen. Aber ich muss. Ein Arm voll Holz ist nichts gegen die Nacht.

Immer kleiner wird hinter mir der Strahl meiner Propangaslampe, als ich auf den Spuren, die meine Schritte im Schnee hinterlassen haben, durch die Rinne zurückstolpere.

Der Wacholderbaum, der immer noch leicht von der untergehenden Sonne angestrahlt wird, wirkt vor dem Hintergrund des Schnees so knorrig wie eines der Gespenster aus meinem Traum. Ich ziehe den ersten Ast unter der Krone hervor, dann den zweiten. Die Axt werde ich zurücklassen müssen. Ich klemme mir den einen Ast unter den Arm und bücke mich, um den anderen aufzuheben. Die Laterne auf meinem Lagerplatz flackert wie eine Kerzenflamme, und ich behalte sie fest im Auge. Ich komme nur langsam voran. Die auf dem Boden schleifenden Äste ziehen rechts und links von meinen Fußspuren zwei parallele Linien in den Schnee. Weiter marschiere ich auf das Licht zu. Meine Schritte knirschen im Einklang mit dem Rumpeln der Äste, die über hervorstehende Steine hüpfen.

Noch nie bin ich so dankbar gewesen, in mein Lager zurückzukehren. Solange ein helles Feuer brennt, können mir nicht einmal die Kreaturen der Nacht etwas anhaben. Ich werfe ein paar trockene Wermutbüsche zusammen mit einer zerknüllten Zeitung in die Feuerstelle. Dann lege ich den kleineren der Äste dazu und reiße ein Streichholz an. Der Funke entzündet das Zeitungspapier, und sofort ist das Zischen und Ploppen glimmenden Wermuts überall.

Jetzt tanzen Flammen in der Feuerstelle und werfen lange Schatten über meinen Lagerplatz und darüber hinaus. Wenn ich hinzuschauen wagte, würde ich die bernsteinfarben glühenden Augen einer Riesenmaus sehen, zwei Meter achtzig groß und mit Zähnen, so kräftig, dass sie mir mit einem einzigen gewaltigen Biss das Genick durchbeißen könnten.

Hör auf damit, sage ich mir. Ich lege weitere Zweige auf, und das Feuer schlägt hoch.

Sie ist hier draußen, und sie wird mich fressen.

Hör endlich auf.

Ich ziehe den Regiestuhl dicht an die Feuerstelle, krieche tief in meine Jacke und spüre, wie die Hitze meine Wangen rötet. Blinzelnd sehe ich in die Flammen. Weiß. Gelb. Orange. Rot. Schwarz. Formen und Farbtöne verschwimmen ineinander. Wie vom Rauch herangetragen schiebt sich eine Erinnerung in mein Bewusstsein. Andere Lichter, andere Farben. Damals, vor langer Zeit, saß ich behütet und warm zusammengerollt im Wohnzimmer meiner Großeltern und spähte in die Lichter des Weihnachtsbaums, während Großvater aus der *Weihnachtsgeschichte* las. Marleys Geist machte mir keine Angst. Solange die Lichter am Baum so wunderhübsch glitzerten, konnte mir nichts geschehen.

Aber jetzt befinde ich mich in Gefahr, und am meisten ängstige ich mich vor mir selbst. In den letzten paar Tagen habe ich zunehmend den Bezug zur Realität verloren, nicht in einem kontinuierlichen Abstieg, sondern in periodischen Einbrüchen, von denen ich mich zwischendurch wieder erhole. Dann wird mir bewusst, dass ich für kurze Zeit weggetreten war und weiß, dass so etwas wieder geschehen kann und wahrscheinlich auch wird.

Das geht zu weit. Zu bleiben ergibt keinen Sinn, sogar wenn meine geistige Gesundheit nicht auf dem Spiel stünde. Ich bin nicht hergekommen, um eine Mäusephobie auszubrüten, aber jetzt kann ich nichts mehr dagegen tun. Mein Unterbewusstsein hat sich dieses Tier ausgesucht, um meine sämtlichen Ängste zu repräsentieren; und so, alle miteinander zu einem Ganzen vermengt, kann ich sie nicht überwinden.

Langsam sinkt das Lagerfeuer zu glühenden Kohlen zusammen, und ich werfe einen weiteren Ast hinein. In einem Funkenregen landet er in der Grube und prasselt wie ein Wasserfall in den Bergen, der eine Klamm hinunterstürzt. Wäre die Nacht nicht so unglaublich still, würde ich wohl das leise Zischen nicht bemerken, das erklingt, wenn ein verirrter Funke aus der Feuerstelle fliegt und erlischt. Eher ein Seufzen denn ein Zischen.

Wäre die Nacht noch von anderen Geräuschen erfüllt, würde ich meinen eigenen Atem nicht hören; aber es ist so ruhig, dass mein Herz mit einem hörbaren pabum, pabum schlägt.

Ließen sich in der Nacht noch andere Laute vernehmen, das Zirpen von Grillen oder das Quaken von Fröschen, ein Rascheln im Laubwerk oder das Murmeln eines Bachs; der Widerhall eines einzigen Kieselsteins, der die Felsen hinunterhüpft, oder irgendein Tier, das zwischen den Wermutbüschen umherhuscht ... Es muss sehr tiefe Stille herrschen, bis man seinen eigenen Herzschlag hört. Aber wenn sich in der Nacht noch etwas anderes regen würde, könnte ich gewiss nicht hören, was ich jetzt höre.

Ein lang gezogener, tiefer Klang. Ein melodischer Ton wie von einer Kirchenorgel. Dem ersten Ton folgt eine lange Note, die eine Dritteloktave höher liegt, dann fünf weitere, bis sich die Melodie wiederholt. Zuerst überlege ich, ob die Musik nur meiner Fantasie entstammt, aber dann höre ich in meiner Erinnerung die Vorwarnung des Erdhörnchenmannes. Sie haben Glück, wenn Sie sie hören, hat er gesagt, denn das bedeutet, dass Ihre Ohren wieder zu hören gelernt haben.

Noch nie habe ich etwas Ähnliches vernommen. Es drückt Freude und Trauer zugleich aus, Hoffnung und Verzweiflung in einem Atemzug, ist himmlisch und doch von dieser Welt, als sei die menschliche Stimme nicht das einzige Instrument, das in der Lage ist, den tiefsten Grund ihrer Seele auszudrücken. Der Klang könnte eine Kathedrale erfüllen, und doch lässt eine so unmerkliche Störung wie ein Seufzen ihn zurück in die Glut fliehen.

Ich kann mir nicht erklären, warum ich diese Musik noch nie wahrgenommen habe, aber wahrscheinlich müssen dazu genau die richtigen Umstände herrschen. Ruhe natürlich, aber vielleicht reicht ein Moment der Stille nicht. Möglich, dass sie nur in der Wüste zu vernehmen ist und nur, wenn Luftfeuchtigkeit und Temperatur genau stimmen. Die Bedingungen könnten so spezifisch sein, dass die Musik nur erklingt, wenn hundert Variablen exakt zusammenpassen. Aber vielleicht hat auch der Erdhörnchenmann Recht gehabt, und die Musik ist immer wahrzunehmen, wenn die Ohren zu hören gelernt haben.

Der Klang ist so wundersam, dass ich ein paar Augenblicke lang den Mut schöpfe, der Dunkelheit zu widerstehen. Aber die Äste brennen herunter, das Feuer sinkt in sich zusammen. Ich sehe noch eine einzige Flamme, die in einem letzten verzweifelten Versuch, den Himmel zu erreichen, nur zehn Zentimeter in die Luft steigt, bevor sie erschöpft zusammensinkt. Die Finsternis rückt näher heran. Ich bin wie diese letzte Flamme. Auch ich bin ausgebrannt. Selbst die Musik des Feuers kann mich jetzt nicht mehr retten.

Ich wünschte, ich könnte meine Tante, den Vater meiner Mom und meinen Urgroßvater fragen, wofür sie einmal gelebt haben. Wenn sie mir nur sagen könnten, warum sie aufgegeben, ihre Träume im Stich gelassen haben! Denn das ist vielleicht die subtilste Form des Selbstmords. Sobald man den ersten Traum abgetötet hat, fällt es leichter, den nächsten und wieder den nächsten hinter sich zu lassen, bis keiner mehr übrig ist. Es macht mir Angst, dass ich morgen einen Traum aufgeben werde. Und das wirklich Entsetzliche ist, dass ich keinen weiteren mehr habe.

Ich ziehe mich in meinen Unterschlupf zurück, solange die letzten Kohlen noch glühen, denn das Licht hilft mir, nicht solche Angst zu haben. Ich krieche in die Schlafsäcke und nehme mein Tagebuch zur Hand. Verblüfft sehe ich, dass die Seite, die auf meinen Eintrag von heute Morgen folgt, bereits mit Worten gefüllt ist. Natürlich, heute Nachmittag habe ich das Buch genommen, bevor ich eingenickt bin und von den Geistern geträumt habe. Ich kann mich kaum noch erinnern, darin geschrieben zu haben. Neugierig lese ich die Zeilen. Und dann noch einmal.

Ich lege das Tagebuch beiseite, trinke einen Schluck Wasser, zünde mir eine Zigarette an und nehme das Buch wieder in die Hand. Ich lese den Eintrag ein drittes Mal. Und immer noch begreife ich nichts.

»Lass uns die Dunkelheit in deinem Inneren betrachten. Du fürchtest, sie könnte dich verschlingen, dich in einen Abgrund ziehen, aus dem es keine Wiederkehr gibt. Das mag wahrhaftig geschehen, aber nur, wenn du es zulässt.

Glaubst du wirklich, die Finsternis besäße eine eigene Macht, dich zu zerstören? Das wäre nur möglich, wenn sie getrennt von dir existieren würde. Aber die Dunkelheit ist ebenso ein Teil von dir wie ich, obwohl du auch mich als eine Stimme wahrnimmst, die nicht die deine ist.

Werfen wir einen Blick auf die Macht. Die Macht existiert einfach. Sie ist in dir – wohin sollte sie sonst gehen?

Wenn ein Teil von dir seine Macht verleugnet, muss ein anderer Teil deines Ich sie akzeptieren. Je weniger Macht du dir zugestehst, umso mehr Macht geht auf die Finsternis über. Und dann glaubst du nicht, dass die Macht sich noch in dir befindet. Aber sie gehört dir.

Hast du jede mögliche Weise bedacht, mit der Maus fertig zu werden? Du sagst, dass du nicht in der Lage bist, sie zu fangen, und die Dunkelheit wird stärker.

Hast du jede Möglichkeit in Betracht gezogen, mit der Zeit umzugehen? Oder hast du angenommen, dass du von einem Feind erobert wirst, weil du sie nicht schneller vergehen lassen kannst? Du hast dich zum Opfer der Zeit gemacht, und daher verschlingt dich die Dunkelheit.

Warum willst du überhaupt, dass die Zeit schneller verfliegt? Einundzwanzig Tage erstrecken sich vor dir wie eine Ewigkeit. Als wären einundzwanzig Tage auch nur annähernd genug für das, was du dir vorgenommen hast!

Du sagst, du hättest die Antworten auf deine Fragen nicht gefunden, aber vielleicht hast du ja deine Zeit nicht klug genutzt. Du glaubst, du kannst die Zeit einfach verstreichen lassen und darauf warten, dass die Antworten vom Himmel fallen. Aber dem ist nicht so.

Du bist in die Wüste gekommen, um das Geheimnis zu ergründen, was du mit deinem Leben anfangen sollst, und doch hast du dich nicht einmal damit auseinander gesetzt, was du mit vierzig Tagen tun willst. Sieh diese beiden Probleme nicht fälschlich als getrennte Fragen an. Erinnere dich daran, dass die Macht in dir nicht verloren gehen kann. Du kannst der Dunkelheit nur entrinnen, indem du ihr ins Gesicht siehst.«

*

Ich ziehe lange an meiner Zigarette, drücke sie aus und stecke mir eine weitere an. Qualm kräuselt sich über meinem Kopf und zerfließt im Rauch der Kerze zu einem Dunstschleier. Noch einmal lese ich den Eintrag, Worte, in denen ich mich als »du« anspreche. Verrückte Leute führen Selbstgespräche; vielleicht schreiben sie ja auch an sich selbst. Verrückte wissen nicht einmal, dass sie verrückt sind, genau wie die Erfrierungsopfer nicht wissen, dass ihnen kalt ist. Ihr Gehirn spielt ihnen einen Streich, so dass sie ihre Kleider ausziehen und sich in den Schnee legen, ihr letzter verzweifelter Akt, bevor sie unterliegen. Anfangs ist einem bewusst, dass man in Schwierigkeiten steckt, aber dann verliert man vollständig den Bezug zur Wirklichkeit.

Immer noch bin ich perplex darüber, dass ich mich nicht erinnern kann, diese Worte geschrieben zu haben. Richtig verrückt klingen sie nicht, nur scheinen sie nicht von mir zu stammen. *Aber die Dunkelheit ist ebenso ein Teil von dir wie ich, obwohl du auch mich als eine Stimme wahrnimmst, die nicht die deine ist.* Das verstehe ich nicht. Warum sollte ich fragen, ob ich jede Möglichkeit bedacht habe, mit der Maus fertig zu werden? Ich weiß, dass ich das getan habe. Die Falle funktioniert nicht, und es gibt keine Möglichkeit, den Unterstand besser abzudichten.

Ich habe mein Bestes getan, um etwas mit meiner Zeit anzufangen. Ich weiß nicht, was *vielleicht hast du ja deine Zeit nicht klug genutzt* heißen soll. Ich glaube nicht, dass ich etwas anders gemacht hätte, wenn ich der letzte Mensch auf Erden wäre. Aber jetzt läuft mir ein Schauer den Rücken hinunter. Wäre ich der letzte Mensch auf der Welt, könnte ich nicht einfach flüchten. Wenn die Dunkelheit meinen Verstand verschlingen würde, könnte ich nicht einfach am nächsten Tag zurückmarschieren.

Aber der Vergleich ist nicht fair. Ich bin nicht der letzte Mensch auf dem Planeten. Ich bin Mutter, Tochter, Schwester. Ich existiere nicht im leeren Raum. Selbst hier haben meine Handlungen Auswirkungen auf andere. Was ich tue, betrifft noch Personen außer mir selbst.

Aber wenn ich tatsächlich der letzte Mensch auf Erden wäre? Als ich klein war, lebten wir fünfzehn Meilen vom Armeestützpunkt Fort Lewis und der McChord Luftwaffenbasis entfernt. Es war die Zeit von Vietnam und dem

Kalten Krieg. In der Schule zogen wir Kinder uns gegenseitig damit auf, dass die Kommunisten uns wahrscheinlich als Erste »wegpusten« würden. Manchmal hörte ich nachts die Jets über den Himmel donnern und fragte mich, ob das unsere oder ihre Bomber waren. Ich fragte mich, ob gleich der große Knall kommen würde.

Meine schlimmste Befürchtung war, dass bei dem Angriff alle außer mir umkommen würden und ich zusehen müsste, wie ich allein weiterlebte. In den Läden würde es genug zu essen geben. Allerdings war das Einzige, was ich kochen konnte, Tiefkühlgerichte und Makkaroni mit Käse aus der Schachtel, und ich nahm an, dass Elektrizität knapp werden würde. Ich versuchte auszurechnen, wie lange Tiefkühlgerichte gefroren bleiben würden, wenn die Kühltruhen nicht mehr funktionierten. Außerdem war ich der Meinung, dass ich lange von Kartoffelchips und Käsekräckern leben könnte.

Alles, was ich brauchte, würde ich im Einkaufszentrum finden – gratis natürlich, weil niemand da sein würde, bei dem man bezahlen konnte. Ich muss zugeben, dass mir die Vorstellung gefiel, alle Spielsachen zu bekommen, die ich mir je gewünscht hatte. Meine Kleider würden aus den besten Warenhäusern stammen, weder abgelegte Sachen von meinen älteren Cousinen noch aus dem Secondhandladen, in den meine Mutter uns zum Einkaufen führte. Ich könnte alles haben, was mein Herz begehrte. Das einzige Problem war, dass mir an diesem Punkt stets einfiel, wie sehr ich meine Eltern, meine Schwestern, meine Großeltern und meine Freunde vermissen würde. Dann fühlte ich mich so bedrückt und verängstigt, dass nicht einmal Fantasievorstellungen von allem Spielzeug der Welt mich aufheitern konnten. Allerdings hatte ich das Szenario eines nuklearen Holocausts nie so weit gesponnen, nach dem Sinn meines Lebens zu fragen.

Auf jeden Fall würde ich als letzter Mensch auf Erden nicht zulassen, ins Nichts abzudriften. Ich würde etwas zu tun finden. Ich würde mir etwas ausdenken, auf das ich mich freuen könnte. Etwas Lustiges, obwohl ich den Spielzeugläden inzwischen entwachsen bin. Wahrscheinlich bin ich deswegen in den letzten achtzehn Tagen die meiste Zeit im Bett geblieben. In der Wüste gibt es nicht oft etwas zu lachen. Es macht keinen großen Spaß, in einem Blizzard ein Zelt hochzuhalten. Kein Scherz, mit einer Maus auf dem Kopf aufzuwachen. Und es ist nicht witzig, sich zu fragen, ob man den Verstand verliert. Aber wenn ich den Rest meines Lebens hier verbringen müsste, würde ich meiner Existenz auch ein bisschen Spaß abringen.

Sogar hier in der Wüste habe ich Anlässe zum Feiern gefunden. Nachdem ich den Blizzard überstanden hatte. Als der Holzofen kam. Thanksgiving, als ich mit Felipe Kürbis und Oliven gegessen habe. Verglichen mit den übrigen Tagen waren das rauschende Lustbarkeiten. Aber vielleicht hätte ich auch die anderen Tage netter gestalten können, wenn ich mich wirklich bemüht hätte. Ich wünschte, das hätte ich getan. Dann hätte alles anders ausgesehen. Mir war einfach nicht klar, wie wichtig Spaß ist. Jetzt muss ich sagen, dass auch die Freude zu Mrs. Darlings Grundbedürfnissen des Lebens gehört.

Ich habe nicht einmal die Hälfte geschafft, keine zwanzig Tage durchgestanden. Aber eigentlich liegt die Schuld nicht bei mir. Als ich herkam, war ich nicht auf das gefasst, was ich erleben würde. Glück und Wohlergehen meines Sohnes aufs Spiel zu setzen, indem ich mein Leben riskiert habe, war nicht fair. Tony wird morgen so erleichtert sein, meine Stimme zu hören. Ich werde ihm sagen, er braucht sich keine Sorgen zu machen, denn ich werde nie wieder etwas derart Gefährliches tun.

Wahrscheinlich wird er noch viele Jahre brauchen, um zu erkennen, dass seine Mutter an ihrem Vorhaben gescheitert ist. Aber diese Erkenntnis wird vielleicht die Entschlossenheit in ihm wecken, selbst niemals aufzustecken. Oder aber er wird mein Scheitern benutzen, um sein eigenes zu rechtfertigen, so wie ich mich der Niederlage meiner Verwandten bedient habe, um die meine zu begründen.

Was, wenn meine Tante versucht hätte, noch eine einzige Nacht auszuhalten? Wenn der Vater meiner Mutter seine Kapitulation noch vierundzwanzig Stunden hinausgeschoben hätte? Wenn mein Urgroßvater irgendwie die Kraft gefunden hätte, die Pistole niederzulegen und hinauszugehen, in dem Wissen, dass die Waffe morgen auch noch da sein würde?

Und wenn ich die Kraft zum Durchhalten mobilisieren könnte?

Wenn ich es nur bis zur Hälfte schaffte, wenn ich nur zwanzig Tage durchstehen könnte, dann würde sich vielleicht, vielleicht etwas ändern. Heute Abend habe ich Musik im Feuer gehört – wirklich gehört. Ich frage mich, was die Ohren sonst noch wahrnehmen können, wenn die Umstände genau richtig sind. Ich weiß nicht, ob ich nur nach einem Strohhalm greife. Nach meinen Begriffen bin ich bereits gescheitert. Zwei weitere Tage bedeuten noch zwei Nächte, und ich weiß nicht, ob ich die aushalte. Ich habe keine Ahnung, wie ich der Dunkelheit ins Gesicht sehen soll. Aber wenn ich irgendwie die Möglichkeit finde, zwei Tage länger durchzuhalten, dann habe ich vielleicht, ganz vielleicht, noch eine Chance.

16. Kapitel

Tag 20, 30. November, Morgendämmerung

Als ich die Augen aufschlage, kann ich es fast nicht glauben. Heute ist der zwanzigste Tag.

Irgendwie habe ich es geschafft. Ich fühle mich wie Scrooge, der nach seinem Zusammentreffen mit Marley und den Geistern der vergangenen, gegenwärtigen und zukünftigten Weihnachtsfeste erwacht und erkennt, dass es nicht zu spät ist, sein Schicksal zu ändern. Auch für mich ist es nicht zu spät. Ich habe die Dunkelheit durchquert, zumindest für den Moment, und auf der anderen Seite liegt die Hoffnung.

Vielleicht ist es dem menschlichen Geist angeboren, dass er, sobald er die Hälfte eines Unternehmens abgeschlossen hat, seine Möglichkeiten neu definiert und das Ziel erreichbar erscheint. Diese Woge optimistischen Auftriebs ist wohl der Lohn der Natur dafür, dass man den Kopf lange genug über Wasser gehalten hat, um eine Woge zu finden, die einen an den Strand trägt. Wenn ich noch ein bisschen aushalte, werde ich diese Welle bestimmt finden. Wirklich, heute habe ich Grund zum Feiern.

Als ich so in meinen Schlafsäcken liege und darauf warte, dass der Kaffee brodelt, fällt mir ein, dass ich tatsächlich ein Fest veranstalten könnte. Dieser Tag sollte wirklich anders verlaufen als die anderen. Allein der Versuch wird Spaß machen, und – ein Gedanke lässt ein genüssliches Prickeln durch jede Ader meines Körpers laufen: Ich werde mir sogar die Haare waschen. Ja, und ich zünde ein gigantisches Lagerfeuer an, das größte und beste, das dieser Canyon je gesehen hat, und – Junge, ich gerate ganz aus dem Häuschen – ich werde Brot in der Pfanne backen und sehen, ob ich Felipe auftreiben kann, damit er mir Gesellschaft leistet. Wir werden eine Party schmeißen.

Mit einer Ausgelassenheit, von der ich fast vergessen hatte, dass sie in mir steckt, winde ich mich aus meinen Schlafsäcken. Eine Party in der Wüste, also das ist wirklich prachtvoll. Mein Ehrengast ist eine Fliege. Ich hoffe doch, dass Felipe mich beehren wird. Nichts ruiniert eine Party so sehr wie Gäste, die nicht aufkreuzen. Ich muss es ja wissen, denn beinahe wäre ich selbst nicht gekommen.

Bis ich mit dem Sammeln von Feuerholz fertig bin, steht die Sonne direkt über mir. Als ich meine Axt hole, die ich unter dem hohen Wacholderbaum zurückgelassen habe, entdecke ich unmittelbar darunter einen abgestorbenen Baum mit grau gebleichten Ästen und gänzlich ohne Nadeln. Der Holzhaufen, der sich jetzt neben der Feuerstelle stapelt, könnte, auf die richtige Größe zerhackt, das Öfchen eine Woche lang unterhalten. Aber ich bin dabei, alle Register zu ziehen, und wenn ich all die riesigen Äste heute Abend verbrenne, ist das auch egal. Je höher die Flammen, umso weiter weicht die Dunkelheit zurück. Morgen werde ich sparen, aber heute mache ich einen drauf.

Morgen. Vor zwei Tagen konnte ich mir ein Morgen kaum vorstellen.

Zwanzig Tage sind jetzt vergangen, seit Bret und Dana an dem Platz, der inzwischen meine Feuerstelle geworden ist, das erste Lagerfeuer angezündet haben. Zweige und Wermutbüsche auf dem nackten Boden, so hat alles angefangen. Wenn ich jetzt die angesammelte Asche herausschaufle, dann ist die Grube mehr als einen halben Meter tief und über einen Meter im Durchmesser. Ich hätte sie nicht in den gefrorenen Boden graben können; das haben die Feuer der letzten zwanzig Tage für mich getan. Trotzdem sieht sie eher wie ein Loch im Boden aus denn wie eine richtige Feuerstelle, und ich beschließe, sie so herauszuputzen, wie es eines Bergfests würdig ist.

Steine liegen im Canyon reichlich herum; die einzige Beschränkung liegt in meiner Fähigkeit, sie zu transportieren. Nie war mir klar, wie schwer Felsen sind, ich habe mich auch nie bemüht, einen zu bewegen. Daher habe ich auch nie das befriedigende Gefühl gespürt, wenn man es tatsächlich tut. Eigentlich ist es ziemlich spannend, mein Gewicht gegen das eines Steins zu stemmen. Steinen, die größer als ein Basketball sind, habe ich keinerlei Widerstand entgegenzusetzen, aber basketballgroße Steine reichen ohnehin aus.

Nachdem ich ungefähr fünfzig Felsstücke gesammelt habe, ziehe ich als Fundament einen flachen Graben um die Feuerstelle. Einen nach dem anderen hieve ich die Steine an ihren Platz, bis die Grube vollständig umschlossen ist, und beginne dann mit der zweiten Schicht. Auf der Seite, an der mein Feuer vom Tal aus gesehen werden könnte, füge ich nicht nur eine dritte, sondern eine vierte Lage hinzu. Die Grube selbst ist über einen halben Meter tief und die Steinmauer fast einen Meter hoch, daher bezweifle ich, dass man von unten mehr als ein schwaches Glühen erkennen kann.

Anspruchsvollere Betrachter wären wohl nicht meiner Meinung, aber in meinen Augen ist das Ergebnis nichts weniger als ein architektonisches Wunderwerk. Es ist ein richtiges Haus für das Feuer, eine Kathedrale, die der Musik in den Flammen würdig ist. Die Konstruktion könnte die Ewigkeit überdauern, und es gibt keinen Grund, warum sie das nicht tun sollte. Noch nie habe ich etwas erbaut, das jemand in tausend, in fünftausend oder zehntausend Jahren entdecken könnte.

Etwas Seltsames geht in mir vor. Seit ich darüber nachdenke, was ich als letzter Mensch auf Erden tun würde, werden mir Dinge über mich klar, die ich nie geahnt habe. Wenn ich der letzte Mensch auf der Welt wäre, würde ich versuchen, etwas zu bauen, das für immer hält, damit ein kleines Stück von mir ewig weiterlebt. Irgendwie kommt mir das wichtig vor. Irgendwie scheint dies ein Sinnelement in seiner reinsten Form zu sein. Vielleicht ist es nur ein winziges Puzzlestück, aber unwillkürlich wage ich zu glauben, dass sich die Teile vielleicht endlich zu einem Ganzen zu fügen beginnen.

Heute ist es so warm, dass ich die schönsten Hoffnungen hege, Felipe könnte sich blicken lassen. Um ihn zu ermutigen, beschließe ich, jetzt schon Pfannenbrot zu backen. Dann können sich die Gerüche, die Nagetiere anlocken, bis zum Dunkelwerden wieder zerstreuen. Seit der ersten Portion an Thanksgiving habe ich kein Brot mehr gebraten, und ich muss einen Augenblick nachdenken, bis mir einfällt, dass ich die Flasche Öl in dem lädierten Zelt verstaut habe. Natürlich ist sie bis in die hinterste Ecke gerollt, und ich muss den Großteil der Kartons und Tüten sowie fünfzehn leere Wasserkanister herausholen und auf dem Bauch hineinkriechen, um an das Öl zu kommen.

Anscheinend habe ich mir die Mühe umsonst gemacht. Das Öl ist nicht honigfarben und klar, sondern dunkel und schmierig. Es sieht aus wie das Fett, das Mom in einem großen alten Gurkenglas in der Speisekammer aufbewahrte. Immer wenn sie Fleisch briet, schüttete sie das Bratenfett in das Glas – zu welchem Zweck, wagte ich nie zu fragen, aber ich hoffte sehr, dass dieser technischer und nicht kulinarischer Art war. Mutter und ihr Fett. Seit Ewigkeiten habe ich nicht daran gedacht.

Als ich vierzehn war, kochte Mutter für das Sommerlager unserer Kirchengemeinde. Jeden Morgen erwarteten wir Kinder Frühstücksspeck und Würstchen, und jeden Morgen goss Mom das übrig gebliebene Fett zum Abkühlen in eine Kaffeedose, denn sogar im Camp hob sie Fett auf. Jeden Tag wurde dieses Reservoir tiefer und klebriger.

Eines Nachmittags, kurz vor dem Abendessen, spielten die Campteilnehmer Volleyball, als plötzlich ein durchdringender Schrei das Spiel unterbrach. Wir rannten in die Küche und quetschten uns zwischen die Kühlschränke und

Kochherde. Und dort fanden wir meine Mutter, die sich vor Lachen krümmte und nach Luft rang. Ich drängte mich zwischen den Campern zu ihr durch. »Was ist passiert?«

Sie nahm die Kaffeedose und hielt sie schräg, damit alle hineinsehen konnten. Darin schwamm eine Maus und paddelte, was ihre kleinen Beinchen in dem beinahe harten Fett hergaben. Mom war drauf und dran gewesen, ihr siedendes Hamburger-Fett auf den Kopf zu gießen. Meine Mutter hatte so viele von Dads Mäuseprojekten überstanden, dass sie nicht wirklich Angst vor dem kleinen Kerl hatte, aber er hatte sie halb zu Tode erschreckt.

Kein Zweifel, das Schicksal der Maus war besiegelt. Mom zog Gummihandschuhe an und versuchte, die schmierige Masse aus ihrem Fell zu entfernen, aber die Maus war kein so fügsamer Patient wie der Otter. Schließlich setzte sie das Tier einfach in den Hof. Wir beteten für die Maus, vermuteten aber, dass sich eine Katze nicht von einem Gebet übertölpeln lässt.

Vielleicht befindet sich die Lösung meines Mäuseproblems ja gleich hier in dieser Flasche. Pflanzenöl ist zwar kein Bratfett, aber auf Grund der Kälte ist die Konsistenz beinahe gleich. Klebrig ist es jedenfalls. Ich bezweifle, dass eine hineingefallene Maus wieder herauskommen würde. Jetzt muss mir nur noch einfallen, wie ich den Kleinen Kumpel überrede, einen Hechtsprung in die Büchse zu tun.

Nachdem ich meinen Kaffee in einen Gefrierbeutel umgefüllt habe, besitze ich eine leere Kaffeedose, Schritt eins. Ich fülle das Öl hinein, Schritt zwei. Der dritte Schritt ist schon in Arbeit. Pfannenbrot, der perfekte Köder. Der offensichtlichste Standort für die Falle liegt hinter meinem Unterschlupf, wo ich die dichteste Konzentration von Spuren gefunden habe. Sobald das Brot fertig ist, verkrümele ich etwas davon um die Kaffeebüchse und streue auch Krumen auf die Oberfläche des Öls. Hoffentlich wird der erste Bissen die Maus so überwältigen, dass sie hineinspringen wird, um ihren letzten zu nehmen, aber sicher bin ich mir nicht. Der Kleine Kumpel hat sich bis jetzt immerhin als ziemlich intelligent erwiesen. Der Pfannen-Gabel-Konstruktion geht er jetzt schon eine Woche aus dem Weg.

Aber wenn das hier funktioniert, dann fange ich ihn, bevor er überhaupt in den Unterschlupf hereinkommt, und das macht den heutigen Tag zu etwas Besonderem. Wie merkwürdig, dass ich nicht früher an das Fett meiner Mom gedacht habe, und wie seltsam, dass das Tagebuch mich gefragt hat, ob ich wirklich jede Möglichkeit in Betracht gezogen habe, mit der Maus fertig zu werden. Ich dachte, das hätte ich. Sicherlich existieren auch für bedeutendere Probleme Lösungen, die ich nicht bedacht habe.

*

Die Sonne sinkt auf den Horizont im Westen zu, ein Zeichen für mich, meine Vorbereitungen eilig zu beenden. Als ich gebückt in den Unterschlupf trete, blitzt an der Wand etwas auf und zieht meinen Blick auf sich. Als ich den Wacholderbaum auf die Außenseite gemalt habe, war mir gar nicht klar, dass ich ihn von drinnen ebenfalls würde sehen können. Ich hatte angenommen, der Stoff sei relativ undurchsichtig. Aber nun leuchtet der Baum, der von hinten durch die Sonne angestrahlt wird, wie ein Buntglasfenster und hebt sich lebendig und grün von dem dunkleren, braunen Hintergrund ab. Das Ganze wirkt so fröhlich, dass ich wünsche, ich hätte noch mehr Bilder gemalt, bevor die Farbe einfror.

Ich spüle das Geschirr, glätte mein Bettzeug und lege mir das Beil unters Kopfkissen. Dann stelle ich auf dem kleinen Nachttisch die Kerze, ein Glas Wasser – vielleicht gefriert es ja heute Nacht nicht – und Streichhölzer bereit. Wieder dient mir das kleine Handtuch als Mopp. Ich mache mir zwar nicht die Illusion, den Boden desinfiziert zu haben, aber zumindest die oberste Schmutzschicht ist entfernt.

Bald wärmt der Holzofen, den ich bis zum Anschlag beschickt habe, meine Unterkunft so weit, dass ich Pullover und Skihosen und anschließend mein Skiunterhemd und die Steghosen ausziehe. Seit zehn Tagen habe ich meine Beine nicht gesehen und betrachte jetzt schockiert die dunkelblauen und gelblichen Prellungen, die meine Schienbeine von den Knien bis zu den Fußknöcheln fast lückenlos überziehen. Es ist schwierig, in meine Hütte hinein- und hinauszukriechen, ohne sich die Beine am Türbalken anzuschlagen. Weh tut das jedes Mal, aber mir war nicht klar gewesen, in welchem Ausmaß meine Beine ramponiert sind. Und das sind sie nicht nur durch die blauen Flecken. Meine Haut ist so trocken, dass bei der leisesten Berührung dicke Schuppen abfallen. Die Innenseite meiner Hosenbeine ist mit toter Haut überzogen. Außerdem habe ich in meinem gesamten Erwachsenenleben noch nie zwanzig Tage darauf verzichtet, mir die Beine zu rasieren. Spindeldürre, mehr als einen Zentimeter lange Haare ragen aus meinen Waden. Ich sehne mich nach dem Rasierer, den ich nicht mitgenommen habe, obwohl bei diesem Stand der Dinge ein Rasenmäher wohl angemessener wäre.

Es hat mir gefehlt, mich als Frau zu fühlen. Ich kann mir nicht vorstellen, dass ein Mann zwanzig Tage in der Wüste verbringt und dann klagt: »Ich habe in zwanzig Tagen nur zweimal gebadet. Ich fühle mich einfach nicht mehr männlich.« Nach den ersten zehn Tagen war ich mir wie eine Göttin vorgekommen, als ich mir die Haare wusch, aber die Empfindung hat nicht lange vorgehalten. Die vergangenen zehn Tage haben noch einen höheren Tribut von meiner Weiblichkeit gefordert. Ich vermisse die Rüschen. Ich könnte ein wenig Lippenstift gebrauchen, ein blassrosa Negligé, etwas Spitze hier und da. Ich habe so lange in einem Schlafsack genächtigt, dass ich gar nicht mehr weiß, wie sich ein Bettlaken anfühlt, gar nicht zu reden von seidenen Kissenbezügen. Was würde ich nicht geben für einen Tropfen Parfüm, eine langstielige Rose oder eine Puderquaste! Ich will nicht meine gesamte Identität als Frau von solchen Äußerlichkeiten abhängig machen, aber ich würde lügen, wenn ich behauptete, hier in der Wüste hätte ich gelernt, darüber zu stehen. Und das will ich auch gar nicht. Mir das einzureden wäre eine noch größere Lüge.

Ich kann nicht sagen, dass ich mich wie eine Göttin fühle, aber nachdem ich mir den Kopf gründlich gewaschen und zweimal abgespült habe, fühle ich mich schon eher wie eine Vertreterin meines Geschlechts und rieche auch so. Noch besser fühlt es sich an, Körperlotion auf meinen Beinen zu verteilen. Die wirkliche Sensation jedoch ist eine Entdeckung, die ich mache, als ich auf dem Bord nach der Lotion krame. Irgendwie ist eine Flasche Nagellack zwischen meine Toilettenartikel gerutscht. Absichtlich habe ich sie nicht mitgenommen, ich kann mich überhaupt nicht erinnern, sie schon einmal gesehen zu haben. Aber da ist sie. Bonbonrosa, meine Lieblingsfarbe.

Ich bin erstaunt, dass meine Hände sich so gut gehalten haben. Feuerholz zu sammeln beansprucht die Hände sehr, und die Spitzen meiner Handschuhe haben sich inzwischen vollkommen durchgescheuert. Keiner meiner Fingernägel ist abgebrochen oder eingerissen, aber Baumharz und Asche haben sie grau gefärbt. Als ich mit dem Pinsel über die Nägel fahre, staune ich darüber, wie ein wenig Farbe selbst das nichtssagendste Medium verwandeln kann. Genau wie der Wacholderbaum, den ich auf die Zeltleinwand gemalt habe und der meiner Unterkunft einen fröhlichen Touch verleiht.

Äußerst zögerlich ziehe ich meine Steghosen wieder an. Ich schüttle die toten Hautschuppen aus der Tür und bedaure kurz, dass ich für meine Party nicht eleganter gekleidet bin. Egal, mein Haar ist sauber, und Felipe wird sich nichts daraus machen. Allerdings habe ich ihn noch nicht gesehen. Vielleicht kommt er nicht. Wenn ich mich recht erinnere, sagte mein Vater einmal, Fliegen lebten nur ungefähr drei Tage. Denn nachdem er Mäuse erforscht hatte, trieb er Studien an Fruchtfliegen. Wenigstens hielt er sie nicht in meinem Zimmer, obwohl Mom das wohl lieber gesehen hätte als die Gläser mit faulenden Bananen und Orangen, die Dad überall in der Küche aufstellte, um die Fliegen anzulocken.

Gut möglich, dass ich heute mein eigener Ehrengast sein muss.

In diesem Fall kann ich keinesfalls in diesem tristen Aufzug zur Party gehen. Mir kommt eine Idee. Mit einer Schüssel in der Hand ducke ich mich aus dem Unterstand und kehre kurz darauf mit einem Vorrat frischer Wacholderbeeren zurück. Als Pfadfinderin habe ich gelernt, dass ein Erste-Hilfe-Kasten nicht vollständig ist ohne eine Nadel, um Splitter zu entfernen. Zum Glück habe ich eine eingesteckt, deren Öhr groß genug ist, um ein Stück Zahnseide aufzunehmen. Ich halte den Atem an, weil ich keine Ahnung habe, ob die silbrigschwarzen Beeren zusammenfallen, wenn ich mit der Nadel hineinsteche, aber sie halten. Bald habe ich eine fast einen halben Meter lange Schnur aufgefädelt, binde die Enden zusammen und habe eine Halskette. Bonbonrosa Fingernägel, sauberes Haar und obendrein noch Schmuck. Ich erkläre mich zum Inbegriff der Wüsten-Haute-Couture.

In der gesamten Geschichte dieses Canyons kann kein Sonnenuntergang schöner gewesen sein als der heutige. Wenn ich jede Flasche Nagellack ausgießen würde, die ich jemals besessen habe – auch das Blau und Gold, die Mannschaftsfarben, die ich zu Ehren unseres Teams in der Highschool trug –, und sie alle durcheinander wirbelten, kreisten, ineinander flössen, sich mischten und zusammenliefen, könnte sich das Ergebnis doch nicht mit den Farbtönen messen, die über die Berge im Westen kriechen. Rosa, rot, orange, preiselbeerfarben, malvenfarben, pfirsichfarben, pflaumenfarben, blutrot, apricot, violett, blau, purpur. Keine Schattierung fehlt.

Mit jedem Augenblick werden die Töne tiefer, als rührte ein Künstler tropfenweise neue Farben in die Mischung. Ich wünschte, der Himmel würde widerstehen und für alle Zeiten genau so verharren, aber als die Sterne erscheinen, wird mir klar, wie kurzsichtig dieser Wunsch war. Vor meinen Augen verwandelt sich der Himmel in eine weihnachtliche Lichtershow, veranstaltet von der Natur selbst. Selbst das Lagerfeuer leistet seinen Beitrag und sprüht einen Schauer glitzernder Funken vier Meter hoch in die Luft.

Die Sterne erinnern mich an ein Erlebnis, als ich sechs Jahre alt war und mein Onkel uns an Heiligabend besuchte. Dies war eines der wenigen Weihnachtsfeste, an denen wir nicht alle zu meinen Großeltern nach Kalifornien fuhren. Als Dad die Tür öffnete, stürzte mein Onkel an ihm vorbei.

»Wo ist Debbie?«, schrie er. »Wo ist sie? Hat sie es gesehen?«

»Was?«, rief ich und rannte zu ihm. »Was soll ich gesehen haben?«

»Du meinst, du hast nichts gesehen?«, meinte mein Onkel und schüttelte den Kopf. »Zu schade. Jetzt ist er bestimmt fort.«

»Wer ist fort?«, fragte ich.

»Ach, ist auch egal«, sagte mein Onkel. »Jetzt ist es zu spät, ihn noch zu sehen.«

»Wen denn, Onkel?« Ich zupfte an seinen Hosenbeinen.

»Den Weihnachtsmann«, antwortete er. »Gerade eben habe ich ihn mit seinem Schlitten über den Himmel fliegen sehen, direkt über eurem Haus. Ihn und seine acht kleinen Rentiere. Erstaunlich, dass du die Glöckchen nicht gehört hast …«

Ich sauste nach draußen, legte den Kopf in den Nacken, um den ganzen Himmel zu überblicken, und betete, dass es nicht zu spät war. Die Sterne leuchteten genauso wie heute Abend, so hell, dass ich nicht sagen konnte, welches der unzähligen blitzenden Lichter vielleicht acht winzige Rentiere darstellte. Es konnte jedes oder keines sein. Ich spitzte die Ohren, um wenigstens die Glöckchen zu hören, aber auch dafür war es zu spät.

»Vielleicht nächstes Jahr«, meinte mein Onkel, der zu

mir auf den Hof getreten war. Das Glitzern in seinen Augen hielt ich nur für eine Spiegelung der Sterne.

»Kinder, gestern hab ich was gesehn!
Zum Schauen wollte ich nach unten gehen.
Unterm Mistelzweig gab Mom dem Nikolaus 'nen Kuss.
Sie dachte, dass ich in meinem Zimmer schlafen muss.«

Ohne innezuhalten, werfe ich noch Holz ins Feuer.

»Dann kitzelt sie ihn unter seinem Bart so weiß wie Schnee.«

Ich beschleunige mein Tempo und singe aus vollem Halse:

»Was für ein Spaß, wenn Daddy wüsst,
dass Mom den Weihnachtsmann geküsst!«

Jetzt habe ich alle Weihnachtslieder gesungen, die ich kenne. Mit *Jingle Bells* habe ich angefangen und das ganze Repertoire abgespult. *Zu Bethlehem geboren, Kling Glöckchen klingelingeling,* obwohl ich nicht den ganzen Text kenne, *I'm Dreaming of a White Christmas, Kastanien auf offenem Feuer, Die heiligen drei Könige.* Keine schlechte Unterhaltung an einem kalten Abend in der Wüste. Ich muss sogar lachen, als ich mir vorstelle, wie Mommy vor den Augen ihres ahnungslosen Kindes den Weihnachtsmann küsst.

Ich lege den Kopf in den Nacken und erinnere mich, wie ich sechs war und an den Weihnachtsmann glaubte. In dem Jahr, nachdem mein Onkel uns zu Weihnachten besucht hatte, versammelte sich meine Familie wieder im Wohnzimmer meiner Großeltern, um Dickens' *Weihnachtsgeschichte* zu hören. Als Grandpa zu Ende gelesen hatte, bettelte ich, nach draußen gehen zu dürfen und zu warten, um einen Blick auf den Weihnachtsmann und seinen Schlitten zu erhaschen.

»Ich könnte dir sogar noch etwas Besseres zeigen«, meinte mein Grandpa.

»Etwas Besseres gibt's gar nicht«, erwiderte ich.

»Na schön«, sagte er. »Vielleicht, wenn du etwas größer bist ...«

Mehr musste er nicht sagen.

»Ich bin groß.«

Grandpa packte mich warm ein und steckte mich ins Auto. Wir fuhren so lange, dass ich mich fragte, ob er mich direkt zum Nordpol bringen wollte. Als er von der Hauptstraße abbog und mir erklärte, ich solle mich umschauen, glaubte ich tatsächlich, wir wären dort angekommen.

»Wo sind wir?«, fragte ich.

»Das ist die Zuckerstangenstraße.«

Er hatte Recht. Das war sogar noch besser, als den Weihnachtsmann und seine Rentiere am Himmel zu sehen. Grandpa hatte mich an einen Platz absoluter Magie gebracht. Jedes Haus erstrahlte in bunten Farben, Lichterketten hingen von den Dachbalken, blinkten in jedem Fenster und blitzten an jedem Baum. Manche der Vorgärten blendeten mich mit Szenen aus bunt bemalten Holzfiguren: Weihnachtsmänner, Elfen, Rentiere – sogar eine Krippe war da, vollständig bis hin zu hölzernem Ochs und Esel. Aber in dem Garten, an den ich mich am besten erinnere, stand mitten auf dem Rasen ein gewaltiges Himmelbett. Ein Scheinwerfer strahlte das Bett an, auf dem Ma und Pa schnarchten, wobei die Brust der beweglichen Figuren sich hob und senkte. Aber das war noch nicht das Beste. Ein weiterer Scheinwerfer beleuchtete die Schienen einer Modelleisenbahn, die halb unter dem Bett und halb davor verlegt waren. Darauf lieferten sich zwei als Katze und Maus ausstaffierte Lokomotiven ein niemals endendes Rennen.

»Halt an, Grandpa«, bettelte ich, aber wir waren nicht die einzigen Besucher, die die Zuckerstangenstraße sehen wollten. Die Autoschlange hinter uns war zu dicht. Ich begann zu weinen.

»Was ist denn das?«, fragte Grandpa. »Tränen an Heiligabend?«

»Aber ich will es anschauen«, heulte ich. Ich reckte den Hals, um noch einen Blick auf die Szene zu erhaschen, aber ich sah nur die Scheinwerfer des Wagens hinter uns. »Bitte, Grandpa.«

Er sagte kein Wort, sondern fuhr einfach weiter und zeigte auf die schöne Beleuchtung an anderen Häusern. Doch durch meine Tränen sah ich sie kaum. Schließlich bog er in eine Einfahrt. »Die Leute werden schon nichts dagegen haben. Wir halten nur eine Minute«, meinte er. »Dann komm, lass uns zurückgehen und uns die Sache noch einmal anschauen.«

Ich traute meinen Ohren kaum, aber im nächsten Moment nahm Grandpa meine Hand, und wir spazierten zurück zu dem Vorgarten, in dem die Katze und die Maus einander um das Bett jagten. »Ist das nicht wunderschön?«, fragte ich meinen Großvater.

»Allerdings, das ist es«, gab Grandpa zurück. Lange standen wir beide dort. Was er gedacht hat, weiß ich nicht, aber an meine Gedanken erinnere ich mich genau. Ich träumte davon, die zauberhafteste Weihnachtsszene der Welt zu erschaffen, wenn ich groß wäre.

Als das letzte Scheit zu Kohle verglimmt, bin ich enttäuscht. Die Party ist fast vorbei. Morgen heißt es wieder, sich mit der Realität der Wüste auseinander zu setzen. Zwanzig Tage meines Aufenthalts erstrecken sich noch vor mir, und mehr als alles andere will ich jetzt bis zum Schluss durchhalten. Aber immer noch frage ich mich, was ich mit meiner Zeit anfangen soll. Ich kann nicht jeden Tag ein Fest feiern, und ich fürchte, die Dunkelheit könnte zurückkehren. Ich vermute, ich kann ihr nicht noch einmal ins Auge sehen, daher muss ich versuchen, sie hinzuhalten, ehe die Vermutung zur Gewissheit wird.

Wenn die ersten zwanzig Tage mich etwas gelehrt haben, dann, dass Untätigkeit der menschlichen Natur nicht gut bekommt. Wenn ich als Kind jammerte »ich weiß nicht, was ich machen soll«, dann erkärte meine Mutter, da helfe sie mir gern. Ihre Vorschläge beinhalteten in der Regel Staubsaugen im Wohnzimmer, Fensterputzen oder Spinnweben von der Decke fegen, und typischerweise beschloss ich, dass ich doch etwas zu tun hatte, etwas sehr Wichtiges. Es tat mir sehr Leid, aber ich musste das Staubsaugen später erledigen. Ich fand etwas zu tun. Ich dachte mir eine Beschäftigung aus. Wie die meisten Kinder war ich durchaus in der Lage, mich selbst zu unterhalten, wenn es sein musste.

Vielleicht habe ich als Erwachsene diese Fähigkeit vernachlässigt. Ohne andere Menschen und in Ermangelung äußerer Reize bin ich praktisch durchgedreht. Die Vorstellung, die nächsten zwanzig Tage ebenso beschäftigungslos zu verbringen, wirkt äußerst abschreckend. Ich habe gelernt, welchen Preis ich dafür zahlen muss.

Aber heute Abend habe ich mich selbst unterhalten, ohne auch nur eine Fliege zur Gesellschaft zu haben. Ich allein, nur mit meinen Liedern, meinen Erinnerungen, so als wäre ich tatsächlich der letzte Mensch auf dem Planeten. Mich beschleicht der Verdacht, dass die Seele ihre Antworten vielleicht nicht hervorsprudelt, sondern dass diese wie schillernde Seifenblasen aus den tiefsten Regionen des Herzens aufsteigen. So habe ich heute Abend erkannt, dass ich auch Weihnachten feiern würde, wenn ich der letzte Mensch auf der Welt wäre. Ich würde die *Weihnachtsgeschichte* laut lesen, alle Weihnachtslieder singen, die ich kenne, egal, ob ich den ganzen Text wüsste oder nicht, ich würde mein Haus dekorieren und einen Baum schmücken.

Ich würde Weihnachten begehen, weil dieses Fest die Menschheit in ihrem Sonntagsstaat zeigt. Weihnachten ist ein Onkel, der einen Spaß mit seiner Nichte macht, ein Großvater, der dem Betteln seiner Enkelin nachgibt, das überschäumende Lachen eines Vaters. Es heißt Geduld in langen Autoschlangen und Toleranz auf geschäftigen Straßen. Es ist der Gedanke an das Glück anderer und die dankbare Annahme ihrer guten Wünsche. Es ist die Würdigung von Schönheit und das Wiedererstehen von Hoffnung. Um die Lieblingsstelle meines Vaters aus der *Weihnachtsgeschichte* zu zitieren, es ist ganz einfach »apoplektische Opulenz«.

Jedes Mal, wenn Dad zu dieser Stelle kommt, schaut er vom Buch auf, um uns, die wir die Geschichte erst dreißig- und noch keine fünfzigmal gehört haben, zu erklären, dass *apoplektisch* einen Zustand höchster Aufregung und *Opulenz* Überfluss bedeutet. Überfluss in höchster Erregung sozusagen. Dickens bezog sich auf eine Fülle dickbäuchiger Körbe, aus denen Kastanien aus den Türen der Lebensmittelläden bis auf die Straße rollen, aber mir gefällt die Idee, dass zu Weihnachten in uns allen etwas von dieser aufgeregten Überfülle steckt. Wenn ich der letzte Mensch auf Erden wäre, würde ich tief in mein Herz greifen, um sie zu finden.

Und doch verbleibt nun, da meine Lieder in der Nacht verklungen sind, in meinem Canyon kein einziges Zeichen dafür, dass Weihnachten vor der Tür steht, kein Hinweis darauf, dass das Fest auch nur existiert. Keine Dekoration, kein Schmuck, keine Girlanden oder Schleifen. Wenn ich als letzter Mensch auf der Welt Weihnachten begehen würde, müsste ich dafür sorgen, dass ein solcher Fall niemals eintritt. Vielleicht ist es noch nicht zu spät, mir meinen Kindertraum zu erfüllen und die zauberhafteste Weihnachtsszene auf der … nein, vielleicht ist es gar nicht nötig, die magischste Szene auf der Welt zu schaffen. Es ist wichtig, so viel Magie zu schaffen, wie ich mit meinen bescheidenen Mitteln aufbringen kann.

17. Kapitel

Tag 21, 1. Dezember, Vormittag

Leicht wird es nicht, entscheide ich, als ich mich auf die Knie niederlasse, um meine Unterkunft aus einem anderen Blickwinkel zu betrachten, aber es könnte klappen. Leider kann ich nicht alle Bäume mit Glitzerschmuck und Rauschgoldgirlanden behängen. Ich kann keine Lichterketten über jeden Felsen ziehen. Ich habe keine beweglichen Ma- und Pa-Figuren und erst recht kein Himmelbett. Eine Zuckerstangenstraße werde ich aus diesem Canyon nicht machen. Aber die Idee ist trotzdem gut.

Ich umkreise den Unterschlupf. An der Ölbüchse bleibe ich stehen und spähe hinein. Einerseits hätte ich ein schlechtes Gewissen dabei, eine Maus zu töten, aber andererseits bin ich enttäuscht, keine in dem dicken Öl treiben zu sehen, obwohl das Pfannenbrot, das ich als Köder ausgelegt habe, bis auf den letzten Krümel verschwunden ist. Letzte Nacht habe ich besser geschlafen und bin nur alle zwei, drei Stunden aufgewacht. Manchmal hilft ein bisschen Hoffnung einem sehr viel weiter, aber dieses Mal erwies sie sich als falsch. Das Problem könnte darin liegen, dass der Rand der Dose zu weit über dem Boden liegt. Aus Mäuseperspektive muss die Kaffeebüchse so hoch wie ein fünfstöckiges Haus erscheinen. Vielleicht würde eine Rampe, die zum Rand hinaufführt, den Halunken dazu anregen, seine Entdeckungsreise etwas auszudehnen. Also suche ich einen Stock und lehne ihn an die Dose. Heute Abend werde ich die ganze Vorrichtung noch einmal mit Ködern belegen, auch die Rampe bis hinauf zum Rand. Einen Versuch ist die Sache wert.

Das gilt auch für die Hütte. Ich schlendere weiter. Manchmal stelle ich mich auf die Zehenspitzen, um festzustellen, ob ich mit der Hand an den Mittelbalken heranreiche, dann wieder falte ich ein verirrtes Stück Zeltleinwand weg, bis ich wieder vor der Vorderseite stehe. Ich gehe fünfzehn Schritte weg und drehe mich dann um, um einen Gesamtüberblick zu bekommen. Ganz bestimmt habe ich die Form der Unterkunft nicht zu diesem Zweck geplant und muss meine Fantasie gehörig strapazieren, um mir das Endergebnis vorzustellen. Aber es könnte gerade so gehen.

Dabei habe ich noch nie ein Lebkuchenhaus hergestellt, und erst recht kein lebensgroßes. In der fünften Klasse habe ich einmal vier Grahamkekse mit Zuckerguß zu einem Viereck zusammengeklebt, zwei halbe Kekse als Dach aufgesetzt und das Ganze unter Gummidrops erstickt, aber ich glaube, das zählt nicht. Hätte ich es nicht vorher aufgegessen, wäre das Haus nach dreißig Sekunden zusammengebrochen. Als meine Schwestern dreizehn waren, versuchten sie als Weihnachtsgeschenk für Grandma ein richtiges Lebkuchenhaus zu backen. Aber der Lebkuchen war zu dick ausgefallen, und egal, wie viel Guss sie verwendeten, die Wände wollten einfach nicht zusammenhalten. Oder der Guss war zu dünn, denn auch die Süßigkeiten klebten nicht. Wäre das mein Projekt gewesen, dann hätte ich die ganze Katastrophe aufgegessen und es gut sein lassen. Aber meine Schwestern versuchten es immer wieder und buken eine Ladung Lebkuchen nach der anderen, bis sie endlich den Bogen heraushatten. Heute, fünfzehn Jahre später, holt meine Großmutter das Haus immer noch jedes Weihnachten hervor, um es als Prunkstück ihrer Tischdekoration aufzustellen.

Tatsächlich ähnelt meine Unterkunft höchstens dem Dach des Meisterstücks meiner Schwestern. Keine geraden Wände, keine kunstvollen Fensterrahmen. Aber immerhin besitze ich ein Kaminrohr, und zufällig weist die Zeltplane fast genau die gleiche Farbe auf wie Lebkuchen, und das sind ohnehin die wichtigsten Bestandteile. Der Hütte fehlen nur Zuckerwork und Verzierungen, und solange die Temperatur mitspielt, kann ich das mit meinen Farben bewerkstelligen.

Ich möchte mit Lutschern beginnen, aber bis auf Gelb befinden sich unter meinen Farben keine Bonbontöne. Ich brauche genauso lange, um den richtigen Ton anzumischen, wie es dauert, tatsächlich runde Formen in fruchtigen Farben auf der Zeltleinwand entstehen zu lassen. Ich lasse Platz für Stiele, die ich hinzufügen werde, sobald ich herausbekomme, wie man Braun mischt. Als das Naschwerk Gestalt annimmt, stelle ich mir eine Reihe Lollipops vor, die ganz um den unteren Rand meiner Unterkunft herumläuft. Dazwischen – ein neuer Gedanke – könnte ich Fruchtgummis verstreuen. Und das ist erst der Anfang. Ich werde Zuckerstangen und Stechpalmenzweige und riesige Lebkuchenmänner malen. Lauf doch, lauf, so schnell du kannst, heißt es in der Kindergeschichte, du kriegst mich nicht, ich bin der Lebkuchenmann!

Aber ein ordentlicher Happs, und der großmäulige Lebkuchenmann landete im Magen eines sehr schlauen Fuchses, und damit war die Sache erledigt.

So versunken bin ich in meine Pläne, dass ich zuerst kaum die Wolken bemerke, die von Westen heranziehen. Mir fällt nur auf, dass die Farbe auf der Plane nicht mehr so strahlend leuchtet. Auch den Temperaturabfall bekomme ich fast nicht mit, sondern wickle nur meinen Schal fester, um mich vor dem Wind zu schützen. Ich würde überhaupt nicht darauf achten, wenn nicht meine Hände in der Kälte leicht taub würden. Doch dann bemerke ich etwas, das ich nicht ignorieren kann. Die Farbe gefriert zu Eisbrocken, genau wie an dem Tag, als ich den Wacholderbaum malte, genau wie damals, als die Dunkelheit mich verschlang.

Der Impuls, die Farbdose zu Boden zu schleudern und

wütend darauf herumzutrampeln, ist fast unwiderstehlich. Ausgerechnet jetzt, da ich die Situation langsam in den Griff kriege, gerade als ich zu glauben begann, ich könnte es schaffen. Die Wüste lässt mir auch nicht die allerkleinste Chance.

Ich tauche in die Hütte, stelle die Farbdose an ein Ende des Regalbretts und beuge mich dann hinunter, um die letzten paar Stücke von dem Holz, das ich an Thanksgiving gehackt habe, in den Ofen zu legen. Wenn ich mir vorstelle, dass ich durch den halben Canyon wandern muss, um noch etwas zu finden, zieht mein Herz sich ängstlich zusammen. Der Weg ist so weit. Das Holz zurückzuzerren ist so schwer. Neunzehn weitere Tage sind so lang, zu lang, wenn man gegen die Dunkelheit kämpft.

Du fürchtest, sie könnte dich verschlingen, dich in einen Abgrund ziehen, aus dem es keine Wiederkehr gibt. Das mag wahrhaftig geschehen, aber nur, wenn du es zulässt. Wie eine Geisterstimme ersteht in meiner Erinnerung der seltsame Tagebucheintrag. Immer noch verstehe ich nicht, woher diese Worte stammen und was sie zu bedeuten haben. Ich nehme mein Tagebuch zur Hand und blättere, bis ich den Eintrag finde.

Wenn ein Teil von dir seine Macht verleugnet, muss ein anderer Teil deines Ich sie akzeptieren. Je weniger Macht du dir zugestehst, umso mehr Macht geht auf die Finsternis über. Und dann glaubst du nicht, dass die Macht sich noch in dir befindet. Aber sie gehört dir.

So oft habe ich mich in meinem Leben machtlos gefühlt – ohnmächtig gegenüber der Dunkelheit, außer Stande, mein Schicksal zu beeinflussen, unfähig, die Frau zu werden, die mich aus dem Spiegel ansah, als ich als Teenager meine Seele suchte. Und die ganze Zeit glaubte ich, ich sei auf der Suche nach dieser Kraft, aber vielleicht habe ich in Wirklichkeit versucht, vor ihr davonzulaufen. Schon komisch, wie weit ich weggerannt bin, ohne das auch nur zu ahnen: als Teenager vor meinen Eltern, aus meiner Ehe, aus Alabama. Nicht Beziehungen haben mich davon abgehalten zu entdecken, was ich mit meinem Leben anfangen will, sondern Angst. Hätte ich gewagt, auf mein Herz zu hören, hätte ich niemandem die Schuld geben können, wenn ich scheiterte. Da war es besser, es nicht wirklich zu probieren, besser zu behaupten, ich versuchte es, während ich rannte, rannte, rannte, so schnell ich konnte. Ich habe bewiesen, dass ich wie der Wind laufen kann.

Ich bin es leid, wegzulaufen. Ich will etwas Neues beweisen: dass ich die Dunkelheit überwinden kann, dass ich etwas durchstehen kann, dass ich den Mumm besitze, auf meine Seele zu hören. Ich will beweisen, dass ich zumindest den Versuch wagen will, meine Träume wahr zu machen, selbst wenn ich dabei scheitere.

Möglich, dass die Erinnerung an die Geschichte von dem Lebkuchenmann noch weitere Kindergeschichten angezogen hat, denn jetzt fällt mir *Die kleine Lokomotive, die es konnte* wieder ein, die kleine Maschine, die es schaffte, eine ganze Reihe Waggons auf den steilsten Hügel hinaufzuschleppen, weil sie sich immer wieder sagte: »Ich kann das, ich kann das.« Der Berggipfel ist erreichbar, wenn ich nur weiterschnaufe. Ich muss es schaffen. Jetzt mehr denn je. Ich muss es schaffen.

Den Unterstand anzumalen hat mir geholfen. Jetzt sind auch meine Hände wieder warm; wenn nur die Farbe nicht gefroren wäre! Ich greife nach der Dose und traue meinen Augen kaum. Die Stückchen haben sich aufgelöst. Die Farbe ist glatt und flüssig. Das Eis ist geschmolzen.

Blitzschnell stehe ich draußen. Als ich den Pinsel auf die Plane setze, hält die Farbe, als wäre sie niemals eingefroren, ganz normal. Nach ein paar Minuten gefriert die Farbe in dem Topf erneut, und ich probiere denselben Trick mit dem Aufwärmen am Ofen noch einmal. Klar, die Farbe taut auf. Und als ich sie nach draußen trage, bleibt sie natürlich auf der Zeltleinwand haften.

Ich bin überglücklich, dass die Kälte meinen Fortschritt jetzt nicht mehr behindern wird. Sorgen machen mir nur die Wolken, die sich von Westen heranwälzen. Immer noch verblüfft es mich, wie rasch sich das Wetter hier ändern kann. Kalter, weißer Nebel zieht vor den Wolken her und erinnert mich an den Blizzard. Mein Magen zieht sich zusammen, als der Wind in den Klippen aufheult wie eine Warnsirene.

Ich hätte meine Vorräte an Feuerholz nicht so schrumpfen lassen dürfen. Jetzt ist es zu spät, den Gang durch den Canyon zu unternehmen. Zumindest das Fünfundfünfzig-Gallonen-Fass ist noch halb voll mit Möbelholz, und in wachsender Beklommenheit staple ich eine Zweitagesration neben dem Holzöfchen auf. Als Nächstes will ich sichergehen, dass ich genug Wasser habe. Die Kanister unter dem Wacholderbaum sind nach wie vor gefroren, und jeden Tag taue ich ungefähr eine Gallone in der Bratpfanne auf dem Holzofen auf. Um ganz zu schmelzen, benötigt das Wasser ein paar Stunden, und ich will nicht, dass es knapp wird. Im Moment habe ich nur noch eine halbe Gallone, also hole ich noch zwei Kanister für den Fall, dass es ein schwerer Sturm wird. Brennstoff, Wasser … jetzt kommt die Nahrung.

Ich habe die Kühlbox mit den Reis- und Kichererbsentüten unter den Wacholderbaum zu den Wasserkanistern gestellt und mir dort nur meine tägliche Ration geholt, um die Maus nicht mit überflüssigen Körnern anzulocken. Die Kühlbox selbst ist einbruchsicher, aber sie ist so groß, dass sie den größten Teil des freien Platzes in meiner Unterkunft einnimmt. Trotzdem möchte ich es lieber eng haben, als gezwungen zu sein, mich während eines Blizzards nach draußen zu wagen, also zerre ich die Kühlbox nach drinnen. Eine Bestandsaufnahme der verbleibenden Tüten ergibt, dass ich mehr als genug Nahrung mit in die Wüste genommen habe. Mehr als drei Viertel der Gefrierbeutel sind noch gefüllt. Oft verdünne ich den gekochten Reis und die Kichererbsen zu einer Suppe, und dadurch hätte ich die Vorräte sogar strecken können, wenn mein Appetit besser wäre. Ich wette, ich habe fünfzehn Pfund abgenommen.

Als die ersten Schneeflocken durch die Luft wirbeln, auf

dem Unterstand landen und die Lutscher mit einer Eisschicht überziehen, die wie Zuckerglasur glitzert, ziehe ich die Türklappe von innen zu. Was immer Mutter Natur für mich auf Lager hat, jetzt kann ich nur noch hoffen. Ich schüre den Holzofen und setze einen Topf Kaffee auf. Zumindest sind dieses Mal meine Schlafsäcke trocken.

*

Tag 22, 2. Dezember, früher Morgen

Den Schlafsack über die Beine gelegt, sitze ich gemütlich da und schnipple an meinem Zeitungspapier herum. Ich habe noch nie versucht, eine meterhohe Schablone für einen Lebkuchenmann zu konstruieren. Ich strecke den Arm aus, lege ein paar Stöckchen in den Ofen nach und gieße etwas Wasser in die Bratpfanne, in der Wacholdernadeln köcheln. Selbst auf diesen Duft muss ich in dem Sturm nicht verzichten. Zwar hat der Wind die ganze Nacht über geheult, und immer noch herrscht dichtes Schneetreiben, aber zu meiner Erleichterung ist es kein richtiger Blizzard. Ich habe gelernt, worauf ich vertrauen kann und was ich fürchten muss. Mein Blick schweift zu dem hölzernen Mittelbalken über meinem Kopf. Ich habe mir einmal Sorgen gemacht, er könnte bei der leichtesten Brise auf meinen Kopf herunterkrachen, aber er hat Stürmen standgehalten, die weit schlimmer waren als der, der jetzt bläst.

Unwillkürlich gähne ich und reibe mir mindestens zum zehnten Mal die Augen. Durch das Heulen des Windes und den Umstand, dass ich keine Chance mehr hatte, die Öldosenfalle mit Ködern zu versehen – und daher keinen Grund zu der Hoffnung, die Maus könnte sich davon abhalten lassen, in den Unterstand einzudringen – habe ich nicht gut geschlafen. Ich habe meinen Kopf vollständig unter den Schlafsäcken vergraben und nur einen winzigen Spalt für den Faden offen gelassen, der an der Gabel unter der Bratpfanne festgebunden ist. Wenn ich den Faden in der Hand hielt, habe ich immer wieder zufällig daran gezogen und die Falle ausgelöst, daher versuchte ich, ihn im Mund zu behalten. So konnte ich immer noch schnell daran ziehen, falls ich die Maus auf frischer Tat ertappte. Einen Faden im Mund zu haben war zwar gewöhnungsbedürftig, aber wenigstens habe ich so ein paar Stunden Schlaf abbekommen.

Während ich im Lauf des Morgens erfolglos versuche, eine Schablone für einen Lebkuchenmann zu basteln, lässt der Wind langsam nach. Das Muster muss genau richtig werden. Ich möchte, dass meine Weihnachtsszene in der Wüste der Zuckerstangenstraße würdig ist.

Zuckerstangenstraße. Ich frage mich, wer ihr diesen Namen gegeben hat. Schon seltsam, die Angewohnheit, Orte zu benennen. Gemeinschaften von Menschen bekommen Namen. Tagungshotels benennen ihre Konferenzräume und Ballsäle. Flughäfen, Sportstadien, Einkaufszentren – sie alle haben Namen, ebenso »besondere« Zuhause wie Ranches, Hausboote und Altersruhesitze. Meine Eltern hatten ihrem Alterssitz schon einen Namen gegeben, ehe er überhaupt erbaut war.

Alles außer ganz normalen, langweiligen Eigenheimen bekommt einen Namen. Adressen, das ist alles, was normale Häuser kriegen. Aber jeder beliebige Ort kann eine Adresse sein, und wenn sie Zellenblock Eins heißt. Ich höre die Leute immer reden, wie sehr sie es hassen, als Nummern betrachtet zu werden, aber zu dem Dach über ihrem Kopf fällt ihnen auch nichts Besseres als eine Zahl ein. Meine Hütte schätze ich zu sehr, um sie auf den Status eines »normalen Hauses« zu degradieren. Sie verdient einen Namen. Zu Ehren der Lutscher und Gummidrops und als angemessene Behausung für die Ebenbilder des Lebkuchenmannes taufe ich sie hiermit CandyLand.

Zum ersten Mal habe ich meinem Heim einen Namen gegeben, falls eine Schutzhütte aus Zeltleinwand wirklich als Zuhause zählt. Immerhin ist es mehr, als ich in der

Außenwelt mein Eigen nenne, und ich vermute, Thoreau würde sagen, es sei zwar bescheiden, ich könnte aber hier und überall sonst lange Zeit damit auskommen. Ich wünschte, ich hätte in der Welt jenseits der Wüste ein Heim, das für immer mir gehört. Mir wäre gleich, ob es primitiv wäre, zum Beispiel eine über ein Holzgerüst geschlungene Plane, solange es mir nur wirklich gehörte. Ich würde ihm einen Namen geben, gleich vor der Tür einen Setzling pflanzen und zusehen, wie er Jahr für Jahr wächst, in dem Wissen, dass er sich immer tiefer im Boden verwurzelt, so wie ich.

»Ein Punkt«, sagte Bret Layman an dem Tag, als er und Dana mich herbrachten. »Das ist der Schlüssel. Solange Sie eine Stelle haben, an der Sie sich sicher fühlen, halten Sie durch.«

Ich dachte damals, er spräche von einem Schutz gegen die Gefahren der Wüste, aber ich glaube nicht, dass ein solch sicherer Ort existiert. Ich glaube nicht, dass es eine Stelle gibt, an der ich wirklich sicher vor körperlichem Schaden bin, nicht hier und nicht in der Welt draußen. Vielleicht meinte Bret eine andere Art von Sicherheit: einen Ort, an dem es sicher ist, ich selbst zu sein. Hier in CandyLand ist alles an mir akzeptabel, weil niemand anders hier ist, um das Gegenteil zu behaupten. Meine Weltsicht herrscht hier als Wahrheit, und ich bin die Einzige, die sie anzweifeln darf. Und wenn ich tatsächlich entscheide, dass ich mich irre, dann verlache ich mich nicht selbst. Vielleicht braucht jeder Mensch einen Ort, wo er sich mit sich selbst wohl fühlen kann. Vielleicht braucht jeder einen Platz, in den er Herz, Seele und Arbeit stecken kann, eine Investition, die allein schon so wertvoll ist wie die eventuellen Ergebnisse. Ich jedenfalls brauche so etwas.

Und das habe ich in CandyLand gefunden. Es geht nicht nur darum, dass ich Nägel eingeschlagen und die Zeltplane festgetackert habe. Es geht nicht nur um die Mühe, die Wärme drinnen und die Mäuse draußen zu halten. CandyLand ist zugleich eine Manifestation dessen, was ich bin, und eine Vision der Person, die ich einmal sein will – und der feste Entschluss, zu dieser Frau zu werden.

*

Tag 25, 5. Dezember, Vormittag

Nach dem Sturm liegt nur noch wenig Schnee. In der vergangenen Nacht bin ich bloß zweimal aufgewacht, und das gerade lange genug, um zu überprüfen, ob ich den Faden noch im Mund hatte. Da der Schnee größtenteils verschwunden war, konnte ich endlich die Brotkrumen auf die Rampe streuen, die zu der Ölbüchse führt, und kein Tappen von Mäusefüßen hat meine Träume gestört.

Als ich um den Unterstand herumgehe, wage ich zu hoffen. Die Krümel, die ich um die Öldose verstreut hatte, sind bis auf den letzten verschwunden, aber das erstaunt mich nicht und ist nicht unbedingt ein Vorzeichen für Sieg. Allerdings sind auch alle Krumen, die die Rampe hinauf nach oben führten, weg, und das lässt mein Herz schneller schlagen. Aber in der Büchse schwimmt keine Leiche.

Ich kann mir nicht vorstellen, was ich falsch mache. Die Maus, die meiner Mutter damals im Kirchencamp in die Bratfettdose sprang, brauchte keine Extraeinladung. Aber vielleicht liegt genau hier das Problem. Bratfett ist vielleicht appetitlicher als Öl, aber trotzdem. Das wird mir zu frustrierend. Meine Maus betrachtet mich wahrscheinlich als ihren besten Freund auf der Welt, aber ich werde es langsam leid, die Katze zu spielen. Gründlich leid. Wenn die Falle nicht funktioniert, dann eben nicht. Ich trage die Dose zur Vorderseite meiner Schutzhütte und stelle sie neben die Tür, um sie später zu entsorgen. Im Moment habe ich Dringenderes zu tun.

Ich male los, und Kopf, Arme und Beine des ersten Lebkuchenmannes beginnen auf meinem Unterschlupf Gestalt anzunehmen. Dann erscheint der zweite und nun der dritte. Zum Glück ergeben meine Farben, wenn man sie alle zusammenmischt, eine Art Milchschokoladen-Braun. Als das Braun getrocknet ist, ziehe ich die Umrisse der Figuren weiß nach, aber immer noch sehen sie ein bisschen steif aus, irgendwie unfertig. Aber natürlich, wird mir klar, sie haben noch keine Gesichter. Große, runde blaue Augen. Ein breites rotes Lächeln. Runde Wangen. Halbmondförmige Münder. Plötzlich erwachen sie zum Leben.

»Lauft weg, wenn ihr wollt«, sage ich und male an das Ende jedes Arms einen blauen Fausthandschuh, »aber wundert euch nicht, wenn da draußen ein Berglöwe auf euch wartet.« Ich kann nicht anders, ich finde die drei charmant.

Vielleicht sollte ich es gut sein lassen. Wie Bret sagte, ist dies die Wüste. Niemand sonst wird CandyLand sehen, also geht es nur darum, dass ich Spaß daran habe. Vielleicht ist es der Sinn meines Lebens, mich auf einer verlassenen Insel einzuigeln, nur ich selbst zu sein und alles zu schaffen, was ich zu meinem eigenen Vergnügen haben möchte. Alle anderen Menschen vergessen. Aber eigentlich glaube ich das nicht. Ich kann mir nicht vorstellen, dass der Große Plan des Lebens vorsieht, alle anderen zu vergessen.

Irgendwie, auf eine bescheidene Art, möchte ich der Welt meinen Stempel aufdrücken. CandyLand ist nur eine Schutzhütte in der Wüste. Es ist Lebkuchenknaben und Herzen auf einer Zeltplane, die eines Tages zerfallen wird. Was CandyLand darstellt, zählt in der Welt jenseits der Wüste nicht viel. Worauf es ankommt, ist, woher CandyLand stammt. Der Entwurf ist irgendwo aus meinem Inneren gekommen, von einem magischen Ort, der Erinnerungen, Wissen, Hoffnungen, Erfahrungen und Eingebungen nimmt, sie alle verquickt und einen Plan ausspuckt.

Ich kann nicht so tun, als würden die vierzig Tage in der Wüste mir eine exakte Straßenkarte liefern, an der ich mich für den Rest meines Lebens bei jedem Schritt orientieren kann, aber ich bin dabei zu lernen, dass ich etwas zu geben habe, das niemand anderes auf der Welt geben könnte, einfach, weil niemand anderes ich ist. Das ist genug. Wer ich bin, darauf kommt es an. In der Welt jenseits der Wüste wird es andere Gelegenheiten geben, ein neues CandyLand zu schaffen. Es wird andere Gelegenheiten geben, auf diesen magischen Ort in meinem Inneren zurückzugreifen und genug Pläne für ein Leben und mehr hervorzuzaubern.

Sie brauchen nicht auf Millionen von Menschen zu wirken. Sie müssen nicht alles kurieren, was meine Reisegefährten in diesem Leben beschwert. Ich will einfach nur meinen Beitrag leisten, alles geben, was meine Existenz mir zu schenken erlaubt. Und durch die Wüste beginne ich zu lernen, was das ist.

18. Kapitel

Tag 29, 9. Dezember, gegen Mittag

Das Wichtigste bei jedem Zaun sind die Zaunpfähle. Hätte ich das gewusst, bevor ich beschloss, dass ein Zaun aus Wacholderzweigen den Eindruck eines ordentlichen kleinen Vorgartens um das Lebkuchenhaus vermitteln würde, hätte ich die Frage der Pfosten – und der Löcher dafür – sorgfältig bedacht. Ich erinnere mich, dass ich auf meiner Fahrt in die Wüste die Zaunpfähle an der Straße zählte und die Leistung beeindruckend fand. Und jetzt gesellt sich auf meiner Liste der bemerkenswertesten Errungenschaften der Menschheit der Zaunpfahl-Graber zu der Mausefalle und der Tackerpistole.

Bevor ich mein Herz an den Zaun hängte, hätte ich darauf kommen können, dass der Boden gefroren und es daher so gut wie unmöglich ist, Pfähle so tief einzugraben, dass sie das beträchtliche Gewicht von Wacholderästen tragen können. Vorausgesetzt, ich löse zuerst das Problem, was ich überhaupt als Zaunpfähle verwende, obwohl das im Vergleich zu den Löchern noch das geringste Problem darstellt. Als ich auf der Suche nach Feuerholz durch den Canyon gestreift bin, habe ich einen weiteren abgestorbenen Wacholderbaum entdeckt. Seine kräftigen Äste müssten genau richtig sein.

Um die nötigen Löcher zu graben, habe ich jedes zu meiner Verfügung stehende Werkzeug ausprobiert, einschließlich meiner »ersten Axt für den Knaben«, die ja sogar als

Pflug geeignet war. Das Ergebnis war ein zerbrochener Axtstiel, etwas, das ich hätte vermeiden können, wenn ich an den gefrorenen Boden gedacht hätte. Vor allem, da ich wenig mehr als einen Kratzer geritzt habe.

Wäre die Sache doch so einfach wie der Bau der steinernen Feuerstelle. Eine Feuerstelle kann jeder errichten, der einen Stein hochheben kann. Die Feuerstelle eines Kindes ist vielleicht durch Kieselsteine gekennzeichnet, während ein Kraftprotz Felsbrocken benutzt, aber die Größe der Steine ändert nicht unbedingt etwas an ihrer Funktion. Beim Holzhacken allerdings verbessern kräftigere Muskeln das Ergebnis, und ich habe festgestellt, dass dasselbe für das Graben von Löchern für Zaunpfähle gilt.

Unbestreitbar wären viele der Arbeiten, die mich einen Kampf gekostet haben, für die meisten Männer kleine Fische gewesen. Vom Errichten der Schutzhütte bis zum Sammeln von Feuerholz – die Muskeln eines Mannes sind einfach kräftiger als meine. Auf diese Erkenntnis bin ich natürlich nicht erst in der Wüste gekommen. Während des längsten Teils meines Erwachsenenlebens habe ich Tätigkeiten wie Hämmern, Holzhacken oder das Tragen schwerer Sofas als »Männerarbeit« betrachtet.

Aber woher habe ich die Idee, dass Männer gewisse Aufgaben haben und Frauen andere? Meine Eltern haben Verantwortlichkeiten nicht nach der Geschlechtszugehörigkeit unterschieden, wahrscheinlich, weil sie drei Töchter und keinen Sohn hatten. Sobald ich alt genug war, um einen Rasenmäher zu schieben, habe ich Rasen gemäht, und unser erster Rasenmäher war tatsächlich einer zum Schieben, nicht einmal elektrisch oder benzinbetrieben, und die Schneidblätter waren immer stumpf. Wir hatten einen Garten hinter dem Haus, einen an der Seite und einen Vorgarten und darin einen steilen Hügel, und alles war grasbewachsen. Schwere Arbeit, von der ich niemals wegen meines Geschlechts ausgenommen wurde.

Während meiner Teenagerzeit kauften Mom und Dad immer wieder »Heimwerkerhäuser«, das heißt Häuser, die kurz vor dem Zusammenbruch standen. Diese renovierten sie fast vollständig ohne bezahlte Hilfe außer durch meine Schwestern und mich: einen Dollar die Stunde. Ich habe Dächer gedeckt, geklempnert, geschabt und gemalert. Ich habe verfaulten, stinkenden Teppichboden herausgerissen und neuen gelegt. Ich habe gefliest, geglasert und gemörtelt. Ich habe gehoben, gehackt und geschleppt. Und dann wurde ich erwachsen, nannte das Ganze »Männerarbeit« und vergaß, dass ich früher einmal ganz gut damit klargekommen war.

In den letzten neunundzwanzig Tagen ist mir alles wieder eingefallen. Ich bin alles andere als hilflos. Ein Mann hätte sich vielleicht besser angestellt, aber ich habe meine Schutzhütte gebaut. Ein Mann wäre schneller gewesen, aber ich habe es geschafft, Feuerholz zu sammeln und klein zu hacken – zumindest bis der Axtstiel gebrochen ist. Ich bin in der Wildnis *am Leben* geblieben. Sicher, ich brauchte nicht nach Nahrung oder Wasser zu suchen, aber ich hätte erfrieren können, lange bevor ich verhungert wäre.

Ich werde immer wissen, dass ich unter extremen Bedingungen auf mich aufpassen kann, und daher kann ich auch unter weniger schwierigen Umständen für mich sorgen. Ich habe schon immer behauptet, dass ich alles tun kann, was ich mir wirklich vornehme, aber erst jetzt glaube ich auch daran. Die Welt jenseits der Wüste steckt voller Gründe, aus denen ich meine Träume nicht verwirklichen kann, aber nachdem ich diese Welt verlassen habe, erscheint mir der Großteil davon selbst geschaffen. Die Loslösung aus der Gesellschaft hat mir klargemacht, dass nur ich die Grenzen meiner Entschlossenheit stecken kann. Allein ich bin verantwortlich für meine Entscheidungen. Niemand anders kann mir erzählen, was unmöglich ist.

Daher werde ich auch einen Weg finden, diesen Zaun zu bauen, und wenn es das Letzte ist, das ich tue.

Da es offenkundig vergebliche Mühe ist, ohne Werkzeug Löcher für Zaunpfähle in den gefrorenen Boden zu graben, beschließe ich, mich als ersten Schritt zum Erfolg nach

Alternativen umzusehen. Zum Glück fällt mir fast sofort das Beispiel Weihnachtsbaum ein, besser gesagt, Weihnachtsbaumständer.

Nicht, dass Christbaumständer einfach zu handhaben wären. Was mich angeht, so erscheinen sie nicht auf der Liste der größten menschlichen Errungenschaften. Gut möglich, dass niemand je eine bessere Mausefalle konstruiert, aber in der Abteilung Christbaumständer sehe ich noch viele Verbesserungsmöglichkeiten. Mehr als einmal habe ich alle Lichter und Girlanden angebracht, den ganzen Schmuck aufgehängt und den Baum für fertig erklärt – nur um festzustellen, dass er ursprünglich gerade stand, sich jetzt aber merklich nach links neigte. Für gewöhnlich löst eine kleinere Korrektur an den Klammern des Ständers das Problem, aber einmal, als ich gerade dachte, ich hätte alles richtig gemacht und sei fertig, kippte der ganze Baum um, mit Ständer und allem.

Weihnachtsbaumständer sind immer eine knifflige Angelegenheit, aber im Moment sind sie besonders problematisch, da ich keine habe. Das Nächstbeste wären große Eimer. Ich kenne Leute, die ihren Weihnachtsbaum in ein Bierfass voll Erde und Kies stellen, aber ich habe auch keine Eimer. Das Ähnlichste, und ich bin mir nicht sicher, ob das ähnlich genug ist, sind die leeren Wasserkanister.

Bis ich die Oberteile der Kanister abgeschnitten, die Pfosten hineingestellt und alles mit Kies aufgefüllt habe, wünschte ich, mir wäre eine andere Lösung eingefallen. Ich sehe eine unsichere Zukunft für diese Zaunpfähle voraus. Aber im Moment ragen sie hoch und stolz auf.

Eine Stunde später habe ich mit Hilfe des dicken Drahts, der beim Anbringen des Ofenrohrs übrig geblieben ist, die Wacholderzweige zwischen den Zaunpfählen befestigt. Der Zaun sieht sogar noch besser aus, als ich gehofft hatte. Jedenfalls solange niemand zu heftig atmet …

*

Tag 31, 11. Dezember, später Nachmittag

Ich freue mich zu sehen, dass die Wärme meinen Freund Felipe wieder hergeführt hat. Oder vielleicht einen seiner Nachfahren, bei Fliegen kann man sich da nie sicher sein.

»Wo hast du gesteckt?«, frage ich, als er um meinen Kopf saust und auf der Steinplatte landet. Die Platte misst ungefähr fünfundvierzig mal dreißig Zentimeter, ist acht Zentimeter dick und so schwer, dass ich sie kaum anheben kann. Felipe scheint äußerst neugierig zu sein.

»Das ist Farbe«, erkläre ich und scheuche ihn weg. »Wenn du die auf die Flügel kriegst, kannst du nicht mehr fliegen. Dann stirbst du, und ich habe ein schlechtes Gewissen.« Das hätte ich wirklich. Ich würde mich auch schuldig fühlen, wenn ich die Maus umbrächte, aber ich wünschte trotzdem, ich könnte es. Felipe surrt um meinen Kopf und macht sich wieder davon. »Bis dann«, rufe ich ihm nach und tauche meinen Pinsel ein. Da, fertig. Moment, einen Strich noch – so. Die frische Farbe schimmert in der Sonne.

Willkommen in CandyLand, steht auf der Steinplatte. Einwohnerzahl: 1.

Mit Steinen bezeichne ich die Ränder eines improvisierten Wegs, der von der Erosionsrinne zu meinem Lagerplatz und zum »Tor« führt. Im Vergleich zum Bau der Feuerstelle oder des Zauns macht das kaum Mühe, denn die Steine, die ich gebrauche, sind kleiner als mein Kopf. In dem Zaun aus Wacholderzweigen habe ich eine einen Meter zwanzig breite Lücke gelassen, durch die man den Hof betreten und verlassen kann, und dort endet auch der mit Steinen abgegrenzte Weg. An dessen Ende verkündet die bemalte Steintafel allen potenziellen Besuchern, dass sie hier in eine andere Welt treten. Zu schade, dass meine regelmäßigen Gäste Mäuse und Fliegen sind, denke ich, als ich das Bild betrachte.

Zuerst ist das Hupen so leise und weit entfernt, dass ich mich nicht erschrecke, sondern mir nur bewusst werde, dass jemand in den Canyon einfährt. In ein paar hundert Metern

Entfernung entdecke ich den weißen Truck, der über eine Erosionsrinne hüpft. Merkwürdig, dass Bret Layman um diese Zeit die Fahrt hierher unternimmt. Er ist noch nie so kurz vor dem Dunkelwerden gekommen. Besorgt überlege ich, ob etwas nicht in Ordnung ist.

Tage sind vergangen, seit ich einen anderen Menschen gesehen habe. Seit einem Monat habe ich die Kleider nicht gewechselt. Ich muss aussehen wie ein Freak.

Hundert Meter vor meinem Lagerplatz kommt der Wagen abrupt zum Halten. Eilig gehe ich Bret entgegen. Seine Schritte sind energisch und bedächtig. Er trägt einen beigefarbenen Overall mit dem Emblem einer Ente über der Brusttasche. Ich habe ihn noch nie in seiner Arbeitskleidung gesehen; er wirkt offiziell.

»Ist alles in Ordnung?«, frage ich. Er sieht auf den Boden. »Bret«, hake ich nach. Jetzt bin ich wirklich besorgt. »Was ist los?«

Er legt eine Hand auf meine Schulter und tätschelt sie leicht. Ein Schauer läuft mir den Rücken hinunter wie ein elektrischer Schlag. So lange ist es her, dass mich jemand berührt hat, so lange, seit ich jemandem ins Gesicht geschaut habe. Das Blut steigt mir in die Wangen, und als ich weiterspreche, klingt meine Stimme atemlos.

»Ist etwas mit meinem Sohn?«

»Nein«, gibt Bret zurück. »Soweit ich weiß, geht es Ihren Angehörigen gut.«

Meine Verwunderung wächst. »Aber …«

»Debi, die Bundesbehörde weiß, dass Sie hier draußen sind.«

»Wie bitte?«

»Es ist halt schwierig, hier draußen ein Geheimnis zu wahren. Die Leute reden – selbst wenn sie das gar nicht vorhaben. Lasso wollte Ihnen nichts Böses.«

»Wer?«

»Na Lasso, der Bursche, der den Erdhörnchenmann auf seinem Land leben lässt. Verstehen Sie, vor einer Woche ist mal wieder Lassos Wagen verreckt, wie üblich. Ihm war aufgefallen, dass ihr Wagen seit fast einem Monat bei der Naturschutzstation parkt, und er dachte, er wäre vielleicht zu verkaufen. Ich sagte nein, das wäre er nicht, er gehörte Ihnen. Natürlich hatte der Erdhörnchenmann erzählt, dass er Sie getroffen hat, daher wusste Lasso, wer Sie sind und was Sie vorhaben.

Also, Lasso war auf dem Postamt, um zu fragen, ob jemand in der Stadt einen Wagen zu verkaufen hat, und wie die Leute hier so sind, kam er ins Schwatzen. Er erwähnte dem Postmeister gegenüber, er hätte versucht, dem Mädel, das vierzig Tage in der Wildnis verbringt, das Auto unterm Hintern wegzukaufen.

Bill, das ist der Postmeister, hätte nie ein Wort darüber verloren. Aber zufällig spazierte in diesem Moment eine freie Journalistin aus Chicago herein, die einen Artikel über den Pony-Express faxen wollte – deswegen war sie in Calleo, um einen Artikel zu schreiben –, und sie hörte mit, wie Lasso Bill von Ihrem Ausflug erzählte.

Lasso sagt, er hätte noch nie zwei so leuchtende Augen gesehen. Die Frau stürzte sich auf ihn und flehte ihn praktisch an, sie zu Ihnen zu bringen. Meinte, das würde einen fabelhaften Artikel für ihre Zeitung abgeben. Sie hat sogar versprochen, Lassos Namen darin zu erwähnen. Natürlich wusste sie nicht, dass das so ungefähr das Letzte auf der Welt ist, was Lasso möchte. Lasso hat ihr erklärt, es täte ihm Leid, aber er könne ihr nicht helfen, weil er nicht wüsste, wo genau Sie sich aufhalten, nur dass Sie irgendwo auf öffentlichem Land wären.«

»O Gott«, sage ich.

»Sie hat an der Naturschutzstation angehalten und Ihren Wagen gesehen. Ich war zu der Zeit draußen in den Sümpfen, und die anderen Ranger wussten zumindest genug, um den Schnabel zu halten. Die Frau meinte, sie hätte keine Zeit, auf mich zu warten. Ich dachte, wir würden nie wieder etwas von ihr hören, aber da lag ich falsch. Als sie zurück in Chicago war, rief sie bei der Bundesbehörde an und fragte, ob die wüssten, wo Sie sich aufhalten. Natürlich hatten die Leute keine Ahnung, und anscheinend haben sie ihr die Leviten gelesen und erzählt, dass das illegal und gefährlich sei und keine Frau sich allein in die Wüste wagen sollte, ohne dass jemand weiß, wo sie steckt. Die Journalistin hat ihnen gesagt, irgendjemand müsste wissen, wo Sie sind, weil Ihr Auto an der Naturschutzstation geparkt sei, und wenn Sie nicht zu Fuß in die Wildnis gezogen wären, müsste jemand Sie gefahren haben.«

»Und dieser Jemand sind Sie«, bemerke ich.

»Gestern hat der BLM-Vertreter für diese Gegend angerufen«, nickt Bret. »Zufällig war ich in den Sümpfen. Heute habe ich im Büro hinterlassen, wenn er wieder anruft, solle man ihm sagen, ich sei nicht da. Dieses Mal haben die Leute mich gedeckt, aber ich habe keine Ahnung, wie lange das so weitergehen kann.«

Meine Gedanken überschlagen sich. Ich zähle die Tage. Noch acht, den heutigen nicht eingerechnet.

»Ich weiß eben nicht, wie ärgerlich der Mann ist«, meint Bret. »Nichts könnte ihn daran hindern, eine Suchmannschaft loszuschicken.«

»Die Wüste ist groß«, werfe ich ein.

»Das Problem ist, dass ich auch für die Regierung arbeite. Dieser Kerl von der Bundesbehörde braucht nur meinen Chef anzurufen, und ich bin meinen Job los. Wenn Ihnen etwas zustößt, weil ich nicht ausgepackt habe, dann sitzen die Leute mir im Nacken. Und Sie können darauf wetten, dass die gute Arbeit machen.«

»Aber die Behörde kann mich jetzt nicht hinauswerfen«, wende ich ein. »Ich kann auf mich selbst aufpassen, Bret. Das habe ich bewiesen.«

»Wie der Erdhörnchenmann sagte, geht es den Leuten nicht ausschließlich um Ihr Wohlbefinden. Sie verstoßen gegen deren Regeln. Wenn Sie damit durchkommen, was sollte andere daran hindern, es Ihnen nachzutun? Auf öffentlichen Ländereien sind schon Menschen zu Schaden gekommen – sogar getötet worden –, und die Regierung hatte Prozesse am Hals.«

»Es tut mir so Leid«, sage ich. »Dass es so weit kommt, hätte ich nie gedacht.«

»Ich werde versuchen, den Mann abzulenken«, meint Bret, »aber versprechen kann ich nichts.« Er sieht an mir vorbei, und ich folge seinem Blick zu meinem bemalten Lebkuchenhaus. »Haben Sie das alles gemacht?«

»Ich schätze, das könnte man meinen ›einen Punkt‹ nennen«, antworte ich.

»Dana wäre total aus dem Häuschen, wenn sie das sähe«, sagt Bret. »Was dagegen, wenn ich mich ein bisschen umschaue?«

Während Bret um die Schutzhütte geht, wird mir erst richtig klar, wie viel dieser Ort mir inzwischen bedeutet. Es ist nicht richtig, dass die Behörden mich zum Gehen zwingen dürfen. Dies ist meine Welt – die Bürokraten haben keine Ahnung davon. Sie wissen nichts über die Hexe, die den Riesen in Stein verwandelt hat. Für sie ist der Pisa-Fels nur ein Steinbrocken. Sie haben nie nach einem Regen die Rinnsale verfolgt, um zu sehen, wo sie verschwinden. Sie wissen nichts von dem einen Wacholderbaum, der sich höher und stolzer erhebt als alle anderen. Sie kennen Felipe nicht und haben keine Ahnung, wie CandyLand zu seinem Namen gekommen ist.

Ich will mir dieses Stück Land ja nicht auf Dauer aneignen. Ich habe nicht vor, die Autorität der Behörden in Frage zu stellen. Aber ich kann jetzt nicht fort. Ich verlange nur, meine vierzig Tage abzuschließen, dann wird wieder nur der Wind in diesem Canyon flüstern. Wenn es sein muss, werde ich vor der Suchmannschaft fliehen, und wenn ich nicht schnell genug weglaufen kann, werde ich irgendwie ein Loch in den gefrorenen Boden graben und mich verstecken. Ich werde tun, was ich tun muss.

Kopfschüttelnd kehrt Bret von seinem Rundgang zurück. »Super, was Sie da gemacht haben. Sehr weihnachtlich. Dana ist ständig hinter mir her, ich soll Lichterketten auf unser Dach hängen. Die anderen Ranger haben am Tag nach Thanksgiving damit angefangen, und sie meint, wir sollten uns beteiligen. Und ich sage, was soll's? Hier draußen, mitten im Nichts, sieht sie sowieso niemand.«

»Es ist natürlich netter, wenn sich auch andere daran erfreuen«, gestehe ich.

»Ja«, meint Bret, »aber das gehört zum Leben in der Wüste. Wissen Sie, vor einem Monat hätte ich gewettet, dass Sie keine drei Tage durchstehen. Als dieser Blizzard zuschlug und Dana und ich nicht hier raufkommen konnten, war ich mir sicher, dass wir Sie entweder tot oder durchgedreht wiederfinden. Aber jetzt … schauen Sie nur, was Sie getan haben.«

»Vor zwei Wochen bin ich beinahe geflüchtet.«

»Aber Sie sind nicht gegangen. Hey, tolles Schild. Einwohnerzahl: 1.«

»Im Moment jedenfalls noch.« Wenn das Amt mich festnimmt, werden es null Einwohner sein. Selbst die kleine Lokomotive hätte es nicht geschafft, wenn man ihr die Schienen unter den Rädern weggezogen hätte.

19. KAPITEL

Tag 32, 12. Dezember, mitten in der Nacht

Als es vor der Hütte zu rascheln beginnt, erstarre ich. Seit Stunden liege ich wach, mache mir Sorgen wegen der Land- und Forstverwaltung und bete, dass es bald hell wird. Der Gedanke an Schlaf erscheint so fern, dass ich schon vor langer Zeit die Kerze auf meinem Nachttisch angezündet habe, damit ich nicht einfach im Dunklen liege. Jetzt bin ich froh darüber, dass ich nicht schlafen konnte. Endlich ist der Moment gekommen, dem Kleinen Kumpel den Garaus zu machen. Dank dem Kerzenlicht werde ich das kleine Monster sehen können, wenn es wagt, hier einzudringen. Die Maus wird sich wünschen, sie hätte sich für das Öl entschieden, solange sie noch konnte.

Das Rascheln verstummt. Ich halte den Atem an und stelle mir vor, wie sich Knopfaugen und spitze Nase durch einen Spalt bohren, den ich irgendwie übersehen habe. Mit bebenden Schnurrhaaren versucht sie sich zu entscheiden. Flitzen oder nicht flitzen, das ist hier die Frage.

Wieder das Rascheln, dieses Mal lauter und heftiger. Aber nicht näher. Meine Ohren sind so auf die nächtliche Stille eingestimmt, dass ich mir sicher bin. Die Maus ist immer noch draußen. Ich bin erstaunt, dass eine Maus einen solchen Lärm veranstalten kann. Eigentlich klingt es mehr wie ein Kratzen, wie Fingernägel, die an einer Blechbüchse auf und ab fahren. Ich hebe den Kopf und versuche, die genaue Richtung festzustellen. Gleich außerhalb der Hütte, irgendwo zwischen hier und dem Wacholderbaum, unter dem die Wasserkanister gestapelt sind. Das Kratzen wird ein bisschen zermürbend. Langsam wünsche ich, die Maus würde einfach verschwinden. Geh einfach an einem anderen Tag in die Falle, denke ich.

»Husch«, rufe ich und hoffe, dass meine Stimme abschreckend klingt. »Verschwinde jetzt, husch.«

Das Kratzen und Rascheln schwillt erschrocken an, und dann ist es still. Fast zu still. Bis jetzt war ich mir absolut sicher, dass die Geräusche von der Maus stammten, aber Zweifel ist ein merkwürdiges Gefühl, das sich unerwartet wie eine Welle in die Gedanken schiebt. Es muss einfach die Maus gewesen sein. Nur habe ich noch nie gehört, dass eine Maus ein solches Spektakel veranstaltet.

Minuten später raschelt und schabt es wieder, und mein Magen fühlt sich plötzlich hohl an.

In zweiunddreißig Nächten habe ich unendlich viele Laute der Wüste gehört. Das Knacken von Zweigen, das Fallen von Kieselsteinen, das Flüstern des Windes. Das Dröhnen der Düsenjets und das Motorengeräusch von Brets Toyota. Phantomtelefone und -radios, Musik im Feuer. Das Klirren des Hammers auf Eisennägel, die Tackerpistole, die Heftklammern in einen Holzrahmen schießt. Das Zischen und Spucken des Propankochers, das zögerliche Wuusch, mit dem das grelle Licht der Laterne aufflammt. Das Knirschen meiner Schritte im Schnee und das Klatschen von Regentropfen auf Zeltleinwand. Das Knurren meines Magens, das Ächzen, mit dem der gefrorene Inhalt eines Wasserkanisters auf dem Holzofen taut, das Plätschern, wenn ich mir die Haare wasche. Das unerkennbare Trippeln der winzigen Mäusefüße auf dem Boden meiner Schutzhütte. Aber was ich jetzt höre, ist etwas anderes, ähnelt keinem Geräusch, das ich je zuvor vernommen habe.

Selbst nach dieser ganzen Zeit fürchte ich mich noch vor dem Laut, der dem Moment vorausgeht, in dem die Plane aufgerissen wird und ein Berglöwe in den Unterstand springt, um seine Zähne in meine Kehle zu schlagen. Immer noch fürchte ich die Schritte des Mitternachtskillers, der im Canyon lauert und auf den perfekten Augenblick für seinen Angriff wartet. Und jetzt, als das Rascheln sich lauter und noch hektischer fortsetzt, kann ich nicht ändern, dass meine Gedanken zu den schrecklichsten Schlussfolgerungen springen. Ich kann mein Herz nicht langsamer schlagen lassen. Ich kann nichts dagegen unternehmen, dass die Verzweiflung die Macht über mich gewinnt.

Ich greife nach dem Beil unter meinem Kissen. Hätte ich nur die Kerze nicht angezündet, Dunkelheit ist mein bester Schutz. Aber wenn ich sie jetzt ausblase, weiß das unbekannte Wesen draußen, dass ich es gehört habe. Doch das weiß es ohnehin. Durch mein Geschrei habe ich mich verraten. Der Docht glimmt noch lange Sekunden, nachdem mein Atem die Flamme gelöscht hat.

Ob Mensch oder Tier, das da draußen hat keine Angst vor mir. So viel ist sicher. Direkt vor dem Unterstand klappert es, als versuchte es mich nach draußen zu locken. Aber darauf werde ich nicht hereinfallen. Wenn es mich will, dann wird es mich holen müssen. Der Löwe soll sich sein Opfer aussuchen. Der Verrückte soll selbst überlegen, wo er mit dem Messer zusticht. Wenn sie mich beim ersten Versuch verfehlen, liegt der Vorteil auf meiner Seite.

Jeder Muskel in meinem Körper spannt sich an. Ich gleite auf die Knie und hebe lautlos das Beil. Mit beiden Händen umklammere ich den Stiel, und als das Kratzen sich wieder hören lässt, packe ich noch fester zu. Ich weiß jetzt mit tödlicher Gewissheit, dass ich bis zum Ende kämpfen werde. Einem Menschen würde ich lieber entgegentreten als einem Berglöwen, aber ein Schädel ist so verletzlich wie der andere. Das Rascheln hört auf und beginnt von neuem. Ich weiß, dass dieses Ding bewusst handelt – um mich verrückt zu machen, mich zu verwirren und in die Hysterie zu treiben, aber ich lasse mich nicht provozieren. Die Instinkte eines Löwen sind scharf, aber mein Verstand ist schärfer. Ein Wahnsinniger geht rücksichtslos vor, aber ich bin geistig gesünder. Was immer da draußen ist, bekommt mich nicht kampflos.

Zuerst geht die Veränderung unmerklich, kaum wahrnehmbar vor sich. Anfangs denke ich, meine Augen gewöhnen sich einfach an die Dunkelheit, aber das hätten sie schon lange tun müssen. Bis jetzt war es in dem Unterstand so finster, dass ich nicht einmal die Umrisse der auf die Plane gemalten Gestalten erkennen konnte, aber in den letzten paar Minuten scheinen die Lebkuchenmänner aus dem Dunkel herausgetreten zu sein.

Meine Knie schmerzen, weil sie schon zu lange in derselben Stellung verharren. Meine Arme sind erschöpft davon, das Beil in Angriffsposition zu halten. Während die Umrisse an den Wänden immer klarer werden, befällt mich eine neue Art von Zweifel. Wenn ein Berglöwe oder ein Wahnsinniger mich töten wollten, hätten sie das bestimmt schon vor Stunden getan. Quälend langsam erhebe ich mich endlich von den Knien und husche zur Eingangsklappe. Ich drücke sie zwei Zentimeter auf und lege ein Auge an den Spalt. Langsam schiebe ich die Klappe auf.

Die Zeit scheint stillzustehen. Mit angehaltenem Atem stecke ich den Kopf durch die Öffnung. Ich zucke zusammen und erwarte fast, dass ein Löwe mich vom Dach meiner Schutzhütte her anspringt und mich augenblicklich in die Finsternis befördert. Fest umfasse ich das Beil und schiebe meine Schultern durch die Klappe. Hektisch sehe ich mich um und versuche, meine ganze Umgebung auf einmal aufzunehmen, denn ich weiß nur zu gut, dass ich von hinten angreifbar bin. Ich stehe auf, fahre herum, und meine Knie, die endlich aus der anstrengenden Haltung erlöst sind, geben beinahe nach.

Nach meiner Einschätzung kamen die Geräusche aus der Nähe des Wacholderbaums. In der Gewissheit, dass die Augen irgendeiner Kreatur jede meiner Bewegungen verfolgen, untersuche ich die eingefrorenen Wasserkanister. Alle stehen aufrecht, keiner scheint bewegt worden zu sein. Ich lege mein Gesicht an den Boden. Er ist mit dürren

Wacholdernadeln bedeckt, die unter meinem Gewicht knistern. Aber das ist nicht das Geräusch, das ich in der Nacht gehört habe.

Meine Sorge wächst, je geheimnisvoller das Ganze wird. Ich schreite meinen ganzen Lagerplatz ab und entdecke nichts, das nicht an seinem Platz wäre. Sogar der Zaun aus Wacholderzweigen ist unberührt. Die Pfähle wären beim leisesten Antippen umgefallen. Jeden Tag bläst der Wind mindestens einen um, und jeden Tag behebe ich den Schaden. Aber was immer da in der Nacht geraschelt hat, an dem Zaun hat es nicht gerüttelt.

Ich bin zutiefst erleichtert, nicht von einem Wahnsinnigen überfallen worden zu sein. Aber je länger ich meine Inspektion fortsetze, ohne auf Anhaltspunkte zu stoßen, umso mehr stelle ich die Berechtigung meiner Angst in Frage, die mich die ganze Nacht mit einem Beil in der Hand wach gehalten hat. So langsam komme ich mir ein wenig töricht vor. Das ist das Problem mit der Angst. Sie braucht nur ein winziges Körnchen Wahrheit, das sie um das Tausendfache übertreibt, bis das Ergebnis jedem gesunden Menschenverstand widerspricht. Mein Verstand sagt mir, dass ein Kratzen mitten in der Nacht ungewöhnlich ist – die Angst behauptet, dass ein Verrückter oder ein Löwe das Geräusch verursacht.

Ich wusste, dass die Wüste mich nicht von allen Ängsten geheilt hat, aber ich dachte, ich hätte zumindest zu beurteilen gelernt, wann ich tatsächlich Angst vor etwas haben muss. Nachdem ich jeden Quadratzentimeter meines Lagerplatzes abgesucht habe, ohne auch nur einen Abdruck im Schnee zu finden, bin ich mit meiner Weisheit am Ende – ein Zustand, der sich am besten mit einer Tasse Kaffee ertragen lässt. Ich öffne die Türklappe und will nach drinnen kriechen, als mein Fuß an die Büchse mit Öl stößt, die ich entsorgen wollte, nachdem ich keine Maus damit anlocken konnte. Nun hat sich das Problem der Entsorgung vielleicht von selbst gelöst, und ich drehe mich um und sehe nach, ob mein Tritt die Dose umgeworfen hat.

Mit einem Blick sehe ich, dass sie noch aufrecht steht, aber zugleich zieht ein Stückchen … irgendetwas … meine Aufmerksamkeit auf sich, irgendetwas, das auf der Oberfläche schwimmt. Mein Herz setzt einen Schlag aus, und ich beuge mich tiefer darüber. Da treibt ein winziger schwarzer Körper mit schlaffen Flügeln. Eine Fliege.

»O Felipe«, stöhne ich. »Ach, Felipe.« Mein einziger Freund in der Wüste. Tot. Das ist nicht fair. Um nichts in der Welt hätte ich ihm etwas antun wollen.

Ich schulde ihm das beste Begräbnis, das ich in dem gefrorenen Boden zustande bringe. Nachdem ich einen Löffel aus dem Unterstand geholt habe, kratze ich ein kleines Stück unter einem Wacholderbaum von Nadeln frei und gehe zu der Öldose zurück, um die Leiche zu holen. Ich fische auf der Oberfläche des Öls. Felipe landet auf dem Löffel, gleitet aber herunter und verschwindet in der trüben Flüssigkeit. Ich suche tiefer und rühre das dicke Zeug um, bis etwas Dunkles, zunächst sieht es klein aus, nach oben kommt. Aber im nächsten Moment erkenne ich, dass der dunkle Punkt nur die Spitze eines Eisbergs ist, einer Masse, die vor meinen Augen größer wird.

Auf das, was ich jetzt sehe, bin ich nicht gefasst. Es ist nicht nur eine. Die Gestalt – die Gestalten – sind unverkennbar. Öl tropft von dem Löffel, als ich die erste heraufhole und den leblosen Körper auf den Boden gleiten lasse. Noch einmal und noch einmal stecke ich den Löffel in die Dose, und dann noch dreimal. Jetzt liegen die sechs Opfer dieser Massenexekution in einer Reihe da. Sechs Mäuse. Sie müssen hineingehüpft sein. Kein Pfannenbrot-Köder, keine Rampe. Sie sind einfach gesprungen.

Entsetzen lässt mein Blut gefrieren, als mir klar wird, was genau ich in der Nacht gehört habe – und warum das Geräusch kam und ging. Jedes Mal, wenn ich ein Rascheln hörte, ist eine weitere Maus ins Öl gesprungen; und jedes Kratzen war ein verzweifelter Versuch, aus der Dose zu klettern. Ich stelle mir vor, wie ihre winzigen Pfötchen an dem Blech kratzen und abgleiten, und jede Stille bedeutet einen Tod. Sechs Mäuse, die ich eigenhändig umgebracht habe.

Ich erhebe mich von den Knien und klopfe die Wacholdernadeln von meinen Hosen. So wie die Natur nun einmal ist, werden die Leichen nicht lange dort liegen, bis sie im Magen eines sehr schlauen Fuchses landen – oder eines Dachses, eines Stinktiers oder was sie sonst zuerst wittert. Es bedrückt mich, dass ich den Mäusen keine friedvollere Ewigkeit bieten konnte. Aber trotzdem: Ich habe noch sechs Nächte vor mir, und wenn es die Tiere von meinem Bett fern hält, werde ich die Öldose vor der Tür meiner Schutzhütte stehen lassen und hoffen, dass noch ein Dutzend vom selben Schicksal ereilt werden.

Thoreau sagte: »Die Einfachheit und Nacktheit des primitiven Menschen hatte wenigstens den Vorteil, dass er sich in der Natur als Gast fühlte.« Ich hege den Verdacht, dass es so etwas wie »einen Gast« nicht gibt, einen unbeteiligten Zuschauer, der sich nur auf der Durchreise befindet. Selbst der primitive Mensch hat bestimmt ein paar Mäuse auf dem Gewissen gehabt. Vielleicht kommt es im großen Weltenplan nicht auf sechs Mäuse an, aber ich frage mich doch, wo die Sollbruchstelle der Wüste liegt. Ich überlege, wo die Grenze der Erde ist, der Punkt, an dem die Menschen ein Stück Kohle zu viel gefördert haben, einen Tropfen Öl zu viel heraufgepumpt, den einen Baum gefällt, nach dem der Sauerstoffhaushalt der Atmosphäre umkippt.

Ich kann nicht leugnen, dass meine Anwesenheit Veränderungen im Canyon bewirkt hat. Wahrscheinlich aber keine bleibenden. Die Mäusepopulation wird sich erholen. Bis zum nächsten Winter werden wieder reichlich abgestorbene Wacholderzweige unter den lebenden Bäumen liegen, so wie bevor ich kam und die gegenwärtigen Vorräte verbrannt habe. Aber es macht mich traurig zu erkennen, wie schwierig es ist, einen Ort zu finden, wo man legal vierzig Tage und Nächte in der Wüste oder in einer anderen Wildnis verbringen kann. Vor hundert Jahren musste man unglaubliche Anstrengungen unternehmen, um aus der Wildnis herauszukommen. Heute kostet es Mühe, hineinzukommen. Wenn mein Sohn je beschließt, sich in die Wildnis zurückzuziehen, wird dann überhaupt noch unberührte Natur existieren?

*

Tag 34, 14. Dezember, früher Nachmittag

Trotz meiner Sorge, jede Stunde könnte die Letzte sein, bevor die Bundesbehörde mich findet, macht CandyLand weitere Fortschritte. Alles fügt sich zusammen, um ein Weihnachts-Wunderland zu schaffen – bis auf den Baum. Ich bin mir inzwischen sicher, dass die Weihnachtsbaum-Tradition nicht in der Wüste entstanden ist. Niemand würde auf die Idee kommen, einen dürren Wacholderbaum abzuhacken und sich ins Wohnzimmer zu stellen. Ich musste den halben Canyon durchstreifen, um eine Alternative aufzutun – eine junge Zeder, einen Meter achtzig groß. Zumindest weist sie die richtige Form auf; aber der Schmuck fehlt noch. Selbst die Wacholderbeeren, die ich zu einer längeren Version meiner Party-Halskette aufgefädelt habe, wirken nicht wirklich wie Girlanden, sondern sehen aus, als gehörten sie zum Baum.

Meine einzige Hoffnung ist die Kiste mit dem Handwerkszeug. Fünf kleine Farbtöpfe finde ich darin, die alle zu weniger als einem Viertel gefüllt sind. Eine Schere. Draht. Heftklammern. Tacker. Pinsel. Ein Tonklumpen, genau das Richtige.

Der Ton liegt hart in meinen Fingern, als ich ein Stück abbreche und es zwischen meinen Handflächen rolle. Die Kugel beginnt zu krümeln. Ich benetze meine Hände mit ein paar Tropfen Wasser, und jetzt wird der Ton glatt und hart. Man braucht Übung, um zu erkennen, wann der Ton die richtige Konsistenz erreicht hat. Wenn er nicht feucht genug ist, bröselt er. Nasser Ton ist einfach nur Matsch.

Ich quetsche den Ball zwischen den Händen flach, schlage ihn zu einem Kreis von ungefähr fünf Zentimeter Durchmesser und einem Zentimeter Dicke und steche mit einem Kugelschreiber ein Loch durch den Ton. Gebrannt und bemalt, mit einem Faden durch das Loch, könnte das Teil annähernd wie ein Stück Christbaumschmuck aussehen.

Als ich ein weiteres Stück Ton abbreche, färben meine Hände sich ziegelrot. Aus dem Brocken entsteht eine Kugel, die ich flach presse. Der Ton nimmt die Form an, die meine Hände ihm geben wollen. Vierunddreißig Tage lang bin ich Ton in den Händen der Wüste gewesen, bin hierhin geschlagen und dorthin gewalkt worden. Schwer vorzustellen, dass ich bald in einer Welt aufwachen werde, wo andere Kräfte auf mich einwirken. Ich habe mich so an die Felsen, die Wermutbüsche und den Wacholder gewöhnt, dass ich nicht weiß, wie meine Augen mit Wolkenkratzern, wuchernden Einkaufszentren und asphaltierten Parkplätzen zurechtkommen werden. So sehr habe ich mich auf die Stille eingestellt, dass ich mich frage, wie meine Ohren wohl auf Autohupen, plärrende Radios und schrillende Telefone reagieren.

Es wird lange dauern, bis ich wieder Appetit auf Reis und Hülsenfrüchte habe. Das Sammeln von Feuerholz wird mir nicht fehlen, aber die Lagerfeuer schon. Ich werde die dramatische Einfachheit der Wüste vermissen, ihre strenge Gerechtigkeit, den Frieden.

Müsste ich mich entscheiden, den Rest meines Lebens entweder ganz in einer Stadt eingesperrt zu verbringen oder vollständig in der Wildnis, dann würde ich die Wildnis wählen. Ich kann mir kein Leben vorstellen, in dem man der Natur nur im Zoo begegnet. Wenn ich nicht dort leben könnte, wo die Natur frei ist, würde ich mich wie in einem Käfig gefangen fühlen. Meine Trauer um die Mäuse und meine Sorge um das Zurückweichen der Wildnis haben sich zu einem Entschluss gefügt: Wo immer mein Zuhause liegen wird, welche Nische dieses Planeten ich auch für immer mein Eigen nennen werde, es wird kein Ort sein, wo Menschen das, was einmal war, ersetzt haben durch ihre Interpretation dessen, wie die Welt aussehen sollte. Ich will nicht, dass Feuer und Steine und Sonnenuntergänge zu bloßen fernen Erinnerungen werden, den einzigen Überresten eines Lebens, das ich in der Wüste zurückgelassen habe.

*

Tag 37, 17. Dezember, Morgen

Althergebrachte Brenntechniken erfordern, dass der Ton in der Sonne vollständig trocknet, ehe er dem Feuer ausgesetzt wird, aber das könnte mehr Zeit in Anspruch nehmen, als ich habe, da die Temperatur nur selten über den Gefrierpunkt steigt. Ich zünde ein kleines Feuer an und arrangiere die Tonstücke so nah an den Flammen, wie ich es wage. Die Hitze, so hoffe ich, wird den Vorgang beschleunigen, aber wenn die Ornamente zu rasch zu heiß werden, könnten sie springen.

Als die Stücke grau geworden sind, bin ich mir immer noch nicht sicher, ob sie sich durch die Asche so gefärbt haben oder tatsächlich trocken sind, aber ich lege noch ein paar Scheite auf und schiebe den Schmuck näher ans Feuer. Ich weiß, dass ich zu sehr hetze, aber ich habe keine Zeit. Noch zweiundsiebzig Stunden, vielleicht aber auch nur eine. Das kommt darauf an, ob Bret die Behörden hat hinhalten können.

Ein plötzliches Plop in der Feuerstelle, und Erde und Tonschrapnelle fliegen durch die Luft, gefolgt von einem zweiten Knall. Bruchstücke sausen aus der Asche, Scherben gehen vor meinen Füßen nieder, und jetzt klingt es im Feuer, als würde Popcorn aufgehen. Ich schnappe mir den Spaten und schaufle Figuren aus dem Feuer, die schneller explodieren, als ich sie retten kann.

Den Morgen verbringe ich damit, die Überlebenden anzupinseln. Gelbe, blaue und grüne Kreise, gestreifte

Zuckerstangen, rote Herzen. Sobald die erste Farbschicht trocken ist, male ich auf einige Ornamente weiße Schneeflocken und Stechpalmenzweige und Tannenbäume auf andere. Ich bin wie diese Tonornamente. Siebenunddreißig Tage bin ich durch eine Feuerprobe gegangen und nicht daran zerbrochen.

Eines nach dem anderen hänge ich die Schmuckstücke an den Baum; die größten auf die kräftigen unteren Äste und die kleineren höher oben in die Krone. Und damit ist der Baum geschmückt.

Alles ist geschafft. CandyLand ist vollendet.

Ich trete durchs Tor im Wacholderzaun und gehe über den mit Steinen abgesetzten Weg hinauf zum Rand der Erosionsrinne. Eine Weile blicke ich über den Talboden aus weißem Sand, der mit Wermutbüschen gesprenkelt ist. Heute scheinen die Berge im Westen die Wüste in eine schützende Umarmung zu ziehen und die Welt dahinter auf Abstand zu halten. Als ich mich wieder zu meinem Lagerplatz umwende, muss ich tief Luft holen. Manchmal wird einem das unverhoffte, wundersame Geschenk zuteil, etwas Vertrautes wie zum ersten Mal zu sehen, und einen Augenblick lang fühle ich mich, als wäre ich sechs Jahre alt. Ich halte die Hand meines Großvaters, während eine Katze und eine Maus einander um das Bett jagen, in dem Ma und Pa ahnungslos schnarchen.

Mein Großvater hat mich gelehrt, was Weihnachten bedeutet. Durch ihn ist mir meine Vision von CandyLand zuteil geworden. Ich war so zornig auf ihn, weil er meine Entscheidungen nicht verstanden hat, so niedergedrückt, weil er mich aus seinem Leben ausgeschlossen hat. Aber vielleicht war ich ja diejenige, die ihn ausgesperrt hat. Jedes Mal, wenn ich die Büchse mit der gefrorenen Farbe zum Schmelzen an den Holzofen gestellt habe, ist auch mein Herz ein bisschen weiter aufgetaut. Ich sehne mich danach, Großvater zu sagen, dass er mich zu CandyLand inspiriert hat, dass er zwar manchmal nicht stolz auf mich war, aber wir beide stolz auf dies hier sein können. Ich sehne mich danach, ihm sagen zu können: Ich habe es geschafft, Grandpa, ich habe die ganzen vierzig Tage geschafft.

Als ich am Morgen nach dem Blizzard den Abhang erkletterte und auf mein ramponiertes Zelt hinunterblickte, glaubte ich, mir sei eine zweite Chance geschenkt worden. Und jetzt habe ich das Gefühl, wieder auf diesen Berg zu steigen, jeden Tag ein Stück höher, und auf die Person herunterzuschauen, die den Blizzard überlebt hat und geblieben ist. Ich bin im Feuer der Wüste nicht zersprungen, und daher habe ich mich verwandelt. Stark bin ich geworden, stark genug, um zu erkennen, dass ich die Liebe meines Großvaters mehr brauche, als ich Recht haben möchte. Wenn ich diesen Ort verlasse, werde ich ihm die Hand zur Versöhnung reichen.

*

Tag 38, 18. Dezember, Spätnachmittag

In mir regt sich ein vages Gefühl des Unbehagens, so als hätte ich etwas vergessen. Ich habe mich so daran gewöhnt, meine Tätigkeiten nach dem Stand der Sonne auszurichten, dass ich nicht einmal bewusst beschließe, dass es Zeit ist, mit den abendlichen Hausarbeiten zu beginnen. Ich spüre einfach Unbehagen, wenn die Schatten länger werden und das Licht in einem anderen Winkel einfällt.

Ich habe vor, mir den Rest der Suppe aus Reis und Kichererbsen zum Abendessen aufzuwärmen. Unter dem Wacholderbaum bleibe ich stehen, um eine Gallone Wasser mitzunehmen, die ich zum Geschirrspülen auftauen will. Nur noch drei Gallonen. Ich habe kaum noch genug für zwei weitere Tage. Als ich die Kanister am ersten Tag meines Rückzugs unter dem Baum stapelte, wusste ich nicht, ob ich lange genug durchhalten würde, um auch nur sechs Gallonen aufzubrauchen, gar nicht zu reden von allen vierundsechzig. Noch nie habe ich die Zeit in Einheiten von Wasserkanistern gemessen.

Als ich ein Kind war, bastelte meine Urgroßmutter einen Adventskalender, und meine Mutter hängte ihn jedes Jahr an einen Ehrenplatz neben dem Aquarium in dem Flur vor unserem Wohnzimmer. Der Kalender bestand aus einem neunzig Zentimeter hohen Weihnachtsbaum auf einem Hintergrund aus Sackleinen. Aber meine Urgroßmutter hatte nicht nur Glitzersteine und Spitzengirlanden an den Baum geklebt, sondern auch fünfundzwanzig Häkchen – die Art kleiner Haken, zu denen eine Öse gehört – zwischen die Zweige genäht. Dann hatte sie Miniatur-Christbaumschmuck gesammelt, den sie einzeln in weißes Seidenpapier wickelte.

Jedes Jahr, angefangen am ersten Dezember, griffen meine Schwestern und ich abwechselnd in eine Schachtel und suchten jeweils ein in Papier gewickeltes Päckchen aus. Wir drängten uns um diejenige, die gewählt hatte, während sie das Papier ablöste und das zarte Schmuckstück enthüllte. Einen Spielzeugsoldaten oder einen Kranz, Glöckchen, winzige Geschenkpäckchen oder einen Engel. Diejenige, die gezogen hatte, durfte sich aussuchen, wo sie den Schmuck an den Baum hängte. So wurde der Baum jeden Morgen um ein Schmuckstück ergänzt, und jedes Teil brachte Weihnachten einen Tag näher.

Meine Urgroßmutter hatte insgesamt fünfzig Teile besorgt, und da jedes Jahr nur fünfundzwanzig an den Baum passten, sah das Endergebnis niemals ganz genau so aus wie im Vorjahr. Meine Schwestern und ich wurden dieser Tradition niemals müde, jedes Jahr brach Streit darüber aus, wer als Erste wählen durfte.

Das Wichtige war, dass wir nicht bis Weihnachten warteten, dann fünfundzwanzig Teile aus der Schachtel zogen und den Baum auf einmal schmückten. Gerade deswegen kam es auf jeden der vierundzwanzig Tage vor Weihnachten an. Das Fest bestand nicht nur aus dem Tag selbst, sondern auch aus der Zeit, die ihm vorausging. Im Vordergrund stand natürlich immer das Ziel, den Baum vollständig geschmückt zu sehen, aber jeden Tag freuten wir uns über das einzelne Stück, das uns dem Ziel näher brachte.

Ich bin mir nicht sicher, ob ich als Erwachsene die Zeit immer auf dieselbe Weise zu schätzen wusste. Ich kann mich nicht erinnern, dass ich einmal eine neue Seite im Kalender aufgeschlagen und gedacht hätte: Hier kommen die nächsten dreißig Tage meines Lebens. Jeder Tag wird zählen, jeder Tag wird zum Ganzen beitragen, und am Ende des Monats werde ich zurückblicken und betrachten, was ich erreicht habe.

Aber als ich in die Wüste ging, wusste ich, dass ich zurückschauen würde. Ich hoffte, diese vierzig Tage würden mein Leben verändern. Und das haben sie auch getan – genau wie jede andere Spanne von vierzig Tagen vorher. Der Unterschied war, dass ich nichts davon bemerkt habe. Weil ich nicht darauf aus war, etwas zu verändern. Natürlich habe ich nicht vor, alle vierzig Tage mein ganzes Leben umzuwerfen, aber auf den Blickwinkel kommt es an. Die letzten vierzig Tage haben mir geholfen, eine Richtung zu definieren, von der ich glaube, dass ich ihr für den Rest meines Lebens folgen kann. Wenn ich hier fortgehe, nehme ich gleichsam einen neunzig Zentimeter hohen Weihnachtsbaum auf Sackleinen mit, komplett mit seinen Glitzersteinen und Spitzen – aber die Häkchen zwischen den Zweigen werden leer sein und darauf warten, wie ich meinen Baum gestalte.

Im letzten Sonnenlicht beeile ich mich, meine Hausarbeiten zu beenden. Der Boden muss noch mit dem Geschirrtuch gefegt werden, aber im Halbdunkel der Abenddämmerung erkenne ich ihn kaum. Die Gaslaterne würde das Wunder vollbringen, aber ich nehme das Etikett ernst, das vor Erstickungsgefahr warnt. Selbst wenn ich den Propankocher benutzt habe, habe ich immer die Türklappe offen gelassen, damit Luft zirkulieren konnte, und ich bin nicht so verrückt, sie so kurz vor dem Dunkelwerden aufzumachen. Die beste Tageszeit für Mäuse. Na schön, dieses eine Mal.

Ich stelle die Laterne auf meinen Nachttisch, pumpe den Druck hoch, drehe den Metallhebel, der angeblich die Brennstoffkammer reinigt, und halte schließlich ein Streichholz an den Glühstrumpf. Der Lichtstrahl, den ich erhalte, ist im Vergleich zu meinem üblichen Kerzenlicht wirklich verblüffend – ein weiterer großer Schritt in der menschlichen Entwicklung. Es ist sogar heller als am Tag, was mich eigentlich nicht erstaunen sollte, da der Sonnenschein die Zeltplane durchdringen muss. Das Licht der Laterne ist so grell, dass es von der Plane vollständig reflektiert wird und die Gegenstände, die auf die Außenseite gemalt sind, von innen nicht mehr zu erkennen sind. Genau wie Buntglasfenster ihre Wirkung auf die Menschen in einer Kirche verfehlen, wenn es draußen dunkel und der Innenraum hell erleuchtet ist.

Dank dem Licht kann ich jedoch heute Abend gründlicher fegen als sonst, und ich nehme mit dem Tuch ein kleines Häuflein Staub auf. Es ist wirklich dumm, ich könnte einfach den Kopf aus der Tür stecken und das Handtuch ausschütteln, aber ich werde den Gedanken nicht los, dass ich dann denselben Schmutz wieder hereintrage. Ich will dem Dreck keine zweite Chance geben und ihn verbrennen, also trage ich das Tuch zur Feuerstelle und schlage es dort aus.

Dann drehe ich mich um und will zu meiner Hütte zurückgehen, aber was ich sehe, lässt mich wie angewurzelt stehen bleiben.

Nach meinen vielen Gottesdienstbesuchen an Heiligabend hätte ich es eigentlich wissen müssen. Wenn es draußen dunkel und drinnen hell ist, sind die Buntglasfenster von außen überwältigend anzusehen. Meine Wohnung leuchtet. Bis zu diesem Moment dachte ich, mein Candy-Land könnte es niemals mit der Zuckerstangenstraße meiner Kindheit aufnehmen, da ich keine Lichterketten zwischen den Felsen spannen kann. Aber so etwas habe ich noch nie gesehen. Die Lebkuchenmänner, die Lollipops, die Zuckerstangen und Gummidrops, die Herzen und Stechpalmenzweige, alle Figuren leuchten und übergießen den Schnee im Umkreis der Hütte mit pfirsichfarbenem Schein.

Ich kann nur darauf starren, während alle Emotionen, die ich während dieser achtunddreißig Tage empfunden habe, sich mischen und in meinem Inneren wirbeln wie die Farben des Sonnenuntergangs. Die Panik steigt in mir auf, die ich gefühlt habe, als Brets Toyota zum ersten Mal meinen Blicken entschwand, aber ich empfinde auch die Zuneigung zu diesem Ort, den ich jetzt so gut kenne. Ich fühle meine Verletzlichkeit, die die Wüste an den Tag gebracht hat, als sie meine Verteidigungsmechanismen Schicht für Schicht abtrug, und ich spüre meine Stärken, die sie zum Vorschein gebracht hat. Ich empfinde die Mutlosigkeit und die Hoffnung. Dies ist der Sonnenuntergang meines langen Tags in der Wüste, und so wie in dem kurzen Moment, bevor die Sonne unter den Horizont sinkt, fühle ich den Stolz, ein Ziel erreicht zu haben, und die leise Trauer darüber, weiterziehen zu müssen.

20. Kapitel

Tag 39, 19. Dezember, Spätnachmittag

Die Girlanden verschwinden zuerst. Dann löse ich die Wacholderzweige und ziehe die Zaunpfähle aus den Wasserkanistern. Das Feuer lodert auf, als ich die Zweige darauf werfe, und dunkler Rauch steigt zum Himmel. Ohne die ordentliche Umzäunung wirkt mein Lebkuchenhaus wie eine Festung ohne Burggraben, aber ich wusste schließlich die ganze Zeit, dass das alles nur geborgt war. Nun muss ich es zurückgeben.

Als Nächstes ist der Weihnachtsbaum an der Reihe. Vorsichtig, sanft wickle ich jedes Schmuckteil in Zeitungspapier, denn sie sind meine einzigen Schöpfungen aus CandyLand, die die Wüste verlassen werden. Eines Tages werde ich sie meinem Sohn schenken. Ich hoffe, er wird sich immer daran erinnern, dass es darauf ankommt, wer er ist, wenn er sie ansieht. Ich hoffe, er wird in den Spiegel sehen und von dem Leben träumen, das er führen will. Ich hoffe, er wird sich eines Tages fragen, was er tun würde, wenn er der letzte Mensch auf Erden wäre. Ich hoffe, er wird den Mut haben, seinen eigenen »einen Punkt« zu finden.

Ich nehme einen Stein vom Rand der Feuerstelle, dem Bauwerk, das mit einer Stelle auf dem nackten Boden begann und zu einer steinernen Kathedrale wuchs, in der die Musik des Feuers erklang. Der Stein ist größer als mein Kopf und erinnert mich an einen kleinen Halbmond. Eine Seite ist glatt und vom Rauch geschwärzt, die andere nach innen gewölbt. Ich frage mich, wie lange er schon an seinem Platz gelegen hat, als ich ihn fand. Ob sein Leben tief in den Eingeweiden der Erde begann und er Teil der Felsen wurde, als sich die Erdkruste streckte? Oder lag er einmal auf dem Grund eines prähistorischen Salzsees?

Ich lege den Stein neben das Päckchen mit dem Christbaumschmuck. Dieser uralte Baustein wird mich in die Zukunft begleiten.

Das Abräumen des Regals ist meine letzte Aufgabe. Toilettenartikel, Kerzen, Tonys Juniorliga-Foto und schließlich die Cherokee-Maske. Ihre großen Augen scheinen direkt in mein Herz zu blicken.

»Ich hoffe«, hat Jerry gesagt, als er die Maske in meine Hände legte, »wenn du deine Antworten findest, dann findest du auch welche für uns beide.«

Alle Antworten, die ich allein finden konnte, habe ich erhalten. Erst wenn ich in die Welt jenseits der Wüste zurückkehre, werde ich erfahren, ob ich genug Antworten für zwei gefunden habe.

Bis ich mit dem Packen fertig bin, ist es fast dunkel. Ein ganzer Berg Gepäck wartet jetzt auf Brets Truck. Dreiundsechzig Plastikkanister sind in fünf großen Müllsäcken verstaut. An einem Nachmittag habe ich fast alles zerstört, das zu schaffen vierzig Tage gedauert hat. Nur die Schutzhütte hat überlebt, aber sie wirkt geisterhaft in ihrer Leere, als wäre ich schon nicht mehr da. Ich kann mich nicht überwinden, sie abzureißen. Das wird die Wüste im Lauf der Zeit selbst erledigen.

Ich lasse mich auf dem Regiestuhl nieder und krieche tief in Danas Parka, wie ich das so oft getan habe. Und jetzt ist es das letzte Mal. Ohne die Jacke hätte ich es nicht geschafft. Nicht ohne das Holzöfchen, das Möbelholz, die Heftklammern oder die kleinen Nägel. Wenn ich hier wirklich allein zurückgeblieben wäre, hätte ich die Zeit nicht durchgestanden. Vielleicht ist es ja Schummeln, beim Streben nach unseren Träumen Hilfe von anderen anzunehmen, aber das glaube ich nicht. Selbstbetrug wäre nur zu glauben, jeder von uns sei eine Insel und auf niemanden angewiesen. Ich glaube, man betrügt sich, wenn man die Augen vor der Freundlichkeit und Weisheit anderer verschließt und das Erreichte nur sich selbst zuschreibt.

Die Flammen schlagen immer höher. Ein verirrter Funke schießt fünf Meter in die Höhe und erlischt mit einem leisen Seufzer. Es ist so still, dass ich mein Herz schlagen höre. Pabum, pabum. Und dann vernehme ich den tiefen, langen Ton, der aus der Glut heraufschwebt. Dem ersten folgt ein zweiter, wie von einer Kirchenorgel. Fünf weitere Töne, und dann beginnt die Melodie von vorn.

Als ich den Kopf in den Nacken lege, zischt eine leuchtende Sternschnuppe über den Himmel, die erste und einzige an all den Abenden, an denen ich den Himmel über der Wüste beobachtet habe. Ein Schauer läuft mir den Rücken hinunter, und ich frage mich, wo ich sein werde, wenn ich das nächste Mal eine sehe. Werde ich je wieder an einem Ort sein, wo es so still ist, dass man die Musik im Feuer hören kann?

*

Tag 40, 20. Dezember, Morgen

Bret Layman kommt kurz nach Sonnenaufgang. Zusammen laden wir den Rest meiner Vorräte auf seinen Truck. »Ich bin froh, dass ich auf diese Weise gehe«, meine ich, »und nicht auf Druck der Behörden.«

»Schätze, wir sind alle darauf hereingefallen«, sagt Bret und hebt die Kühlbox hoch. »Am Ende bin ich auf die Idee gekommen, in einer offiziellen Karte des Land- und Forstwirtschaftsamtes nachzusehen. Nur die Hälfte des Canyons fällt in die Zuständigkeit der Behörde, und Sie befinden sich auf der anderen. Der Rest scheint irgendwie der Schulbehörde zu unterstehen, aber ich glaube, niemand weiß so richtig, wem er gehört.«

»Und das nach all der Aufregung.« Ich schüttle den Kopf.

Bret lacht leise. »Sind das Ihre letzten Sachen?«

»Ich schaue noch mal nach.« Gebückt trete ich in die Schutzhütte, in der noch der Geruch der Wacholdernadeln hängt. Dort hat mein Kaffee gebrodelt, da habe ich meinen Reis und meine Kichererbsen gekocht. In dieser Ecke habe ich in meinem Tagebuch geschrieben, und an der Stelle da habe ich mir eine Tasse Wasser nach der anderen über den Kopf gegossen und mich eine kurze Nacht lang als das sinnlichste Wesen auf Erden gefühlt. Dort ist die Maus hereingeschlichen, da schwebten in meinen Träumen die Geister meiner Verwandten. Dort habe ich die Schablone für die Lebkuchenmänner zurechtgeschnitten, da habe ich geschlafen, den Kopf im Schlafsack vergraben und mit einem Faden im Mund. Jetzt liegt mein Bettzeug nicht mehr auf dem Boden. Meine Toilettenartikel und Andenken lagern nicht mehr in friedlichem Durcheinander auf dem Regalbrett. Nur die Erinnerung bleibt zurück.

Ich krieche aus der Türklappe und schlage mir dabei das Schienbein an. Bret streckt mir die Hände entgegen. »Sind Sie in Ordnung?«

»Ach, das passiert ständig«, sage ich und reibe mir das Bein. »Die Tür habe ich nie richtig hingekriegt.«

»Den Rest haben Sie jedenfalls gut hinbekommen«, meint Bret. »Es hat mich vor Kälte und Nässe geschützt«, gebe ich zurück, und unsere Blicke treffen sich. Wir wissen beide, dass die Hütte mehr war als das. »Jetzt wird sich wohl der Erdhörnchenmann die Plane holen. So verfault sie wenigstens nicht.«

»Da würde ich mir keine allzu großen Sorgen machen«, erklärt Bret. »Wahrscheinlich hat er sich mehr dafür interessiert, bevor Sie sie mit Lollipops und Zuckerstangen voll gemalt haben.«

»Ja«, sage ich. »Ich höre ihn schon. ʼn schönes Stück Stoff so zu verunstalten.« Ich ziehe die Klappe zu und denke an all die Abende, an denen ich sie so fest wie möglich geschlossen habe, bevor ich in meine Schlafsäcke gekrochen bin. »Ich habe die Tür noch nie von außen zugemacht. Man kann sie nicht schließen.« Meine Stimme klingt ein wenig schrill. »Bret, ich kann nicht einfach weggehen, ohne die Tür hinter mir zuzumachen.«

»Hauen Sie doch einen Nagel ein«, schlägt Bret vor.

Ich sehe in die Augen dieses freundlichen Mannes und weiß, dass sich unsere Wege vielleicht nie wieder kreuzen werden. In den letzten vierzig Tagen habe ich zwar gelernt, auf eigenen Füßen zu stehen, aber ich habe auch erkannt, dass ich niemals der letzte Mensch auf Erden sein möchte. Ohne Bret hätte ich diesen Canyon nicht gefunden. Ohne Bret wäre ich nicht lebend zurückgekommen. Vielleicht hat er ohne sein Wissen nicht nur in meinem Leben eine Rolle gespielt, sondern auch in dem aller Menschen, die ich kenne und liebe.

Minuten später ist alles erledigt. Die Klappe ist befestigt, die Tür geschlossen.

»Bereit?«, fragt Bret.

»Eine letzte Sache noch.« Ich gehe zum Rand der Erosionsrinne, wo die beschriftete Steintafel an einem Felsbrocken lehnt. Willkommen in CandyLand. Einwohnerzahl: 1. Ich lege die Platte mit der Vorderseite nach unten. Einwohnerzahl: 0.

Ich steige in den Toyota und setze mich neben Bret.

»Bereit.«

Epilog

Tag 1829, 5.45 Uhr

Es ist nicht die richtige Jahreszeit für Leuchtkäfer, aber die Funken, die aus dem lodernden Feuer drei Meter hoch in den Dezemberhimmel schießen, erinnern mich daran, dass in ein paar Monaten wärmere Tage die leuchtenden Insekten zurück in die Wälder von Alabama locken werden. Ich halte die Hände nah ans Feuer und reibe sie. Dieses Mal setze ich mich aus eigenem Entschluss der Nachtkälte aus. Ein paar Schritte weiter führt eine mit blinkenden Weihnachtslichtern umrahmte Tür in die Hütte, wo es gemütlich und warm ist.

Die Feuerstelle in der Mitte des ziegelgepflasterten Patio ist aus Steinen aus der Umgebung errichtet – bis auf einen. Dieser Felsblock, glatt auf der einen und gewölbt auf der anderen Seite, war einmal ein Teil der Feuerstelle in der Wüste. Als ich ihn vor fünf Jahren mit herbrachte, lag er auf kahlem, sauber geharktem Boden. Den Patio haben wir zwei Jahre nach meiner Rückkehr aus der Wüste gebaut. Im Frühling erstrecken sich üppige Blumenbeete mit Rosen und Dahlien vom Patio bis an den Waldrand. Die Blumenbeete mussten ein paar Jahre gehegt und gepflegt werden, bis sie zu dieser Pracht herangewachsen waren. Alles hat seine Zeit gedauert.

Manches ist auch schneller passiert. Vier Tage vor Weihnachten verließ ich die Wüste und fuhr zu meinen Großeltern nach Kalifornien, um meine Familie zu treffen.

Vom Moment meiner Ankunft an ignorierte Grandpa mich fast vollständig, aber andererseits ignorierte er im Grunde jeden. Er schlief praktisch die ganze Zeit, und wenn er wach war, schien er nicht genau zu wissen, wo er sich befand. Er schnarchte, während mein Vater Dickens' *Weihnachtsgeschichte* vorlas, sogar, als er das Lachen von Scrooges Neffen zum Besten gab.

Und dann, an Heiligabend, war mein Großvater plötzlich wieder da. Er stieg aus dem Bett, setzte sich in seinen Sessel und aß ein herzhaftes Dinner. Grandma meinte, so munter hätte sie ihn seit Monaten nicht erlebt. Als alle anderen spülten, erwischte ich ihn allein. Ich kniete mich neben ihn und ließ meinen Worten freien Lauf, sprudelte alles hervor, was zu erzählen ich mich gesehnt hatte.

»Vielleicht sind wir ja nicht in allem einer Meinung, Grandpa«, schloss ich und legte den Kopf auf sein Knie, »aber das heißt nicht, dass wir uns nicht lieben.«

Er ließ sich so lange Zeit mit seiner Antwort, dass ich schon glaubte, er sei eingeschlafen und habe kein Wort gehört, aber dann spürte ich, wie er mir über den Kopf strich. »Ich bin stolz auf dich«, sagte er. Diese einfachen Worte, dieser kurze Moment, schlossen die Kluft zwischen uns. Acht Monate später starb mein Großvater.

Unser Haus hat er nicht mehr gesehen. Jerry und ich haben es Tanager genannt, zu Ehren der leuchtend roten Vögel, die den Sommer in unserem Wald verbringen. Jeden Mai landen die Tanager-Vögel in den Eichen hinter der Hütte und verkünden, dass sie aus den Regenwäldern der Maya in Mittelamerika zurückgekehrt sind. Auf ihrem jährlichen Zug über den Golf von Mexiko kommen fast achtzig Prozent um. Und jedes Mal, wenn die Überlebenden den Rückweg nach Tanager finden, fühle ich mich daran erinnert, dass auch ich mich auf meinem Weg nach Hause hätte verirren können.

Ich habe meinen »einen Punkt« mitgebracht. So wie Kupfer und Zink zusammen Messing ergeben, so haben Jerry und ich ein Zuhause geschaffen, das keiner von uns allein hätte errichten können. Nicht nur der Patio, die Feuerstelle, die Blumenbeete und Teiche sind neu, auch die Hütte selbst ähnelt einem Baumhaus nur mehr darin, dass sie hoch und schmal ist. Auf der einen Seite hebt sich der Anbau, unser Schlafzimmer, dem Originalbau mit einem schrägen Glasdach entgegen, das am höchsten Punkt fast sieben Meter hoch reicht. Fünf Meter darüber sitzt das ursprüngliche Baumhaus mit Tonys Dachboden.

Tony ist jetzt vierzehn und groß und schlank wie ich. Seine Muskeln lassen schon ahnen, wie er als Mann aussehen wird. Zu Weihnachten, zu Ostern und in den Sommerferien fliegt er nach Alabama. Im Winter schläft er noch drinnen, aber während des Sommers zieht er es vor, im Schlafsack auf der Plattform zu nächtigen, die zu bauen er geholfen hat. Seine liebste Tageszeit ist die Dämmerung. Dann verstreut er Brotkrumen am Eingang eines der Wege, die ich in die Wälder geharkt habe. Innerhalb von Minuten taucht der erste Waschbär auf, um sein tägliches Festmahl einzunehmen, bald gefolgt von ein paar Opossums und drei Füchsen. Wenn Tony erwachsen ist, wird er Feuer, Felsen und Sonnenuntergänge zu schätzen wissen.

An unser Stück Wald schließen sich noch viele Morgen Land an, in die die Holzfäller bis jetzt nicht vorgedrungen sind. Dort leben wilde Truthähne, Hirsche, Honigbienen, Fledermäuse, Eichhörnchen und eine Unzahl von Vogel- und Reptilienarten, deren natürliche Lebensräume immer kleiner werden. Hier ist meine Erfahrung in der Wüste die tiefste Verbindung zu meinem Leben in der Außenwelt eingegangen. Wir unternehmen erste Schritte, unser Land auf Dauer schützen zu lassen, damit es auf ewig ein naturbelassener Lebensraum bleibt. Wir haben begonnen, Pläne für ein neues, größeres Haus zu zeichnen. Wenn es fertig ist, soll die Baumhaus-Hütte als Gästequartier dienen. Nach und nach wollen wir auf unserem Land weitere Hütten für Besucher bauen, Schriftsteller, Künstler und andere Gruppen, die sich für die Tierwelt und den Umweltschutz interessieren. Solange ich dabei etwas zu sagen habe, wird zumindest hier ein weiteres Stück unberührte Natur für immer vor Schaden geschützt sein.

Mein Zuhause bedeutet mir heute mehr denn je, denn ich verbringe jetzt den Frühling in Italien und den Herbst in Neuengland und arbeite als Reiseleiterin. Ich begleite Gruppen von Urlaubern und versorge sie mit Informationen über die jeweilige Region und die Sehenswürdigkeiten, die wir besuchen. Es hat einige Zeit gedauert, bis ich einen Beruf fand, der meinen Zielen eher dient als sie beeinträchtigt, aber ich habe entdeckt, dass es mehr als eine Art gibt, die sieben Meere zu befahren.

Ich glaube, das hätte meinem Großvater gefallen.

Grandma blieb nach seinem Tod noch einige Jahre in ihrem Haus und zog dann in eine Altenwohnanlage. Sie lud alle Familienmitglieder ein, sich aus dem Haus zu nehmen, was sie wollten, da in ihrem neuen Apartment kein Platz dafür sein würde. Ich war die Letzte, die Großvaters Bücherregale durchging. Danach hatte Grandma einen Immobilienmakler bestellt, der alles Übrige verkaufen sollte. Als ich unter den Büchern wählte, einige seltene Erstausgaben und ungekürzte Ausgaben gesammelter Werke, zog ich einen besonders dicken, staubigen Band hervor, so alt, dass der Titel auf dem abgegriffenen Ledereinband nicht mehr zu erkennen war. Ich bemerkte, dass das Buch sich wölbte, als hätte jemand ein dickes Päckchen zwischen die Seiten gesteckt, und dann fiel etwas heraus.

Der Inhalt, ein Haufen auf die Hälfte gefalteter Papiere, steckte in einer Butterbrottüte. Als ich erkannte, worauf ich da gestoßen war, begannen meine Lippen zu zittern.

»Um es gleich zu sagen: Marley war wirklich tot. Darüber konnte überhaupt kein Zweifel herrschen.«

Die ersten Zeilen von Dickens' *Weihnachtsgeschichte*. Die losen Seiten enthielten den gesamten Text. Aber das war nicht das gebundene Exemplar, das Grandpa jeden Heiligabend aus seinem Regal zog, um laut daraus vorzulesen.

Das Buch besaß keinen Deckel, sondern bestand aus einzelnen Blättern, und auf der ersten Seite stand in Grandpas Handschrift:

Dies ist das Exemplar, das meine Frau mir nach Übersee schickte, immer sieben oder acht Seiten zugleich, damit ich es in einer Zeit des Krieges meinen Kameraden vorlas. Möge dieses Exemplar nie wieder gebraucht werden.

Ich weiß nicht, wie solche Dinge geschehen, aber ich habe immer geglaubt, Grandpa habe gewollt, dass gerade ich dieses Päckchen fand. Als ich diese Seiten in Händen hielt, war mir fast, als hörte ich ihn sagen: »Es war nicht zu spät für Scrooge, und es ist nicht zu spät für uns.« Vierzig Tage und Nächte in der Wüste hatten dafür gesorgt.

Möge es für keinen von uns je zu spät sein. Mögen wir immer diesen »erregten Überschwang« in unseren Herzen fühlen. Mögen wir alle in unsere eigenen Augen sehen und darin das Leben erkennen, das unsere Seele für uns bereithält. Manchmal kommt es schließlich nur darauf an, was wir zu tun bereit sind, um sie zu finden.

Danksagungen

Mit der Veröffentlichung dieses Buchs ist für mich ein Traum Wahrheit geworden; aber wie die meisten Unternehmungen, die der Mühe wert sind, war die Arbeit auch eine gewaltige Herausforderung. An mehr Tagen, als ich zählen möchte, hat Tony sich selbst beschäftigt, während ich am Computer saß und das Manuskript immer wieder überarbeitete. Danke, Tony, für deine Nachsicht, und danke, dass du an deine Mutter geglaubt hast. Ich liebe dich von ganzem Herzen.

Ohne andere, die ebenfalls daran glaubten, wäre dieser Traum nicht in Erfüllung gegangen. Danke an Linda Konner, meine Agentin, und ein riesengroßes Dankeschön an Faith Conlon, meine Herausgeberin, und an alle anderen bei Seal Press. Faith, du bist wie Dynamit! Randy Durband von Tauck Tours, danke, dass du dem Mädel mit der Mütze eine Chance gegeben hast. Ich danke Kendra Beradslee St. John, ebenfalls von Tauck Tours, die Verständnis für meine Situation hatte und mir die Gelegenheit gegeben hat, eine befriedigende Tätigkeit auszuüben, die mir zugleich genug Zeit gelassen hat, meine anderen Ziele zu verfolgen. Du bist klasse.

Ich danke Kathy T. De Master, eine ganz besondere Freundin und der erste Mensch, dem ich meinen Wüstenplan anvertraute. Statt mir zu erzählen, ich sei verrückt, hat sie mich ermutigt, meinem Herzen zu folgen. Zwei weitere Frauen haben mir fast mein ganzes Leben lang dieselbe Zuneigung entgegengebracht. Dank an Sue Wiseman und Phyllis für eure Freundschaft und Liebe. Vielen, vielen Dank.

Neben meiner Mutter, die während der gesamten Grundschulzeit mein Pfadfinderinnen-Fähnlein geleitet hat, möchte ich Jean Buxton und Lisa Pederson für die vielen Jahre danken, in denen sie ihre Zeit, ihr Talent, ihre zärtliche Sorge und außerordentliche Geduld hergaben, damit ich meine Teenagerzeit bei den Pfadfindern verbringen konnte. Ich bitte jeden, der dies liest: Wenn die »Grünen Mädels« vor Ihrer Tür stehen, dann spenden Sie ein paar Scheine und kaufen Sie ihnen die Kekse ab.

Ich habe das unglaubliche Glück, unter allen Menschen auf der Welt, bei und mit denen ich hätte aufwachsen können, die allerbesten abbekommen zu haben. Mein Dank geht an Lois und George Blanks, meine Mom und meinen Dad, die mir das seltene Geschenk gemacht haben, eine interessante Kindheit zu erleben. Sie hat mich in die Lage versetzt, hohe Maßstäbe an den Rest meines Lebens anzulegen, und ich werde euch immer bewundern. Ich danke meinen Schwestern Dorothy und Caroline. Ihr seid leuchtende Beispiele für die Art Frau, die ich werden möchte. Ich bin so stolz auf euch beide. Gina, danke – wenn ich je eine Tochter gehabt hätte, hätte ich sie mir so gewünscht wie dich. Dank an Onkel Bert für die Ballettstunden und den Kleinmädchentraum von Tütüs und Rampenlicht. Onkel Don, danke für andere magische Lichter, für Flugzeuge und Startbahnen, das Erlebnis, mich in dem verzauberten Labyrinth des Carmel-Flughafens zu verlaufen. Und an meine Großmutter, Roxana Holmes Blanks: Grams, wenn ich nie vergesse, das Leben wenigstens mit der Hälfte deines Charmes, deines Humors und deiner Courage anzugehen, dann gibt es kein Hindernis, das ich nicht meistern könnte. Ich möchte, dass du weißt, dass Grandpas Orchideen immer in meinem Herzen blühen werden.

An Jerrys Schwestern, Sandra Lafferty und Nita Shoaf:

Danke, dass ihr mich so freundlich in eure Familie aufgenommen habt. Ein ganz besonderer Dank geht an Viva Ellis, Jerrys Mutter. Viva, du bist nicht nur eine der liebenswürdigsten Klassefrauen, denen ich je begegnet bin, sondern du hast mir auch das größte Geschenk meines Lebens gemacht: die Möglichkeit, deinen Sohn zu lieben.

Jerry Lynn Ellis, danke dafür, dass du *du* bist, danke, dass du mein Partner bist, und danke dafür, dass du unsere Liebe zum größten Abenteuer unseres Lebens gemacht hast. Du und ich, wir gehören für immer zusammen. Aus diesem Grund widme ich dir dieses Buch.

Bibliografie

Jerry Ellis: Walking the Trail. One Man's Journey Along the Cherokee Trail of Tears, Bisons Books 1991.

James MacMahon: Deserts, National Audubon Society Nature Guides, Alfred A. Knopf, New York 1985.

John McPhee: Basin and Range, Farrar, Straus & Giroux, New York 1980.

Peter Stark: As Freezing Persons Recollect the Snow, First Chill – then Stupor – then Letting Go, outside Magazine, Januar 1997.

Die Zitate aus *Der Rabe* von Edgar Allan Poe wurden entnommen aus:

Edgar Allan Poe: Der Rabe, Insel Verlag, Frankfurt a. Main 1982. Deutsch von Hans Wollschläger. © 1982 Insel Verlag, Frankfurt a. Main.

Die Zitate aus *Der Weihnachtsabend* von Charles Dickens wurden entnommen aus:

Charles Dickens: Der Weihnachtsabend, Reclam Verlag, Stuttgart 1978. Deutsch von Trude Geißler. © 1978 Phillip Reclam, jun., Stuttgart.

Die Zitate aus *Walden* von Henry David Thoreau wurden entnommen aus:

Henry David Thoreau: Walden. Ein Leben mit der Natur,

Deutscher Taschenbuch Verlag, München 1999. Deutsch von Erika Ziha.